代　序

以改革创新精神奋力开创新型工业化发展新局面
——中国工业和信息化发展系列蓝皮书

近年来，在党中央、国务院的正确领导下，经过全行业的共同努力，我国工业和信息化保持持续健康发展。工业经济总体规模持续扩大，综合实力明显增强，产业结构调整取得新进展，企业创新能力不断提升，信息化和工业化融合深入推进。工业和信息化发展有力地带动了国内其他产业的创新发展，在促进国民经济增长、调整优化经济结构、扩大城乡就业以及改善人民生活质量等方面发挥了巨大作用，推动了我国工业化、信息化、城镇化、农业现代化进程。

当前，我国工业和信息化发展已经进入到新阶段，国内外环境正在发生广泛而深刻的变化，既有难得的机遇和有利条件，也面临着诸多可以预见和难以预见的困难、风险和挑战。去年底的中央经济工作会议和今年的全国"两会"，对今年经济工作作出了全面部署，强调要坚持稳中求进工作总基调，把改革创新贯穿于经济社会发展各个领域各个环节，切实提高经济发展质量和效益，促进经济持续健康发展、社会和谐稳定。工业和信息化系统要认真学习、深刻领会和全面贯彻落实党中央、国务院决策部署，紧紧围绕"稳中求进、改革创新"的核心要求，着力激发市场主体活力，着力强化创新驱动，着力推进两化深度融合，不断在转型升级、提质增效上迈出新步伐，努力保持工业和信息化持续健康发展，奋力开创新型工业化事业发展新局面。

一是要以深化改革激发市场活力。按照中央部署要求，以使市场在资源配置中起决定性作用和更好发挥政府作用为核心，处理好政府与市场的关系，积极推进重点领域和关键环节改革取得实质性进展，释放改革红利，激发市场主体活力。

1

当前的重点，是要加快深化行政审批制度改革，转变政府职能，创新管理方式，鼓励引导民间资本进一步进入电信、军工等领域，推动清理和废除对非公有制经济各种形式的不合理规定。同时，认真履行行业管理职责，积极主动作为，及时反映行业、企业情况和诉求，协调推进国有企业、财税、金融、资源性产品价格等领域改革，强化产业对外合作，推动制造业扩大对外开放。要注重加强组织领导，加强调查研究，加强督促检查，严格落实责任，细化完善方案和措施，确保工业和信息化领域改革开好局、起好步。

二是要以扩大内需增强发展内生动力。坚持把优化供给和培育需求结合起来，扩大消费需求，改善供给质量，优化投资结构，使工业发展建立在内需持续扩大的基础上。要着力提高工业产品供给水平，加强质量品牌建设，优化工业产品供给，满足居民对大宗耐用消费品及新兴消费领域产品的需求。要大力培育发展信息消费，支持 4G 加快发展，全面推进三网融合，鼓励移动互联网新技术新业务发展，加快移动智能终端、智能电视、北斗导航终端、智能语音软件研发应用和电子商务发展，抓好信息消费试点市和智慧城市试点。高度重视解决小微企业发展面临的困难和问题，狠抓政策完善和落实，切实减轻企业负担，进一步激发民间投资活力。同时，充分利用"两个市场、两种资源"，落实好各项政策，巩固和扩大国际市场份额，积极开拓海外市场

三是要以调整优化结构提升发展质量和效益。坚持进退并举、有保有压，加快调整产业结构，提升产业素质和竞争优势。改造提升传统产业方面，要加强企业技术改造，提高并严格执行能耗、环保和安全等行业准入标准，着力化解产能严重过剩矛盾，加快淘汰落后产能，推进企业兼并重组，强化工业节能减排，加快航空、卫星及应用、轨道交通、海洋工程、智能制造等领域重大技术装备研制和技术开发。发展壮大战略性新兴产业方面，要推动健全完善体制机制，着力突破关键核心技术，强化市场培育，在新一代移动通信、集成电路、物联网、大数据、先进制造、新材料等方面赶超先进，引领未来产业发展。同时，要大力促进制造业与服务业融合发展，开展制造业服务化试点示范，加快发展工业设计、现代物流、信息技术服务等面向工业的生产性服务业。

四是要以创新驱动提升产业核心竞争力。坚持把创新驱动作为新型工业化发展的原动力，紧紧抓住增强自主创新这个关键环节，协调推进科技体制改革，促

进科技与经济紧密结合，推动我国工业向全球价值链高端跃升。当前，要加快健全技术创新市场导向机制，强化企业创新主体地位，落实促进企业创新的财税政策，推动扩大研发费用加计扣除范围，研究实施设备加速折旧政策，改进财政补助方式，鼓励企业设立研发机构，推动建设企业主导的产业创新联盟。要依托国家科技重大专项、重大创新发展工程和应用示范工程，结合实施工业强基工程，加大技术攻关力度，力争在信息技术、智能制造、节能环保、节能与新能源汽车等领域，突破一批重大关键核心技术和共性技术，推进科技成果转化和产业化，加快新技术新产品新工艺研发应用，抢占产业发展制高点。

五是要以两化深度融合提升发展层次和水平。适应新科技革命和产业变革趋势和要求，积极营造良好环境，汇聚政策资源，激发企业行业内在动力，促进信息网络技术广泛深入应用。要尽快建立和推广企业两化融合管理体系标准，发布两化融合管理体系基本要求和实施指南，选择部分企业开展贯标试点。要促进信息技术与制造业融合创新，推进智能制造生产模式的集成应用，开发工业机器人等智能基础制造装备和成套装备，推进智能装备、工业软件在石化、机械加工等行业示范应用。要加强重点领域智能监测监管体系建设，提高重点高危行业安全生产水平、重点行业能源利用智能化水平。同时，要加快信息网络基础设施建设，全面落实"宽带中国"战略，大力发展信息技术产业，切实维护网络与信息安全，为两化融合提供有力支撑和保障。

推进工业和信息化转型升级、提质增效、科学发展，既是当前紧迫性的中心工作，也是长期性艰巨任务。工业和信息化系统要更加紧密地团结在以习近平同志为总书记的党中央周围，坚持走新型工业化道路，以改革创新精神，求真务实，开拓进取，狠抓落实，不断以良好成效在建设工业强国征程中迈出坚定步伐，为全面建成小康社会、实现中华民族伟大复兴中国梦做出新的更大贡献。

工业和信息化部部长 苗圩

2014 年 5 月 4 日

前　言

一

世界各国在科技领域的竞争越来越趋于白热化，全球已进入了空前的创新聚集产业振兴时代，一场全球范围内的绿色革命和新的经济发展模式正在孕育之中，资源节约和环境友好的技术群、产业群成为未来世界科技发展的制高点。

当前，全球出现了以信息网络、智能制造、新能源和新材料为代表的新一轮技术创新浪潮。新一轮技术创新，在创新机制、创新载体、创新途径以及创新举措等方面具有与以往迥然不同的新特征，它催生了新的工业革命，引起了世界范围内的高度关注。数字通信、计算机技术已分别成为全球专利申请增幅最快和申请最多的领域，大数据、智能制造、3D打印、页岩气技术、可再生能源技术、智能机器人以及生物、材料等领域的新技术成为研发热点。

从工业发达国家的实践可以看出，当一个国家处于工业化中后期阶段之时，质量发展战略成为了该国解决经济发展和产业转型升级遇到巨大挑战的重要选择。一个国家的形象与印象，往往透过这个国家的自主品牌来展现。正如苹果、微软不断强化了美国的高科技形象，宝马、奔驰、大众展现了德国的严谨。自然而言的，自主品牌的发展便脱离不了政府的支持与帮助。为此，各国都在通过多种举措积极扶持本国的自主品牌参与国际竞争、为企业提供合适的环境与保护，力图为本国的品牌贴上更好的价值标签。从某种意义上讲，品牌不仅是企业的立身之本、市场竞争的利器，也是衡量一个国家经济实力和发展潜力的重要标志。对消费者来说，知名品牌是品质的保证。对企业而言，知名品牌独一无二，具有极高的品牌价值，是市场竞争中制胜的法宝。而对国家来说，知名品牌是国家经济实力的一个缩影，是构成国家形象认知的要素之一。

国际专利申请量（PCT）成为国际竞争的重要风向标。美国微软公司、英国石油公司、德国宝马公司、荷兰皇家壳牌石油公司……这些耳熟能详的跨国企业巨头，不仅在经济收益上名列前茅，而且通过《专利合作条约》途径提交的PCT

申请量也遥遥领先，成为其国家经济发展的重要支柱。

知识产权成为企业创新发展的战略支持。伴随着国际市场和产业竞争的不断加剧，PCT申请对于企业的可持续发展能力和市场竞争能力的重要意义，也逐步为世界各国企业所重视。世界创新强国高度重视强化PCT国际专利申请。美国因为拥有了微软公司、高通公司、波音公司、英特尔公司等PCT国际专利申请大户企业群体，才成为世界创新强国。德国也是因为有着像博世集团、大众公司、西门子公司等众多PCT国际专利申请数量不断增长的企业，才使得德国的工业水平始终保持在世界前列。

二

2013年是全面贯彻落实十八大精神的开局年，也是实施"十二五"规划承前启后的关键年。在这一年里，我国经济发展环境十分复杂，全面落实创新驱动政策、加快经济发展方式转变、促进产业结构调整、打造中国经济升级版，都成为摆在新一届政府面前的重大调整，正如李克强总理9月在英国《金融时报》上发表的署名文章《中国将给世界传递持续发展的讯息》中所言，"必须统筹'稳增长、调结构、促改革'"，以保持宏观经济的平稳运行。

2013年，为贯彻落实国民经济"十二五"规划和工业转型升级规划，深化经济体制改革和科技体制改革，坚实国家科技、信息基础设施建设，加快建设以企业为主体、产学研相结合的产业创新体系，我国相继出台了多项政策文件，为引导企业提升技术创新能力、优化企业技术创新环境提供了有力支撑。北京、上海、广东等省市结合自身实际积极落实创新驱动战略，不断加大推进力度。

但是，还应看到，在已出台的各项政策措施文件和贯彻落实的过程中，仍存在着宏观政策取向有待进一步向技术创新倾斜，技术创新的需求侧政策仍然弱于供给政策，创新政策不协调、难落实仍未得到有效改善，促进知识产权运用能力的政策措施亟待加强，鼓励创新创业型中小企业的政策有待完善等问题，值得我们高度重视，着力解决。

发挥市场配置资源决定性作用为导向，深化科技体制改革。2013年11月，十八届三中全会公报公布，明确指出要加快转变经济发展方式，加快建设创新型国家，推动经济更有效率、更加公平、更可持续发展。并将深化科技体制改革作为建设统一开放、竞争有序的市场体系，发挥市场配置资源决定性作用的重要任务。可以预见，2014 年及未来深化科技体制改革中，紧紧围绕使市场在科技创新资源配置中起决定性作用的一系列相关政策将相继出台，科技创新政策环境将更加公平，科技创新活动将更有效率，科技创新对于社会生产力和综合国力的战略支撑作用将更加有效地发挥出来。

三

中国宏观调控的创新理念与方式和形成的新经验，有助于中国经济在今后乃至今后一段时期继续拿到好成绩。而且，在全球经济不确定因素较多、国际市场对主要经济体宏观政策动向异常敏感的情况下，中国稳定财政、货币政策，保持合理的流动性，向国际市场发出了明确的稳定预期的信号，这也是中国对世界经济发展的负责任之举。

我国着力在调结构上下工夫。抓住市场潜力大、发展相对滞后的"短板"，着力加快服务业发展，连续推出促进信息、金融、养老、健康服务业等发展的政策措施，同时着力推进节能环保等新兴产业发展。我们坚持以结构调整拉动内需和改善供给，坚持在扩大开放中扩大内需，继续发挥好内需的主动力作用。这些措施既利当前，更惠长远。2013 年，中国服务业占 GDP 的比重已达 46.1%，首次超过第二产业；单位 GDP 能耗比 2012 年下降 3.7%。

我国政府通过走"新型工业化道路"、大力发展战略性新兴产业、推进工业化和信息化融合发展、协调实体经济与虚拟经济的关系、加快实施"走出去"战略等措施推动工业转型升级，中国工业的整体竞争力不断提升、产业结构不断优化，形成一批包括原材料、消费品、装备制造、电子信息产业在内的优势主导产业。本土大型跨国公司脱颖而出、民营企业迅速发展，工业创新能力持续提高。

经过多年发展，我国形成了较为完备的产业体系和强大的制造能力，进入由"制造大国"向"制造强国"转变，由注重追求速度和规模转到注重发展质量和效益的新阶段。质量品牌战略是提高工业发展质量和效益的重要抓手和有效举措。同时，工业产品质量，特别是食品、药品等直接关乎民生的产品质量，越来越引起社会各界的广泛关注，成为构建和谐社会的重要影响因素。因此，未来很长一段时间内，我国政府还将继续大力实施工业质量品牌战略，以提升质量和培育品牌为突破口，增加产品附加值和品牌影响力，提升"中国制造"国际形象。此外，政府对质量品牌事故应对能力将会进一步强化，逐步构筑起长链条、广覆盖、严标准的质量品牌监管体系和运行机制。

过去相当长的一段时间里，我国相当一部分企业由于质量品牌能力较弱，只能以代工和贴牌生产的方式嵌入到全球产业链中，处于利润率最低的加工制造环节，在夹缝中艰难维生。随着越南、缅甸等新竞争者的出现，我国企业面临着逐渐被更具成本竞争优势同行替代的挑战。为了摆脱困境和提升竞争力，我国企业已经开始意识到质量品牌建设的重要性，不断加大提高自身产品开发和质量品牌建设的力度，逐步以优质、名牌、创新的产品巩固和扩大市场占有份额，积极向微笑曲线两端附加值较高的设计和销售环节拓展。

目前，我国已经拥有全球最多的实用新型、工业品外观设计申请，专利合作条约国际申请专利全球第四位。华为、中兴、腾讯等一大批熟练运用知识产权制度实现创新发展的优势企业脱颖而出，知识产权促进产业、企业转型发展效果明显。企业专利数量的迅速扩张铸就了我国世界专利大国的辉煌，专利质量提升成为国家创新能力建设的重要课题。为此，从长、宽、高维度盘点我国企业专利质量的问题，及时有效地提升企业专利质量迫在眉睫。

四

基于对我国工业技术创新面临的严峻形势和重大问题的分析，赛迪智库工业科技和知识产权研究所编写了这本《2013—2014年中国工业技术创新发展蓝皮书》。本书分为综合篇、行业篇、区域篇、政策篇和展望篇，从多个角度较为全面地描述和反映国际上主要发达国家（美国、英国、德国、俄罗斯、韩国）、国内主要工业行业（原材料、装备、消费类、电子信息）和主要一线省市（北京、上海、广东、四川、安徽）工业技术创新的重要成果。同时还描述了2013年国内主要行业和主要一线省市在开展创建质量品牌、鼓励和维护知识产权、修制定技术标准等方面工作的主要做法，以及积极引导企业开展技术创新和技术改造，所获得的大批技术创新成果。

我们正处在一个新技术变革直接影响经济体系和社会运行的阶段。由于大规模的技术应用，导致了十分活跃的工业技术创新，出现了许多对产业转型发展具有革命意义的产品。让我们迎接并拥抱这一新的发展阶段！

目　录

区　域　篇

政 策 篇

展 望 篇

综合篇

第一章　2013年世界工业技术创新发展状况

当前，全球出现了以信息网络、智能制造、新能源和新材料为代表的新一轮技术创新浪潮。新一轮技术创新，在创新机制、创新载体、创新途径以及创新举措等方面具有与以往迥然不同的新特征，它催生了新的工业革命，引起了世界范围内的高度关注。数字通信、计算机技术已分别成为全球专利申请增幅最快和申请最多的领域，大数据、智能制造、3D打印、页岩气技术、可再生能源技术、智能机器人以及生物、材料等领域的新技术成为研发热点。

一、世界工业技术创新情况

（一）信息网络技术引领全球新一轮技术创新

信息网络技术推动了其他领域的技术创新。信息网络技术与其他各领域技术的交叉融合，促进了各产业的技术创新。信息网络技术与制造技术的充分交互，使制造业自动化、数字化和网络化水平显著提高，加速走向智能制造的新时代。信息网络技术与能源技术的深度融合，使分布式发电和大规模并网技术实现突破，推动太阳能、风能等新能源技术步入大规模实用阶段。信息网络技术与材料技术融合程度不断加深，使生物材料、纳米材料等领域不断取得突破，材料智能化趋势日益明显。信息网络技术已成为多个领域技术创新的基础条件和重要推手。

信息网络技术催生出众多新兴产业。信息网络技术创新密集发生，云计算、物联网、电子商务、移动互联网、信息技术服务、数字内容、数字医疗、远程教育、位置服务等新产业新业态迅猛发展。与此同时，信息网络技术创新及产业化加快向传统产业渗透，极大地拓展了传统产业的边界，突破了传统产业发展的瓶颈，是新能源、新材料、生物医药、节能环保、高端装备等新兴产业孕育和发展的重要动力。

跨领域、集成化的产业链创新模式成为决定企业竞争成败的关键。信息网络技术的广泛运用，不仅促进了跨领域技术的交叉融合，大幅提高了研发创新效率，还通过各种技术的集成化应用为虚拟设计、异地研发、协同创新提供了新的平台。如西门子公司研发的 Tecnomatix 数字化制造解决方案在装备制造、汽车生产、船舶建造等行业得到应用，有效降低技术研发及生产成本，提高了创新效率；IBM通过数据库共享和远程登录技术，将分布在全球各地的研发中心紧密联系在一起，有效地提高了跨国研发效率，形成了一个创新资源配置国际化、快速响应市场需求、高效运行的全球研发网络；苹果公司通过 iTunes 平台突破了以往电子产品单独作为商品出售的模式，开创了全新的"终端 + 软件 + 应用 + 内容"商业模式，在产业竞争中获得了压倒性优势；三星电子通过产业链垂直整合，已全面超越索尼、松下等标杆企业，成为全球销售规模最大的电子产品供应商。

（二）新材料、新能源等重点领域酝酿新的技术突破

各领域技术群体突破、加速扩散趋势更为明显。在新能源领域，高效聚光太阳能电池、大型并网风力发电机组、新一代核电、生物质能、大规模页岩气开采等技术实现突破，使全球新能源产业呈现出快速增长势头。在新材料领域，各种新型功能材料、高性能结构材料和先进复合材料不断涌现，前沿新材料领域的研发创新快速推进，基础材料向新材料领域不断延伸，新产品日新月异，产业升级和材料换代步伐加快。在智能制造领域，现代传感技术、网络技术、自动化技术、人工智能技术等先进技术快速发展，设计过程、制造过程和制造装备智能化的水平不断提高，堆积制造技术、工业机器人的广泛应用，将深刻改变传统制造业的生产方式。

多领域技术交叉融合不断催生出新的技术创新成果。制造技术、能源技术、材料技术、信息技术等的汇聚融合，有力地带动了多领域技术的集成创新。先进制造技术与新材料技术的有机结合，使 3D 打印成为现实并逐步得到应用。纳米技术与先进制造技术的融合，将缩小产品的体积、提高产品的技术集成度、优化产品功能、增强产品的环保性能。高性能碳纤复合材料的新发展，将引发航空工

业从研发设计、生产制造到维修服务的革命性变革。各领域的深度融合和交叉渗透，不断促进技术创新与经济社会需求紧密交融，催生新的产业形态。

（三）发达经济体在技术创新上仍处于领先地位

在新一轮发展面前，发达国家为保持其科技与经济的领先地位、新兴国家为后来居上，都纷纷把技术创新作为国家发展战略的核心。国际技术竞争空前激烈，以美国为首的发达经济体在创新上处于领先地位。尽管遭受国际金融危机的严重冲击，发达经济体在全球创新投入的比重持续下降，但其自我修复能力较强，创新潜力仍然很大。2012年，各国的研发经费总额达1.4万亿美元，增长5.2%。

根据美国巴特尔（Battelle）研究所对全球2013年研发投资的预测，按照购买力平价美元计算，2013年，美国和欧洲占全球研发投资的份额将为28.3%和23.4%，分别比2011年降低1.3%和1.2%；亚洲所占份额则将由2011年的34.9%提高至37.1%。在巴特尔研究所的预测中，2013年，中国和韩国的研发投资将分别位居第二和第五，金砖国家印度、俄罗斯和巴西的排名也位列前十之列。

表1—1 部分国家和地区研发支出占全球研发总支出比例

	2011年	2012年	2013年
美洲（21国家）	34.8%	34.3%	33.8%
美国	29.6%	29.0%	28.3%
亚洲（20国家）	34.9%	36.0%	37.1%
日本	11.2%	11.1%	10.8%
中国	12.7%	13.7%	14.7%
印度	2.8%	2.8%	3.0%
欧洲（34国家）	24.6%	24.0%	23.4%
其他（36国家）	5.7%	5.7%	5.7%

数据来源：巴特尔研究所，http://www.battelle.org/。

美国通过重点打造先进制造业创新中心，积极推动数据开发和科研成果共享。为避免减支对科技创新产生的不利影响，2013年4月10日奥巴马提前向国会提交了2014财年预算，增加了研发预算总额（比2012财年增加1.3%），强调对科技创新进行战略性投资，从根本上促进美国经济增长。[1]

英国通过在专项领域推出投资计划占领新技术制高点。在 2013 年初，英国政府宣布投入 6 亿英镑，大力发展大数据技术、合成生物技术、空间技术、机器人技术和能源技术等新技术，其中大数据技术获得了 1.89 亿英镑的资金支持，成为投资的重中之重。2013 年 5 月，英国技术战略委员会发布了《2013—2014 年度执行计划》，宣布未来一年对英国创新企业的资助金额提高到创纪录的 4.4 亿英镑，主要扶持技术领域包括可再生能源、未来城市、新材料、卫星技术、数字技术以及医疗卫生等，扶持重点将是中小企业。在扶持创新企业的同时，继续加大对技术创新中心的建设投入，目前已建设了多个技术创新中心，涉及先进制造、卫星应用、细胞疗法、近海可再生能源、未来城市、交通系统和联通数字经济等多个关键领域。至 2013 年末，各技术创新中心的公私投资总共达到了 14 亿英镑。

德国通过提高政府研发经费投入，大力发展未来电力网络、太阳能研发、医疗健康研究项目。2013 年，德国的科研经费继续得到增加，政府投入研发资助的经费高达 144 亿欧元，比 2005 年增长了近 60%。

俄罗斯推行科研补贴系统积极扶持科学研究。俄罗斯 2013 年内批准了一系列科技领域新项目，包括《俄罗斯 2020 年前科技发展》国家计划。这个国家计划的拨款规定，预算支出从 2013 年的 1450 亿卢布增加到 2015 年的 1700 亿卢布，而 2020 年前将超过 2500 亿卢布。

韩国 2013 年确定并发布了《第三次科学技术基本计划》，韩国政府将在未来 5 年内持续扩大在研发领域的投资规模，力争到 2017 年将韩国人均国民收入提高到 3 万美元，同时创造出 64 万个就业岗位。为保证该计划的顺利实施，韩国制订了具体的行动方案。其主要内容包括：扩大国家研发领域投资、开发国家战略技术、发挥中长期的创新力量、积极发掘有潜力的新兴产业、增加就业岗位。根据该计划内容，韩国在 2017 年的研发预算将从目前的 68 万亿韩元增加到 92.5 万亿韩元，并计划在下面五个领域进行重点投资：发掘新产业、寻找未来增长动力、营造干净而方便的环境、开创健康长寿时代、建立安全社会。

---

[1] 资料来源：2014年1月1日，《科技日报》，《2013年世界科技发展回顾》。

（四）全球企业整体研发投入显著提高

2013 年，全球所有行业公司研发总费用达到 6，380 亿美元，较 2012 年提高了 350 亿美元，同比增长 5.8%；这些企业整体营业收入同比微增 0.9%，达到 17.7 万亿美元；研发费用占营收的比例有所提升，达到 2010 年以来最高水平。全球企业整体研发投入 2013 年又回归到 5.8% 的同比增幅，和 2002 年以来平均每年 5.5% 的比例基本一致。[1]

欧盟近日公布的 2013 年行业研发投资评比结果，公布了以欧元为单位的全球 50 强企业研发投资总额。[2] 德国汽车制造商大众汽车摘得桂冠，2013 年的研发资金总额约为 95 亿欧元。韩国的三星电子排名第二，研发支出约为 83 亿欧元。美国的微软公司位居第三，研发支出略低于 80 亿欧元。排名 4 至 10 位的公司分别为：英特尔、丰田汽车、瑞士罗氏制药、瑞士诺华制药、生物技术公司默克集团、强生集团和美国辉瑞制药。华为是中国唯一一家上榜公司，以 35 亿欧元位居第 31 位。

二、世界工业质量品牌情况

从工业发达国家的实践可以看出，当一个国家处于工业化中后期阶段之时，质量发展战略成为了该国解决经济发展和产业转型升级遇到巨大挑战的重要选择。一个国家的形象与印象，往往透过这个国家的自主品牌来展现。正如苹果、微软不断强化了美国的高科技形象，宝马、奔驰、大众展现了德国的严谨。同样，自主品牌的发展便脱离不了政府的支持与帮助。为此，各国都在通过多种举措积极扶持本国的自主品牌参与国际竞争、为企业提供合适的环境与保护，力图为本国的品牌贴上更好的价值标签。

（一）工业品牌已成为国家形象传播的重要载体

当今世界，经济竞争越来越体现为品牌之间的高端竞争，国家形象亦与其自主品牌紧紧相连。从某种意义上讲，品牌不仅是企业的立身之本、市场竞争的利

---

[1] 资料来源：盖世汽车网，2013年10月28日。
[2] 资料来源：IT商业新闻网，2013年12月11日。

器，也是衡量一个国家经济实力和发展潜力的重要标志。对消费者来说，知名品牌是品质的保证。对企业而言，知名品牌独一无二，具有极高的品牌价值，是市场竞争中制胜的法宝。而对国家来说，知名品牌是国家经济实力的一个缩影，是构成国家形象认知的要素之一。[1]

1. 美国：全球最有价值品牌的拥有者

区域自主品牌方面，美国拥有金融业象征——华尔街、高科技企业摇篮——硅谷、汽车产业老牌基地——底特律等。企业自主品牌方面，美国拥有谷歌、苹果、微软、IBM、英特尔、通用电气、可口可乐、麦当劳、肯德基等。2013年，排名全球前五名的品牌分别是苹果、谷歌、IBM、麦当劳、可口可乐。苹果公司品牌价值同比增加1%，达1850.71亿美元，连续2年蝉联第一。第2至第5位依次为谷歌（同比增长5%，1136.69亿美元）、第3位IBM（同比减少3%，1125.36亿美元）、第4位麦当劳（同比减少5%，902.56亿美元）、第5位可口可乐（同比增加6%，784.15亿美元）。美国自主品牌的蓬勃发展离不开政府的大力扶持。

美国政府在政策举措、资金支持等方面采取了多种措施来保护和加强美国北土的自主品牌。在品牌创建上，美国政府通过产业集群创建区域自主品牌，从而带动中小企业快速发展。以硅谷为例，政府的扶持作用对硅谷的发展极为重要。政府通过制定《小企业创新发展法》和《加强小企业研究发展法》等，按比例提供给中小企业研发经费；政府还通过订单方式向硅谷一些信息产业项目提供联邦补贴，用于研究开发。加大对自主品牌产品的采购。[2]

2. 韩国：以"国家品牌"为基础

2009年，由韩国政府评选出了包括三星电子、现代汽车等16个品牌，并对其品牌进行大力宣传和报道。此外，韩国政府还开办了"动感韩国"等国家品牌外宣网站，同时还建立起政府和民间文化项目合作的网络，将自治团体、公共团体、企业等宣传活动纳入国家品牌运作的协作体系，以增强宣传效果。

3. 意大利：从阿玛尼看高端制造

意大利政府十分珍惜自己的"金字招牌"，在很多国际性场合中，意大利政府都将"意大利制造"作为一个整体形象进行推广宣传。时装可以说是意大利制造的一张名片，阿玛尼已成为了全世界知名度最高的意大利品牌之一。事实上，

[1] 资料来源：王晓璐；孙卫华：《产品品牌与国家形象传播研究》，《新闻知识》2012年3月15日。
[2] 资料来源：《美国创建自主品牌靠"五推手"》，新华网2010年8月31日。

意大利闻名世界的不仅是它的时装业，其纺织、制革、鞋业、家具、酿酒、首饰、机械工业等都在全世界享誉盛名，"意大利制造"一直是高品位、高品质的代名词。当前，针对滥用"意大利制造"标签的现象，意大利政府采取了一些实际措施，保护"意大利制造"这张"名片"。为了维护"意大利制造"的高端形象和地位，意大利通过法案，规定只有全部或主要加工工序在意境内完成的服装、鞋具、皮革制品，才能获许贴上"意大利制造"的标签。对于不是全部工序都在意大利完成的产品，必须标明"海外工作"的地点和具体工序，违反这一法律的企业将面临罚款甚至停业的处罚。

（二）强大的品牌是企业商业价值的重要体现

"BrandZ™ 全球最具价值品牌 100 强"，是一份根据品牌当前消费者和潜在消费者的观点并结合财务数据来计算品牌价值的排行榜。该榜单是 Millward Brown Optimor 受 WPP 委托开展的一项调查，2013 年已经发布第八期。根据结果显示，自 2006 年以来，100 强品牌的总价值增长了 77%，2013 年达到 2.6 万亿美元。其中，苹果公司以 1850 亿美元的品牌价值获得 2013 年全球最具价值品牌 100 强的第一名，将其他竞争者远远甩在后方；谷歌以 1140 亿美元的品牌价值排名第二。中国企业有 12 家上榜，其中有 10 家是"国字"招牌。

表 1—2　2013 年 BRANDZ 全球最具价值品牌百强排行榜全榜单

排名	所属行业	品牌	品牌价值（百万美元）	品牌价值（上升比例）
1	科技	苹果	185，071	1%
4	快餐	麦当劳	90，256	-5%
5	软饮	可口可乐	78，415	6%
6	电信	AT&T	75，507	10%
7	科技	微软	69，814	-9%
8	烟草	万宝路	69，383	-6%
9	信用卡	Visa	56，060	46%
10	电信	中国移动	55，368	18%
11	企业集团	通用电气	55，357	21%
12	电信	Verizon	53，004	8%
13	地区性银行	富国银行	47，748	20%
14	零售	亚马逊	45，727	34%

（续表）

排名	所属行业	品牌	品牌价值（百万美元）	品牌价值（上升比例）
15	物流	UPS	42，747	15%
16	地区性银行	工商银行	41，115	-1%
17	电信	沃达丰	39，712	-8%
18	零售	沃尔玛	36，220	5%
19	科技	SAP	34，365	34%
20	信用卡	万事达	27，821	34%
21	科技	腾讯	27，273	52%
22	地区性银行	中国建设银行	26，859	10%
23	汽车	丰田	24，497	12%
24	汽车	宝马	24，015	-2%
25	全球性银行	汇丰银行	23，970	24%
26	娱乐	迪士尼	23，913	40%
27	电信	德国电信	23，893	-11%
28	信用卡	美国运通	23，514	16%
29	奢侈品	路易威登	22，719	-12%
30	科技	三星	21，404	51%
31	科技	脸书	21，261	-36%
32	婴儿护理	帮宝适	20，594	13%
33	科技	百度	20，443	-16%
34	啤酒	百威啤酒	20，297	28%
35	服装	Zara	20，167	60%
36	科技	甲骨文	20，039	-11%
37	地区性银行	中国农业银行	19，975	12%
38	地区性银行	RBC	19，968	16%
39	石油天然气	埃克森美孚	19，229	5%
40	奢侈品	爱马仕	19，129	0%
41	零售	家得宝	18，488	43%
42	个人护理	欧莱雅	17，971	30%
43	汽车	奔驰汽车	17，952	11%

（续表）

排名	所属行业	品牌	品牌价值 （百万美元）	品牌价值 （上升比例）
44	快餐	星巴克	17，892	5%
45	个人护理	吉列	17，823	−6%
46	地区性银行	TD	17，781	22%
47	零售	易贝	17，749	40%
48	地区性银行	澳洲联邦银行	17，745	36%
49	石油天然气	壳牌	17，678	−1%
50	个人护理	高露洁	17，250	15%
51	快餐	赛百味	16，691	12%
52	地区性银行	ANZ	16，565	−
53	科技	埃森哲	16，503	2%
54	科技	惠普	16，362	−29%
55	零售	Tesco	16，303	−9%
56	服装	耐克	15，817	−3%
57	保险	中国人寿	15，279	5%
58	地区性银行	中国银行	14，236	10%
59	地区性银行	ICICI Bank	14，196	12%
60	电信	Orange	13，829	−10%
61	科技	英特尔	13，757	−12%
62	物流	联邦快递	13，732	17%
63	地区性银行	美国银行	13，716	19%
64	全球性银行	花旗	13，386	37%
65	石油天然气	中国石油	13，380	11%
66	电信	Movistar	13，336	−22%
67	石油天然气	中国石化	13，127	−6%
68	奢侈品	古琦	12，735	48%
69	服装	H&M	12，732	−6%
70	地区性银行	Sberbank	12，655	19%
71	汽车	本田	12，401	−2%
72	科技	西门子	12，331	16%

（续表）

排名	所属行业	品牌	品牌价值（百万美元）	品牌价值（上升比例）
73	Alcohol	茅台	12，193	3%
74	零售	宜家	12，040	31%
75	软饮	百事可乐	12，029	−5%
76	零售	Target	11，879	13%
77	科技	思科	11，816	−11%
78	石油天然气	英国石油	11，520	11%
79	电信	MTN	11，448	23%
80	零售	沃尔沃斯	11，039	–
81	全球性银行	Chase	10，836	25%
82	电信	MTS	10，633	11%
83	软饮	红牛	10，558	6%
84	保险	平安保险	10，558	4%
85	地区性银行	丰业银行	10，396	8%
86	汽车	日产	10，186	3%
87	全球性银行	渣打银行	10，160	1%
88	地区性银行	西太银行	10，070	–
89	电信	Airtel	10，054	−13%
90	电信	NTT DoCoMo	10，028	−37%
91	快餐	肯德基	9，953	12%
92	科技	雅虎	9，826	–
93	全球性银行	J.P. Morgan	9，668	–
94	电信	英国电信	9，531	–
95	奢侈品	普拉达	9，454	63%
96	全球性银行	Santander	9，232	8%
97	石油天然气	Chevron	9，036	5%
98	物流	敦豪速递	8，940	18%
99	零售	ALDI	8，885	−5%
100	汽车	大众汽车	8，790	3%

数据来源：Millward Brown Optimor 受 WPP 委托开展的 2013 年品牌价值 TOP100 强榜单。

科技和电信仍然占据品牌排行榜的重要位置，这一领域总体上保持平稳增长的态势。从表1—2中可以看出，科技和电信领域的品牌总价值超过1万亿美元，在BrandZ™全球100强中占据29个名额，占100强品牌总价值的43%。与Facebook品牌价值下降形成鲜明对比的是，拥有近8亿有效用户的中国同类品牌腾讯实现了52%的价值增长，其品牌价值首次超过了Facebook，从而跻身十大增长领先品牌。

与智能手机市场存在关联的企业品牌价值增加格外突出。2013年品牌价值TOP100强排名中，苹果以其强劲的实力证明了强大的品牌对于商业经营的重要价值。三星在在智能手机市场的领导地位争夺战中，通过加快创新步伐与扩大市场份额之间做到了平衡兼顾，推动了品牌价值的迅猛增长。三星电子品牌价值达到214.4亿美元，同比增长51%，排名从2012年的第55位上升至2013年第30位。

中国品牌在创新及国际化方面亟待进一步加强。2013年世界品牌价值TOP100强中，共有12家中国公司，品牌总价值达到2.7千亿美元，中国品牌的数量比2012年的13家少了一家，品牌总价值在百强榜单中的比重由2012年的11%下降到2013年的10.3%，上榜的中国品牌大部分是国有企业。中国品牌的增长动力遭遇瓶颈，这使我们清醒地认识到，中国品牌不仅要在科技领域有更多的创新，同时也要在品牌国际化方面作出更多切实的努力。

（三）质量振兴战略是带动工业持续发展的重要手段

20世纪50—90年代，德国、日本和美国分别实施了"质量强国"、"质量振兴"战略，通过采取一系列措施，带动和实现本国经济数十年的良性持续发展。

"质量强国"战略是各国实现经济跨越发展的必由之路，也是各国在经济转型发展时期共同的战略选择。当一个国家处于工业化中后期的发展阶段，质量发展面临严峻形势之际，这些国家都选择了质量发展战略，以提高产品质量作为各国应对国际经济或金融危机、调整产业结构、促进经济增长、提高产品国际竞争力和企业管理水平的重要举措。实践表明，各国在实施"质量强国"战略的5—10年间实现了经济的赶超发展。通过提升产品质量，在宏观层面上，以质量竞争力获得了国际市场，促进了产业转型，提高了经济的发展质量。在微观层面上，企业质量意识和能力增强，产品质量水平赶超竞争对手，打造了一批高质量的国际知名品牌，正如1950年戴明曾对日本企业预言的那样，"五年之后，你们产品的质量将超过美国",而实际上日本只用了 4 年 。

"质量强国"必须以"质量强企"为基础,以创新促进质量提升是实施质量战略的有效途径。作为"质量强国"战略主体的企业,必须依靠创新和技术进步来保证和提升产品质量、促进新产品开发和品牌创建。各国企业的发展实践表明,质量提升不仅要依靠质量管理的改进,更重要的是要以技术创新为抓手,通过应用新技术、新工艺、新材料,改善品种质量,提升产品档次和服务水平,研究开发高质量、高附加值的创新性产品和服务,这是实现质量跨越性和根本性提升的最有效途径。美国将《质量振兴法案》的内容增加到技术创新相关法案中,将国家质量奖的工作安排和经费预算列入到创新和竞争相关的法案计划中,这一做法充分体现了创新和质量二者密不可分的关系——"质量是生命,创新是灵魂"。

1. 德国:严格的管理制度和质量一流的发展战略使"德国制造"享誉世界

通过实施"以质量推动品牌建设,以品牌助推产品出口"的国策,经过数十年的努力,德国政府成功实现了由资本密集型产业取代劳动密集型产业、以出口为导向的外向型经济发展战略,在全球确立了"德国品牌、质量一流"的国家形象。奔驰、宝马、博世、西门子……这一系列的德国品牌,不仅世界知名,而且无一不是品质的保证。

通过商标和品牌表达质量保证。德国产品的高质量与其工业化过程中一个特征密不可分,即利用商标来对产品质量做出保证。在德国,一些家喻户晓的品牌无需检验就能得到消费者认可,也就是说质量铸造了品牌,品牌保证了质量。

完善的管理体系。德国产品质量信誉的背后,依靠的绝不仅仅是发现质量问题后的召回制度,更重要的是德国在加强出口产品安全管理方面所依赖的一整套完善的管理机构、法律法规、行业标准以及质量认证等制度体系。德国对出口产品安全管理有着完善的法律体系,例如《设备安全法》、《产品安全法》、《食品法》等。以食品安全为例,目前德国是世界第四大食品出口国,饮食业出口约占制成品出口总额的 13%。德国食品安全法律体系涉及全部食品产业链,包括植物保护、动物健康、善待动物的饲养方式、食品标签标识等。德国在食品安全的法律建设中构架了四大支柱:《食品和日用品管理法》、《食品卫生管理条例》、《HACCP 方案》、《指导性政策》,它们互相补充、构成了范围广泛的食品安全法律体系的基础。德国所有的出口食品包装的标签上都注明商标、食品成分和有效期,还有有关商检机构质量认可的显著标志。实际上早在 1879 年，德国就制定了《食品法》。目前实行的《食品法》包罗万象，所列条款多达几十万个，并且国家设立了覆盖全国的食品检查机构，联邦政府、每个州和各地方政府都设有负责检查食品质量的卫生部门。这都成为德国出口食品产品安全的根本保障。

工业化体系中的标准化对提高质量起到了重要作用。德国标准委员会作为发布工业标准的机构，及时把国家颁布的各项行业法规转化为具体的业内标准，成为认证机构开展质量认证工作和企业组织生产的依据。德国工业标准把德国人一丝不苟的专业精神融入到了工业体系之中，成为质量提升的有效手段。

2. 日本：凭借产品质量优势大举进入欧美和全球市场

日本政府提出了"质量救国"的口号，实施了大规模的质量变革。由于质量水平的快速提升，日本的汽车、家电、电子、机械、化工产品凭借品质优势大举进入欧美和全球市场。

第一，将质量提升摆在与产业结构调整并重的高度。1949 年，日本内阁做出了《关于产业合理化》的决定。这项连续推行了 15 年的核心产业政策，主要包括产业结构、技术、组织、布局和资金政策。在实际推行过程中，日本政府加强了企业经营管理的政策指导，制定了各种企业经营管理的法律、规则，以及工业品规格和质量标准，并通过政府严厉监督指导来落实。

第二，设立戴明奖和日本质量管理奖。1950 年，世界著名质量管理专家戴明在日本发表了《关于如何解决日本战后的经济问题》的演讲，提出对质量的追求是提高生产率、获得更多利润和增强综合国力的关键。为了纪念戴明的业绩，1951 年由日科联提议设立了戴明奖。1969 年，为了纪念第一次国际质量管理大会的召开，创立了日本质量管理奖。

3. 美国："质量振兴"极大提升了美国的竞争力

美国政府意识到通过提高制造和服务质量对国家长期的经济发展至关重要。制造和服务质量有助于提高生产率、降低成本和提升消费者满意度。"质量振兴"极大提升了美国的竞争能力。从 20 世纪 80 年代开始，美国以占世界人口 5% 的比重，实现了经济比重维持在 20%—25% 高水平的记录，每个州至少拥有一个财富 500 强公司。1987—1997 年十年间，美国工业增加值的年均增长率保持在 2.72%；1987—2010 年，制造业的劳动生产率年均增长 3.4%，几乎比非农业部门 2.3% 的年均增长率高出 50%。

第一，通过 1984 年和 1988 年的两次总统公告设立并强调"国家质量月"，传递了强烈的质量振兴信号。公告中强调了"重新确立美国的领导地位将需要对全面质量管理和持续质量改进原则的坚定承诺。美国能够，并且必须在这方面胜出，要设定世界一流质量的新标准，在国际市场竞争中获胜"。"国家质量月"的重点是关注质量的战略重要性以及持续改进，强调在全美各个组织中对质量和卓越绩效的投入。

第二，1987 年颁布了"国家质量振兴法案"，设立鲍德里奇国家质量奖。《1987年马尔科姆·鲍德里奇国家质量振兴法案》批准设立了国家质量奖，激励美国企业提高产品质量、劳动生产率和市场竞争力。1999 年，克林顿在当年的颁奖大会上指出："国家质量奖在使美国恢复经济活力以及在提高国家竞争力和生活质量方面起到了主要作用。"《质量振兴法案》设立的质量奖几乎是政府项目中成本收益率最高的一个。2001 年，与质量奖相关的社会成本支出在 1.19 亿美元左右，成本收益率为 1:207，2010 年更是高达 1:820，也就是说政府 1 美元的投资获得了 820 美元收益。

三、世界工业知识产权和标准情况

（一）国际专利申请量（PCT）成为国际竞争的重要风向标

美国微软公司、英国石油公司、德国宝马公司、荷兰皇家壳牌石油公司……这些耳熟能详的跨国企业巨头，不仅在经济收益上名列前茅，而且通过《专利合作条约》途径提交的 PCT 申请量也遥遥领先，成为其国家经济发展的重要支柱。

作为衡量创新水平的重要指标，PCT 申请量不仅是企业创新能力的反映，也代表着国家或地区在知识产权领域的话语权。由世界知识产权组织（WIPO）最新发布的 2012 年度 PCT 申请情况报告显示，在 2012 年全球 PCT 国际申请排行榜中，位居前列者依次为美国、日本、德国、中国，这与国家经济实力排行比较接近。因此，PCT 申请量已成为国家竞争力的一个重要风向标。

根据 WIPO 的统计数据，2012 年全球各国的 PCT 申请总数比 2011 年增长了 6.6%，达到 19.44 万件。其中，美国排名第一（51207 件），日本排名第二 43660 件，德国排名第三（18855 件），中国排名第四（18627 件），韩国、法国、英国、瑞士、荷兰、瑞典分别排在第 5—10 位。增长率排在前两位的是荷兰和中国，同比分别增长 14% 和 13.6%。

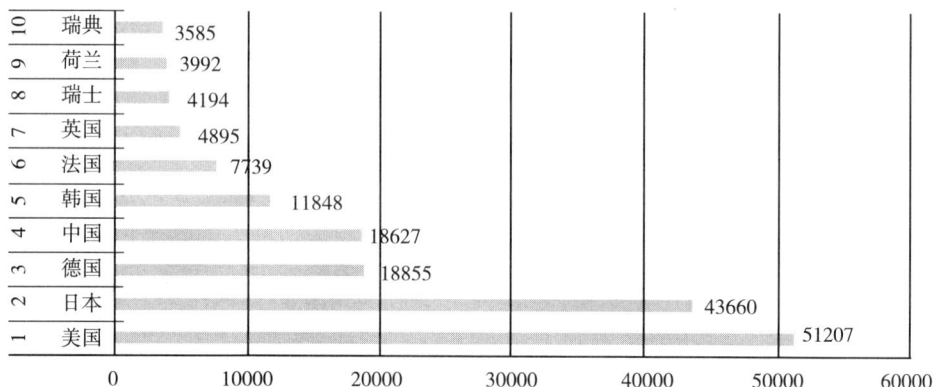

图1-1　2012年全球PCT国际专利排名前10位的国家（单位：件）

数据来源：2012 年全球 PCT 专利申请 TOP50 排行榜，2013 年 3 月。

（二）知识产权成为企业创新发展的战略支持

伴随着国际市场和产业竞争的不断加剧，PCT 申请对于企业的可持续发展能力和市场竞争能力的重要意义，也逐步为世界各国企业所重视。根据 WIPO 的公布的 2012 年度《专利合作条约》全球申请排行榜，排名前 50 的组织机构中，IT 和电子类企业再次超过半数。其中，中国的中兴通讯以 3906 件申请蝉联第一；其后依次为日本松下电器公司以 2951 件申请排名第二；日本夏普公司以 2001 件申请排名第三；中国华为技术有限公司以 1801 件申请排名第四。

表 1—3　2012 年全球 PCT 国际申请排行榜前 50 位 [1]

2012年排名	2011年排名	企业或机构	国家	2012年PCT专利申请数量（件）	2012年增加数量（件）
1	1	中兴	中国	3906	2826
2	2	松下电器	日本	2951	2463
3	4	夏普	日本	2001	1755
4	3	华为	中国	1801	1831

[1]　2013年9月5日，微软宣布将以37.9亿欧元(约合50亿美元)的价格收购诺基亚设备与服务部门，另外再用16.5亿欧元(约合21.8亿美元)的价格购买诺基亚的专利许可证，因此这项交易的总价格大约为54.4亿欧元(约合71.7亿美元)。如顺利该收购将于2014年1季度完成。这将对2013年全球PCT国际申请排行榜产生重要影响，意味着美国PCT国际申请数量增加。

（续表）

2012年排名	2011年排名	企业或机构	国家	2012年PCT专利申请数量（件）	2012年增加数量（件）
5	5	罗伯特博世	德国	1775	1518
6	7	丰田汽车	日本	1652	1417
7	6	高通	美国	1305	1494
8	12	西门子	德国	1272	1039
9	9	皇家飞利浦电子	荷兰	1230	1148
10	10	爱立信	瑞典	1197	1116
11	8	LG电子	韩国	1094	1336
12	13	三菱电机	日本	1042	834
13	11	NEC	日本	999	1056
14	33	富士胶片	日本	891	414
15	20	日立	日本	745	547
16	15	三星电子	韩国	683	757
17	23	富士通	日本	671	494
18	16	诺基亚	芬兰	670	698
19	14	巴斯夫	德国	644	773
20	44	英特尔	美国	640	309
21	18	惠普研发	美国	620	591
22	19	3M创新产业	美国	586	563
23	26	索尼	日本	578	471
24	25	三菱重工	日本	566	480
25	28	住友化学	日本	558	446
26	51	三洋电机	日本	537	285
27	27	微软	美国	531	446
28	17	IBM	美国	528	661
29	22	佳能	日本	480	499
30	43	村田制作所	日本	462	318
31	29	杜邦	美国	457	424
32	31	博世西门子家电	德国	448	421
33	64	谷歌	美国	421	224

（续表）

2012年排名	2011年排名	企业或机构	国家	2012年PCT专利申请数量（件）	2012年增加数量（件）
34	24	宝洁	美国	413	488
35	68	矢崎总业公司	日本	402	205
36	21	东芝	日本	397	517
37	39	贝克休斯公司	美国	396	336
38	36	法国原子能与替代能源委员会	法国	391	371
39	53	苹果公司	美国	388	269
40	37	京瓷	日本	353	356
41	66	LG化学	韩国	352	214
42	52	加州大学	美国	351	277
43	30	舍弗勒技术公司	德国	347	422
44	50	阿尔卡特朗讯	法国	346	422
45	32	本田汽车	日本	341	418
46	40	诺基亚西门子网络	芬兰	326	332
47	48	通用电气	美国	320	291
48	34	陶氏全球科技公司	美国	317	399
49	92	日产汽车	日本	308	174
50	73	日东电工	日本	306	195

从 2012 年全球 PCT 国际申请排行榜前 50 位的排名中可看出，在知名的跨国 IT 企业中：高通以 1305 件申请名列第 7，三星电子以 683 件申请位居第 16，诺基亚以 670 件申请名列第 18，英特尔排名第 20，惠普排名第 21，微软和 IBM 分别位居第 27 和 28 位。而苹果和谷歌的 PCT 专利申请也首次进入 TOP50 榜单，分别位居第 33 位和 39 位。

2012 年，博世集团提交的 PCT 国际专利申请为 1775 件，位列全球企业前 5 名，而且是前 5 名中唯一一家传统的机械制造企业。风驰电掣般行驶在冰雪皑皑的路面或是高速公路上的汽车，因为有了刹车防抱死系统 (ABS)，汽车的舒适性和安全性能得到了大幅提升。ABS 系统的 PCT 国际专利申请就是德国罗伯特·博世集团公司 (下称博世集团) 提交的。通过保持较强的创新能力与排名前列的 PCT

国际专利申请量，已成为博世集团在业界称雄的"秘诀"。在当今这个创新与知识产权竞争激烈的时期，博世集团在汽车技术、工业技术、电动工具技术和建筑智能化技术领域已经提交了PCT国际专利申请超过2万件，企业拥有发明专利7.7万件，由此支撑着其在世界50多个国家和地区的分支机构形成了庞大的体系，员工总数超过27万人，形成了集研发、制造、销售于一体的全球化网络。每年，博世集团在全球的销售收入近500亿欧元，在研发上的投入高达30多亿欧元，在行业持续领先。

在德国，PCT国际专利申请大户不仅有博世集团，还有奔驰公司、宝马公司、拜耳公司、巴斯夫公司等一大批世界顶级的跨国巨头。据不完全统计，每年在德国提交的PCT国际专利申请中，来自企业的专利申请数量占比近9成。与此同时，德国企业PCT国际专利申请数量的持续增长，也为这些企业带来了丰厚的经济利益。

PCT国际专利申请量为企业带来的"多赢"与实惠，被世界各国的情况所印证。在美国，1985年成立的高通公司当年只提交PCT国际专利申请35件，到2012年提交量达到1305件，伴随着这一数字的扩大，其从一家默默无闻的小公司成长为在全球通信行业技术领先的跨国巨头，也是全球最大的无线芯片供应商、最大的通信技术专利许可的授权方，年销售收入超过百亿美元，成为美国政府都不可小觑的纳税大户。

从逐年增长的PCT国际专利申请数字的变化中，不难发现，近年来不仅仅是发达国家，发展中国家的自主研发能力也正在逐步增强。来自中国的中兴通讯股份有限公司成为其中杰出的代表，该公司不但在2011年度PCT国际专利申请中以2826件夺得世界冠军，而且2012年度再次夺魁，PCT国际专利申请量同比增长38%，成为竞争力保持迅速提升的发展中国家企业的一个代表。

PCT申请为提升企业乃至国家竞争实力发挥了至关重要的作用。充分发挥PCT国际专利申请这一渠道，是企业获得更多国外专利、争取到更多国际市场的有效途径。如今，越来越多的企业意识到，对于企业来说，提升PCT国际专利申请的数量，与大力提升自身的市场竞争能力，获得可持续发展的重要支撑有着密切的联系，而且还能为所在国家带来经济利益。

（三）世界创新强国高度重视强化PCT国际专利申请

美国因为拥有了微软公司、高通公司、波音公司、英特尔公司等PCT国际专利申请大户企业群体，才成为世界创新强国。德国也是因为有着像博世集团、大众公司、西门子公司等众多PCT国际专利申请数量不断增长的企业，才使得德国的工业水平始终保持在世界前列。

三大因素促进了PCT国际专利申请的快速增长。第一是国家政策激励，世界各国针对知识产权和产业发展现状，纷纷探索建立了各具特色的PCT国际专利申请激励机制和创新政策，从而有效地促进了科研院所和企业研发人员的创新能力；第二是较为稳定的创新环境；第三是来自经济社会可持续发展的压力与动力。在世界经济一体化趋势日渐明显、国际竞争日趋激烈的新形势下，很多国家和地区逐渐认识到主动参与国际竞争，才能赢得更好的经济利益和实现可持续发展。当前，很多国家和地区都通过制定激励机制和创新政策，鼓励本国企业积极提交PCT国际专利申请，从而形成了PCT国际专利申请数量逐年快速增长的发展态势。

此次排名第一的美国，不仅为各类创新主体的PCT国际专利申请提供了政策和法律保障，而且从经费、人才以及税收减免等多方面给予了大力支持。在法律方面，美国建立了一套完整的鼓励发明创造及促进PCT国际专利申请的法律体系，有效激励了PCT国际专利申请数量的增长。在经费支持方面，美国依然是科学研究与开发投入世界上最多的国家，每年用于研究与开发的经费达数千亿美元，总量比日本、德国、英国、法国、意大利和加拿大6个国家的总和还多。在PCT国际专利支撑下，目前美国的新产品率已达40%左右，并且大多占据着世界主要市场。在鼓励技术研发方面，美国不断实施一系列激励创新的计划，推动各类创新主体积极提交PCT国际专利申请。在税收减免方面，美国制定的《公平简化与经济增长税收改革方案》规定，凡用于科学研究和发明创造试验设计的费用，企业可以作为日常生产费用，在税收上给予减免，同时把各类科研机构都定为非赢利机构，免除其纳税义务，激励PCT国际专利申请数量的持续增长。

德国政府高度重视技术研发的资金投入，投入比例位居世界前列。德国政府为鼓励企业和研究机构的技术创新和提交PCT国际专利申请，在税收方面也给予了很多优惠政策，为PCT国际专利申请的持续增长奠定了坚实的基础。在德国，已经形成了一套较为成熟的"企业主体、国家支持、员工努力"的知识产权战略实施和技术创新体系。统计数据表明，德国大企业成为推进知识产权工作的主体，在德国企业提交的 PCT 国际专利申请中，超过 10% 来自西门子公司、奔驰公司、博世集团、英飞凌技术公司等 4 家德国大型企业集团。

在新形势下，PCT 国际专利申请成为国家竞争力非常显著的标志之一。PCT 国际专利申请在给更多的国家和地区带来良好发展基础的同时，日益成为各国竞争的新焦点。PCT 国际专利申请数量的快速增长，在一定程度上体现了政府高度重视创新和技术研发的理念。2012 年 8 月，日本研发的新一代电视技术成为世界标准。该标准可以达到目前高清晰度电视 16 倍的高清影像，国际电信联盟已经将其采用为最近推出的国际技术标准。2012 年 1 月 18 日，国际电信联盟通过了 IMT-Advanced 即 4G（第四代无线移动通信）国际标准，由我国主导制定的、大唐电信集团提出的 TD-LTE-Advanced 技术作为两大 4G 标准之一的 LTE-Advanced 的重要组成部分，最终通过成为 4G 国际标准。

第二章　2013年中国工业技术创新发展状况

2013年全球经济进入深度转型的调整期，也是我国贯彻落实党的十八大精神的开局之年，是"十二五"规划承前启后的关键一年。如何实现稳中求进、快速复苏，实施创新驱动战略成为我国今后经济发展的重要举措。

我国政府通过走"新型工业化道路"、大力发展战略性新兴产业、推进工业化和信息化融合发展、协调实体经济与虚拟经济的关系、加快实施"走出去"战略等措施推动工业转型升级，中国工业的整体竞争力不断提升、产业结构不断优化，形成一批包括原材料、消费品、装备制造、电子信息产业在内的优势主导产业。本土大型跨国公司脱颖而出、民营企业迅速发展、工业创新能力持续提高。

一、中国工业技术创新情况

加强创新能力建设是加快转变经济发展方式的重要支撑。随着我国工业化迅速推进，劳动力、原材料和环境保护等成本持续上升，经济社会发展面临的资源能源和生态环境约束压力进一步加大，经济、产业的竞争已前移到科技进步和创新能力的竞争。当前，我国经济总量已跃居世界第二位，迫切需要以提高经济增长质量和效益为中心，强化创新驱动，加快实现产业结构优化升级和经济发展方式转变。

（一）提升重点产业持续创新能力成为社会共识

为指导全社会加强自主创新能力建设，加快推进创新型国家建设，2013年1

月 15 日国务院印发了《"十二五"国家自主创新能力建设规划》(国发〔2013〕4号)。该规划是我国历史上第一部系统部署加强自主创新能力建设的规划和指导性文件,对贯彻落实国家创新驱动发展战略具有重要意义。文件或规划从创新基础条件建设、重点领域创新能力、创新主体实力、区域创新能力布局、创新环境等五个方面,确立了到"十二五"末要达到的具体目标。其中,制造业和战略性新兴产业的创新能力建设是本规划的重点。要求企业技术创新主体地位进一步强化,大中型工业企业研发投入占主营业务收入比例达到 1.5%,一批创新型企业进入世界 500 强。建成若干一流科研机构,创新能力和研究成果进入世界同类科研机构前列;建设一批高水平研究型大学,一批优势学科达到世界一流水平,关键核心技术的有效供给能力明显提升。

表 2—1 "十二五"制造业创新能力建设重点

1	装备制造 机械基础零部件、基础工艺、高端仪器仪表、先进实用农机装备、煤机装备、海洋技术装备等设计、实验及检测,制造信息化、快速制造和再制造。
2	船舶 散货船、油船、集装箱船等传统船型升级换代,船用中低速柴油机、船用电站,高技术船舶、绿色船舶设计制造,数字化船型设计数据库。
3	汽车 高效内燃机、高效传动与驱动、材料与结构轻量化、整车优化、普通混合动力、汽车节能技术等研发试验平台。
4	钢铁 新一代钢铁可循环流程工艺技术,高性能、高质量及升级换代关键钢材品种。
5	有色金属 高效、低耗、低污染新型冶炼、共伴生矿高效利用、矿山尾矿综合利用、有色金属短流程低能耗加工等技术与装备。
6	石化 大型特大型石化技术装备。
7	建材 无机非金属材料、非金属矿精深加工及节能减排、资源综合利用。
8	轻工 新型电池、农用新型塑料、酶制剂、食品加工、节能环保电光源、绿色智能家电。
9	纺织 高新技术纤维和新一代功能性、差别化纤维,高效节能纺纱、织造和印染以及产业用纺织品。

表2—2 "十二五"战略性新兴产业创新能力建设重点

1	节能环保 高效节能、低耗零排、环境安全、资源循环利用。
2	新一代信息技术 新一代无线通信、卫星移动通信、下一代广播电视网、下一代互联网、云计算、物联网、新型显示技术、半导体照明，信息技术服务。
3	生物 新药创制、高性能诊疗设备，合成生物与先进生物制造，医药、重要农作物及畜禽、微生物菌（毒）种等基因资源信息库。
4	高端装备制造 航空产品、卫星载荷研制，智能控制系统、高档数控机床、轨道交通装备、深海运载和探测技术装备、深部矿产资源探测装备。
5	新能源 新一代核电装备、大型风电机组系统集成及零部件设计试验平台，新型太阳能发电、智能电网、下一代生物燃料、大规模储能。
6	新材料 新型功能材料、先进结构材料、高性能复合材料、分离膜材料、有机硅材料、纳米材料、共性基础材料。
7	新能源汽车 插电式混合动力汽车、纯电动汽车、燃料电池汽车、车用动力电池、驱动电机、动力总成、管理控制系统。

（二）我国研发投入强度持续较快增长，企业作为研发投入主体的地位日益得到巩固

从研发投入占比看，我国研发投入规模占全球研发投入总量比重在持续稳定提高，2010年为12%，2011年为13.1%，2012年我国研发投入总量首次超过万亿元，达到10298.4万元，占全球研发投入总量比重超过14%，研发投入强度（即研发投入占GDP的比重）也从2002年的1.23%稳步提高到2012年的1.98%。按照汇率计算，我国R&D经费投入总量目前位居世界第三，R&D经费投入强度在新兴发展国家中居领先地位，与发达国家的差距正在逐步缩小，我国科技投入大国地位进一步得到巩固。

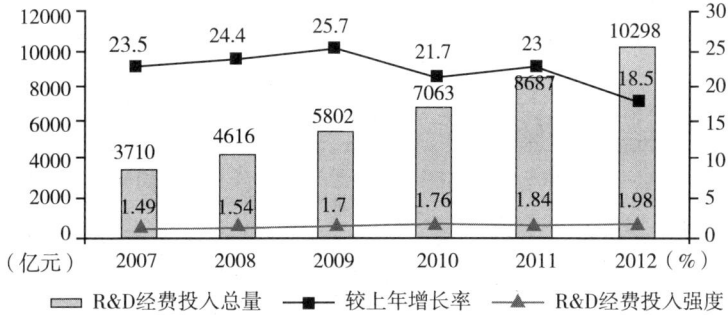

图2-1　2007—2012年我国研发投入总量、增长率及研发投入强度情况

数据来源：2007—2012 年全国科技经费投入统计公报。

中高端制造业成为了 R&D 投入的重点。从产业部门看，工业企业 R&D 经费投入额达到 7200.6 亿元人民币，而制造业，特别是中高端制造业成为了 R&D 投入的重点。经费投入超过 200 亿元的行业大类有 10 个，分别是化学原料和化学制品制造业、医药业、黑色金属冶炼和压延加工业、有色金属冶炼和压延加工业、通用设备制造业、专用设备制造业、汽车制造业、铁路船舶航空航天和其他设备制造业、电气机械和器材制造业，以及计算机通信和其他电子设备制造业。这 10 个行业的研发费用占全部规模以上工业企业的比重达 73.9%，其中计算机通信和其他电子设备制造业的 R&D 经费投入更是超过了 1000 亿元人民币。

表 2—3　2012 年分行业规模以上工业企业 R&D 经费情况

行业	经费投入（亿元）	投入强度（%）	行业	经费投入（亿元）	投入强度（%）
合计	**7200.6**	**0.77**	石油加工、炼焦和核燃料加工业	81.6	0.21
采矿业	298.0	0.45	化学原料和化学制品制造业	554.7	0.82
煤炭开采和洗选业	157.9	0.46	医药制造业	283.3	1.63
石油和天然气开采业	86.2	0.74	化学纤维制造业	63.4	0.94
黑色金属矿采选业	6.1	0.07	橡胶和塑料制品业	173.0	0.72
有色金属矿采选业	22.1	0.39	非金属矿物制品业	162.5	0.37
非金属矿采选业	7.7	0.18	黑色金属冶炼和压延加工业	627.9	0.88

（续表）

行业	经费投入（亿元）	投入强度（%）	行业	经费投入（亿元）	投入强度（%）
制造业	**6850.5**	**0.85**	有色金属冶炼和压延加工业	271.1	0.66
农副食品加工业	135.7	0.26	金属制品业	187.3	0.64
食品制造业	86.9	0.55	通用设备制造业	472.0	1.24
酒、饮料和精制茶制造业	80.1	0.59	专用设备制造业	425.0	1.48
烟草制品业	19.8	0.26	汽车制造业	572.9	1.12
纺织业	138.0	0.43	铁路、船舶、航空航天和其他运输设备制造业	342.8	2.15
纺织服装、服饰业	55.6	0.32	电气机械和器材制造业	704.3	1.29
皮革、毛皮、羽毛及其制品和制鞋业	27.5	0.24	计算机、通信和其他电子设备制造业	1064.8	1.51
木材加工和木、竹、藤、棕、草制品业	18.7	0.18	仪器仪表制造业	124.1	1.86
家具制造业	14.5	0.25	**电力、热力、燃气及水生产和供应业**	**52.1**	**0.09**
造纸和纸制品业	75.8	0.61	电力、热力生产和供应业	46.8	0.09
印刷和记录媒介复制业	24.4	0.54	燃气生产和供应业	2.0	0.06
文教、工美、体育和娱乐用品制造业	33.9	0.33	水的生产和供应业	3.0	0.26

数据来源：《2012年全国科技经费投入统计公报》。

企业研发经费投入增长较快，已成为研发投入的主体。近年来企业研发投入占全国研发投入比例一直在70%以上，最近两年又有所提高。《2012年全国科技经费投入统计公报》显示，我国各类企业2012年R&D经费投入7842.2亿元，增长率达到19.2%，占全社会R&D经费的比重达76.2%，较之2011年比重继续扩大，提高约0.5%；企业R&D经费投入共增长1262.9亿元，占全社会R&D经费增长额的比例达78.4%。相比而言，2012年我国R&D经费中政府资金2221.4亿元，比上年增长18%，这一增长率明显低于各类企业R&D经费投入增长速度。这充分表明，企业R&D经费投入主体地位继续巩固和强化。

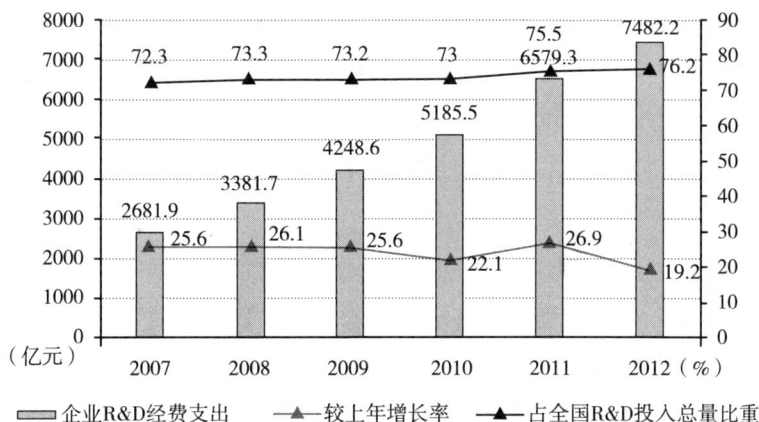

图2-2　2007—2012年我国企业R&D经费投入情况

数据来源：《2007—2012年全国科技经费投入统计公报》。

企业办研发机构数量有较大幅度增加。2012年我国规模以上工业企业共拥有研发机构（以下简称机构）4.6万个，比上年增加1.5万个，增长幅度达到48%；机构人员226.8万人，比上年增加45.1万人，增长幅度近25%；机构经费支出5233.4亿元，比上年增加1276.4亿元，增长幅度约33%。

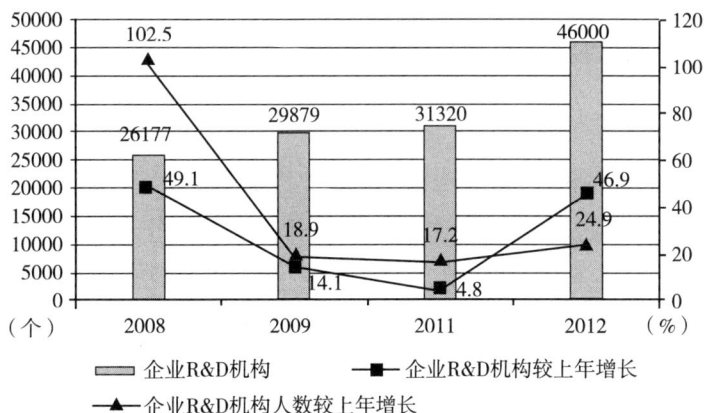

图2-3　2008—2012部分年份我国规模以上工业企业R&D机构与人员变化情况

数据来源：《2008—2012年全国科技经费投入统计公报》。

（三）产品创新能力不断激发新的消费需求

随着全球范围内信息技术创新不断加快，信息领域新产品、新服务、新业态大量涌现，不断激发新的消费需求。2013 年 8 月 15 日，国务院印发了《关于促进信息消费扩大内需的若干意见》(国发〔2013〕32 号)，指出要以科技创新为支撑，围绕挖掘消费潜力、增强供给能力、激发市场活力、改善消费环境，大力丰富信息消费内容，鼓励智能终端产品创新发展和增强电子基础产业创新能力为重点任务之一。

鼓励智能终端产品创新发展。面向移动互联网、大数据、云计算等热点，加快实施智能终端产业化工程，支持研发智能手机、智能电视等终端产品，促进终端与服务一体化发展。鼓励整机企业与芯片、器件、软件企业协作，研发各类新型信息消费电子产品。支持数字家庭智能终端研发及产业化，大力推进数字家庭示范应用和数字家庭产业基地建设；支持电信、广电运营单位和制造企业通过定制、集中采购等方式开展合作；带动智能终端产品竞争力提升，夯实信息消费的产业基础。

增强电子基础产业创新能力。通过实施平板显示工程，加快推进新一代显示技术突破，完善产业配套能力。以重点整机和信息化应用为牵引，依托国家科技计划和重大工程，大力提升集成电路设计、制造工艺技术水平，支持智能传感器及系统核心技术的研发和产业化。

（四）行业共性技术有力支撑和促进了产业结构优化升级

行业共性技术研究取得了阶段性成果，有力支撑了行业调结构、转方式的向好势头。目前，我国 280 马力大功率轮式拖拉机实现了批量生产。机床新品纷呈，向数控、精密、高效及大型化方向发展，为航空航天、军工等重要领域提供了装备支撑。新能源、混合动力汽车已广泛试用，燃料电池汽车技术水平位居世界先进水平并且建立了车用电池、电机、整车和技术设施的检测能力。铸、锻、热、焊等基础制造工艺技术取得了长足进步，普通级数控机床的加工精度有了大幅提高，超精密加工、特种加工可达到纳米级精度。如有色金属行业在铝板带热连轧技术、建材行业中的玻璃纤维年产 12 万吨超大型池窑和全氧燃烧技术的应用、FT-1000 CPU 芯片在"天河一号"高性能计算机的应用、先进芯片电子设计自动化（EDA）工具平台完成试点应用，填补了国产 EDA 工具的多项空白。

通过组织实施国家重大科技专项，重点关键技术取得突破，促进了产业结构的优化升级。"核高基"专项安排的核心电子器件一批关键技术在航天工程和武器装备中得到应用，基础软件产品部分领域形成了相对成熟的产业生态链。"新一代宽带无线移动通信网"专项安排的 TD-SCDMA 形成了以国内企业为核心的完整产业链，产业链上下游已有 200 多家中外企业，TD-LTE 已在六个城市启动规模技术试验。"高档数控机床与基础制造装备"专项研制完成了 3.6 万吨黑色金属垂直挤压机等十多种具备国际先进水平的重型装备等。

（五）需要关注的几个问题

1. 研发投入力度仍需加强，创新资源利用效率有待提高

我国研发投入规模近年来一直位于世界各国前三，但目前的研发投入强度（1.98%，2012 年）尚明显滞后于美国 3.2%、日本 2.7%、经合组织 2.2% 的水平。实际上，与美国相比，仅就研发投入总量而言，也仅相当于美国的一半不到。不仅如此，近几年我国研发投入强度一直低于所设定的目标。2002—2012 年我国研发投入强度平均增速不足 5%，考虑到未来较长一段时期内我国 GDP 将继续保持较高增速，要实现研发投入强度到 2020 年达到 2.5% 的目标，可谓压力巨大。从企业研发投入角度看，也存在投入总量增长态势良好，投入强度明显不足的状况。以 2012 年为例，中国企业 500 强研发投入为 5116 亿元，研发投入占营业收入比重即平均研发强度仅有 1.33%，而发达国家企业研发投入强度一般达到 5%到 8%。[1]

同时，由于政府部门职能交叉、多头管理现象的存在，导致在国家目标上难以形成一致和分工合作，造成科技资源分散。而科研机构本身的设置上也存在这种现象，导致科技工作低水平重复，科技资源浪费，不利于政府部门充分发挥组织协调的优势、组织关键核心共性技术的协同攻关。

2. 企业技术创新未能与商业模式创新、品牌培育有机融合

企业技术创新的最终目的是通过开发新产品、提升产品质量与性能、树立较高的品牌美誉度和影响力，占据更大的市场占有份额，实现更多的经济效益。但目前相当多的企业一味追求技术的先进性，忽视技术创新后创新成果的商品化、产业化以及品牌培育，致使产出的经济效益十分有限，且不能持续。内资企业每元人民币研发投入所获得的新产品销售收入远低于外资企业，直接反映了技术创

---

[1] 冯是虎：《与全球第二大经济体匹配 期待更多研发投入》，来源：中国经济网，网址：http://views.ce.cn/view/ent/201301/17/t20130117_24035770.shtml。

新的经济效益低下。产生这个问题的根本原因在于内资企业尚未真正走上依靠技术创新驱动发展的道路，企业技术创新活动没有成为生产经营战略不可分割的内容，导致技术创新成果与市场结合不够紧密。

二、中国工业质量品牌情况

从世界主要经济强国的发展经验来看，建立以质量品牌为核心的竞争力，是从工业大国向工业强国迈进的科学发展道路；从国内经济发展来看，提升质量品牌更是满足当前需求、拉动和创造新需求的保障和动力；而从工业经济发展来看，提升质量品牌则是促进转型升级、提高发展质量的关键环节。2013年，我国工业质量品牌建设成效明显，成就举世瞩目。

（一）质量品牌已成为化解产能过剩、拉动经济增长的重要抓手

在工业转型升级过程中，质量品牌越来越受到全社会的重视，但其重要性依然没有达到与环保、生态建设同等的高度。质量品牌是生产力的要素之一，是物质和文化的结晶。产能过剩是当前我国工业经济存在的一个深层次结构性问题，提高产品质量还可以有效化解这一矛盾。不断提升产品质量，创新产品品种，不仅可以满足用户和消费者要求，而且能够创造和拉动消费，成为拉动经济增长的动力之一；通过提高产品质量，可以使过剩行业的产能获得提升、改造，创造出更加符合要求的产品和服务，进而增加有效供给。

质量品牌战略越来越受到国家的高度重视。为引导地方政府进一步加强质量工作，强化质量安全责任，提升质量总体水平，2013年6月7日国务院办公厅印发了《质量工作考核办法的通知》（国办发〔2013〕47号）。我国的神六、神七、神八都取得了举世瞩目的成效，"中国航天"已经成为中国工业的品牌之一；我国动车组机车的技术、装备、服务，不仅出口到发展中国家，甚至出口到美国、欧盟；我国的家电行业，在超越了等离子、液晶显示的技术门槛之后，家电产品又恢复了在欧盟和美国的市场占有率；我国出口的纺织、轻工、机电产品，涌现出一批具有国际竞争力的知名品牌，拥有较高的市场占有率。

通过加强试点示范深化品牌培育。工信部2月25日下发了《关于加强2013年工业质量品牌建设工作的通知》。2013年工业质量品牌能力提升专项行动正式

启动。专项行动以提高质量和效益为导向，以增强企业竞争力为中心，以提升企业品牌培育能力、质量管理能力和食品药品企业质量安全保障能力为突破口，旨在深化质量品牌建设，在一批工业企业实现质量品牌能力突破性提升，形成示范效应，促进工业质量品牌水平全面提高。在深化品牌培育方面，2013 年我国发动 30 个以上地区或行业开展品牌建设，组织 100 家以上企业深化品牌培育试点，完善品牌培育管理体系方法。构建企业品牌培育能力评价机制，培育 50 家以上全国品牌培育示范企业。建立品牌培育人才培养制度，为企业培养 1000 名以上品牌培育专业人员。重点跟踪培育 100 家以上重点服装家纺和家用电器品牌企业。

（二）工业产品质量技术整体水平明显提升

我国工业产品质量不断提升，不仅满足了国民经济和社会发展需要，在国际市场上的竞争力也进一步增强。钢铁、有色、石化和建材等主要原材料产品的技术标准和实物质量基本与国际水平接轨；航天、发电、高速列车等重大装备研发生产实现自主化，工程机械、通用装备的质量与可靠性水平不断提高，与国际先进水平的差距进一步减小；轻工、纺织、家电等消费类产品实现按国际标准组织生产，质量档次不断提高，新产品层出不穷，市场竞争力明显增强；第三代移动通信、数字音视频、基础软件等信息技术产品的主要功能和性能达到或接近国际同类产品水平。

综合分析表明，我国工业产品质量技术水平在 2012—2013 年间得到明显提升[1]，具体表现为：

1. 电子信息行业

很多产品不仅生产规模在全球首屈一指，而且产品的质量和技术水平也达到国际先进水平，平板高清电视机、台式 PC 机、笔记本电脑、电话机、传真机等日常生活办公用电子信息产品，一次性合格率都在 90% 以上；移动通信基站、数字程控电话交换机、服务器、处理器、存储器等网络通信设备质量相对比较稳定；手机、集成电路、光伏电源、光器件、光通信设备、半导体分立器件、接插件、低高频段 RFID 设备等电子信息产品的质量和技术水平有明显提升，为国家信息化建设和实现"两化"融合做出了积极贡献。

---

[1] 2013年的数据一般在2014年的6月份发布。

2. 软件行业

国产操作系统服务器版已基本满足行业应用要求,已在国家重点行业(金融、电力、交通等)得到广泛应用。国产中间件得到用户广泛认可,满意度较高,基本上形成了与国外中间件产品相配套的同类型产品,产品质量取得大幅提升,在通信、电子政务、电子商务、税务、教育等行业得到广泛的应用;国产办公软件产品的用户认可度较高,产品在软件界面和操作使用方面,与国外的同类产品相当;国产应用软件具有局部优势,特别是财务方面,与财政部要求相符,且与国内主流财务软件的集成性较高;国产工业嵌入式软件成为我国软件产业快速发展的重要驱动力,一直保持高速增长的态势;国产信息安全产品发展较快,重要的信息安全产品如防火墙、安全路由器、智能卡COS、数据备份与恢复产品、安全操作系统、安全数据库系统、反垃圾邮件产品、入侵检测系统(IDS)等,经多次国家抽查表明,产品质量较好。

3. 装备行业

近年来我国汽车产业实现了快速发展,目前已经成为世界第一大生产国和消费国,我国汽车整车产品的生产技术和工艺水平已经达到世界水平。我国起重机制造业部分大、中型骨干企业的部分产品已达到国际先进甚至领先水平,起重机械企业已经有能力对现有技术进行自主创新,研发出符合国内外市场需求的个性化产品。到目前,我国起重机械行业的产品种类已超过1000个,并不断有新的起重机械设备问世。在电机电器、内燃机等产品领域也取得了积极效果,产品质量技术水平有明显提升。尤其是最近几年我国启动了"制造业信息化工程"等工程,鼓励应用先进制造技术取得的可喜进展。

4. 机械与汽车行业

长期以来困扰我国工业发展的数控机床,在国家数控机床专项的推动下,10米数控桥式龙门车铣复合加工机床、承重500吨的超重型卧式镗车床等一批重大新产品研制成功,填补了国内性能复杂装备制造技术的空白,能够初步满足国内需求,市场占有率不断提高;工程机械在可靠性、外观造型、表面质量、技术配置等方面与国际先进水平的差距逐渐缩小;国产全喂入式联合收割机基本上解决了谷物收获机所存在的损失、破碎、行走、可靠性差等质量问题,具有较好适用性。用于机动车的缸内直喷、高压共轨、涡轮增压等内燃机节能技术以及DCT等高效变速器技术得到越来越普遍的应用。

5. 纺织行业

随着政府质量监督力度不断加大，企业质量管理意识持续增强，纺织产品质量正在逐步提高。2012 年上半年平均抽样合格率为 82.1%，比上年增加 5.1 个百分点。从产品情况来看，运动服装及针织泳装和针织内衣的检验合格率较高，均在 95% 左右；国家质监总局抽查的休闲服装、儿童及婴幼儿服装，广州市质监局抽查的婴幼儿及儿童服装、幼儿园床上用品合格率次之，合格率均在 80%—90% 之间。从总体上看，2012 年上半年国家纺织品服装产品抽查的平均合格率超过了 80%，与 2011 年相比，产品质量水平稳中有升。

6. 建材行业

水泥工业全面掌握了大型新型干法水泥先进生产技术，达到或接近世界先进水平；玻璃工业生产线日益大型化，掌握了大型浮法玻璃先进生产技术，玻璃纤维工业 12 万吨超大型无碱玻璃纤维池窑拉丝及全氧燃烧技术达到国际领先水平。从国家质量抽查结果来看，平板玻璃、建筑卫生陶瓷、玻璃纤维合格率逐年上升，2012 年分别达到 86.7%、92.5% 和 80%。

7. 轻工行业

空调器行业整体产品质量稳定且呈上升趋势，连续 4 年的抽查合格率都在 90% 以上；2011 至 2012 年期间共检测洗衣机 1196 批次，合格 1060 批次，合格率为 88.6%；电冰箱 / 柜产品的总体质量水平稳定并有所提升。各种灯具的质量稳步提高，2012 年上半年对可移式通用灯具、固定式通用灯具、嵌入式灯具和 LED 灯具的抽查合格率都在 80% 以上。国产液晶式石英手表、液晶式石英钟，总体质量较好；指针式石英钟大部分采用国产机心组装生产，知名品牌和大企业的产品质量性能较好。

8. 石化行业

塑料与金属复合管材、染料、农药、化肥、汽油、柴油、工业用润滑油、木器涂料、石油设备、轮胎等产品质量技术水平有所提升，与国际先进水平的差距在不断缩小。在 2012 年国家监督抽查中，农药产品合格率在 96%—98%，大中型企业合格率达 100%。在 20 多个大中城市蔬菜农残检测中，合格率达 98% 以上。我国的尿素、复合肥产品标准达到国际先进水平，主要质量技术指标先进，骨干企业产品实物质量稳定，具有较强的竞争力。2012 年抽查了全国 26 个省份 98

个企业生产的 121 批次车用汽油产品和 102 家企业生产的 105 批次车用柴油产品。其中车用汽油产品抽样合格率为 98.3%；车用柴油产品抽样合格率为 100%。

9. 钢铁行业

H 型钢、建筑用钢材、钢铁管材等子类产品质量均有提升，质量技术水平不断提高，产品质量比较稳定。其中，H 型钢产品成材率为 98.22%，综合合格率 99.46%；车轮产品成材率为 71.33%，综合合格率 98.46%，一次检验合格率 93.76%；国家 2012 年监督抽查结果显示，热轧带肋钢筋产品质量抽查合格率为为 97%；2012 年第二季度对热轧光圆钢筋产品进行第一次专项国家监督抽查，产品抽样合格率为 97.5%；2012 年第三季度对预应力钢丝产品进行第一次国家监督抽查，产品抽样合格率为 88.9%，实物质量合格率（加权）为 92.4%。

10. 有色金属行业

冶炼制造技术较成熟，产品质量稳定，少数产品的质量技术水平达到国际先进水平。有色金属产品合格率较高，其中，铝及铝合金建筑型材产品抽样合格率为 92%，铜及铜管材产品抽样合格率为 91%。其他有色金属产品及矿产品送检合格率达 98% 以上。稀土产品方面，氧化镝、氧化钇、氧化铕、氧化镧、氧化钕、氧化铈等产品合格率都在 90% 以上，氧化铽、氧化镨合格率也都在 80% 以上。硬质合金产品的合格率达到 98% 以上，其重要产品如切削类、矿用类合格率基本接近 90%。

（三）新产品质量与产品安全性能逐步加强

在国家创新战略指引下，以企业为主体的产学研技术创新体系的建设速度加快，我国工业领域各行业都涌现出一批技术创新成果和新产品，如新能源汽车、新型工程机械、新型内燃机、新型农用机械、高性能计算机、智能手机、高清智能电视、生态功能型纺织服装、具有低碳环保功能的新型建筑材料、新型染料中间体、生物化肥、新型环保农药、改性化工建材以及一大批新型元器件、新型部件、新型配件、新型材料等，不但提高了人民群众的物质文化生活质量，还有力地促进了产业升级，提高了产业质量技术水平。

随着行业质量监管的不断加强以及企业质量安全意识的不断提高，我国工业产品的质量性能不断稳步提升，由质量问题引发的安全事故呈逐年下降趋势，行业质量安全水平明显好转。有关调查发现，目前工业领域极少发生因产品质量导致的人身安全事故。说明经过多年来的不懈努力，包括"3C"认证在内的我国工业各行业的质量安全工作已取得较大的进展。

有关调查表明，我国工业各行业近年来在共性技术研发方面取得了一定的进展，如集成电路工艺技术是"十一五"期间国家重大专项之一，已经取得一批成果，大大提升了我国集成电路的工艺技术水平；装备制造业共性技术开发也取得了积极成果；机械行业的关键零部件研发与生产取得明显进展，我国已能生产出世界顶级水平的核电垫片密封件，改变了我国密封垫长期受制于人的局面；高端液压件批量生产实现了零的突破。又如检测技术，有部分实验室正在开展研究，通过改进常规检测技术提高工作效率和检测精度，但目前未见有成果展示。有害物质检测也是近年来为适应国际上关于改善环境的要求而开展的检测技术研究，已形成强制性标准。

（四）需要关注的几个问题

总体上看，我国工业质量品牌水平依然亟需提高。当前，我国很多企业在产业链中还没有话语权，主要是受制于产品开发和质量品牌环节。工业企业要加快转型升级，就要破除发展障碍，释放发展空间，通过开发产品、培育品牌、提升质量、降低成本，提高工业增加值率，推动工业企业实现集约高效的健康发展。

1. 产品质量不强，成为制约品牌建设的瓶颈

第一，产业关键共性质量技术亟需增强，制约产品实物质量提高。国家每年实施的关键共性技术攻关，有力促进了行业产品实物质量的增强，从产品国家监督抽查合格率来看，2012 年较 2006 年提高了 15.7%。但关键零部件发展滞后仍是阻碍装备机械、电子信息等行业产品质量提升的瓶颈。如很多汽车发动机、手机芯片、高速列车轴承等关键部件专利为国外所有，国产中档数控系统国内市场占有率只有 35%。目前我国研发投入强度、技术创新经济效益仍有待增强。2012 年，我国研发投入强度 1.98%，比 2011 年的 1.84% 提高了 0.14%，但仍明显低于发达国家 2.8% 的平均水平。

第二，中小企业质量控制能力不强，导致产品质量呈现波动性。近年来我国某些产品质量出现波动状态，以建材产品砖和砌块类为例，2009 至 2010 年该产品国家监督抽查抽样合格率分别是 81.8%、84.0%，为上升状态，但 2012 年降至 71.5%。中小企业合格率低是拉低 2012 年抽查合格率值的重要原因。（2012 年大、

中、小型企业抽查合格率分别为 88.6%、82.1%、64.5%)。

第三，诚信问题凸显，少数质量事件严重影响整体产品形象。近几年食品、药品等行业质量事故频遭曝光，企业诚信问题被推至风口浪尖。这些性质严重、传播广泛的产品质量事件，除关系涉事企业如三鹿集团的生死存亡外，还导致所处行业品牌价值整体下滑，甚至影响消费者对所有国产品牌的信心。

2. 品牌建设发展缓慢，明显滞后于企业规模增长速度

全球 100 最佳品牌榜[1] 中，中国大陆企业连续 13 年与之无缘；世界 500 强企业排行榜中，中国上榜数量连续 9 年增加，2012 年 11 家进入百强，总量 79 家，仅次于美国位居第二。对比两份榜单可以看出，我国企业在品牌商业价值与商业规模之间呈现不均衡发展态势，目前能够与国际大品牌抗衡的自主品牌为数不多。

品牌发展水平缓慢与企业规模扩张快速的高度不对称性，充分暴露了我国企业在品牌创建、管理等方面的薄弱。品牌发展滞后系多重因素引致。我国工业品牌建设起步晚，国际工业品牌竞争格局初步形成，注定汽车、建材、纺织品等行业自主品牌建设步履维艰。不少企业运用知识产权保护品牌的意识及能力均不强，导致大批知名品牌如五粮液、王致和、洽洽、同仁堂等都遭遇境外抢注。即使是行业龙头企业品牌管理水平也不容乐观，在利用并购快速扩大规模的同时，由于品牌能力不强，多数境外并购行为未能有效转化为品牌价值提升。

3. 品牌生命周期短，导致品牌断层

市场经济下，品牌消逝本是市场竞争的结果，但从国家层面看，只有新老品牌不断交替，才有助于推动整体品牌建设进入良性轨道。目前我国工业品牌建设存在的一个突出问题是，老品牌在国际竞争中命运多舛，新品牌在崛起中困难重重，尚未建立起工业品牌梯队，品牌生命周期短，导致品牌断层。

三、中国工业知识产权和标准情况

（一）实施知识产权战略有力支撑了创新型国家建设

我国知识产权拥有量实现跨越式增长。2013 年，我国发明专利申请受理量

---

[1] 自2000年开始，全球品牌战略咨询公司Interbrand每年定期发布"全球最佳品牌榜"，目前该榜影响力较大。2011年台湾企业HTC排名第98，是首次入榜的中国品牌。

82.5 万件，同比增长 26.3%，占专利申请受理总量的比重达 34.7%；PCT 申请受理量 22924 件，同比增长 15%；截至 2013 年年底，我国每万人口发明专利拥有量达 4.02 件，提前完成"十二五"规划确定的 3.3 件的目标。目前，我国已经拥有全球最多的实用新型、工业品外观设计申请，专利合作条约国际申请专利全球第四位。企业专利数量的迅速扩张铸就了我国世界专利大国的辉煌。

不断深化知识产权与产业政策有效衔接。在《工业转型升级"十二五"规划（2011—2015 年）》和工业和信息化部发布的 20 余个产业发展规划中，明确提出实施知识产权发展战略的有关要求和措施，通过产业振兴和技术改造专项资金支持拥有自主知识产权的工业企业进行技术改造，促进企业技术创新。截至 2012 年 6 月，电子信息等 9 大产业专利申请总量达到 475 万余件，比 2011 年同期增长 24.4%；2012 年战略性新兴产业发明专利授权量突破 6 万件，同比增长 27.07%，有力助推了工业转型升级，支撑产业发展。

全面加强行业标准管理。实施"核高基"等四个科技重大专项的知识产权管理，有效提升产业科研效率，实现了"高档数控机床"、"大飞机"、"嵌入式 CPU"等核心技术的关键突破，取得良好经济和社会效益。加强标准中知识产权管理，引导企业积极参与国际标准制定。2012 年，我国通信企业向 ITU、3GPP、IETF 等国际标准组织提交提案超过 8000 件，《机床电气设备及控制系统安全》等标准获 IEC 国际标准立项，我国自主技术成为国际标准的数量不断增加。

（二）工业知识产权运用能力获得明显提升

全面实施工业企业知识产权运用能力培育工程。加强统筹协调，依托省市工信系统开展培育工作，确定首批试点企业 587 家，编制完成了《工业企业知识产权管理与评估指南》并进行了适用性验证。目前，培育工程试点企业建立知识产权制度的比例已达 80% 以上、获得知识产权数量实现年均增长 15% 以上，知识产权运用能力明显增强。商标累计申请量和有效注册量持续保持世界第一，全球 500 强品牌增至 23 个。作品、软件著作权登记量创历史新高。在航空航天、下一代移动通信、数控机床、超大规模计算机等技术领域实现重要突破，取得了一批核心知识产权。5 年间中国提交的国际标准提案被发布为正式国际标准的达 135 个。发明专利实施率逐年增长。版权产业增加值已占国民生产总值 6% 以上。植物新品种、地理标志产品成为带动农业发展和提高农民收入的重要支柱。南通家纺、中山灯饰等一批特色产业集群通过高效运用知识产权持续快速发展，华为、中兴、腾讯等一大批熟练运用知识产权制度实现创新发展的优势企业脱颖而出，知识产权促进产业、企业转型发展效果明显。

发明专利已成为企业创新发展的风向标。2013年，我国企业虽然遭遇国内外市场竞争压力及经济不确定因素影响，但创新踊跃、专利结构优化、更加注重发明专利质量是不争的事实。在2013上半年，国内企业发明专利授权量排名前十的企业名单中，这一特点表现得鲜明而突出。在此次发布的排名中，华为技术有限公司以898件发明专利授权量继续保持领先地位，中兴通讯股份有限公司以846件发明专利授权量居第二名。这两家依托技术创新成功"走出去"的企业，自2010年以来一直轮流"坐庄"，高居国内企业发明专利授权量排名前列。华为公司近10年投入的专利研发费用达1300亿元；中兴通讯则在国内企业中率先尝试发明专利资产经营，开创了中国通信企业向跨国通信巨头进行专利许可的先河。华为公司与中兴公司始终占据着国内企业发明专利授权量排名的前端，是企业重视与着力实施知识产权战略、全面增强创新能力、更加注重创新质量和效益的集中体现。这些，既是发明专利作用的体现，也是企业获得竞争实力的重要源泉。鸿富锦精密工业（深圳）有限公司、海洋王照明科技股份有限公司、中芯国际集成电路制造（上海）有限公司、比亚迪股份有限公司等此次名列前十的企业都十分注重创新的质量和效益。

（三）重点产业知识产权风险预警应对得到了进一步强化

有效强化产业知识产权风险防控能力。2013年5月27日，国务院办公厅印发了《2013年全国打击侵犯知识产权和制售假冒伪劣商品工作要点》（国办发〔2013〕36号），提出规范网络商品交易秩序，全面推进网络经营主体数据库建设，对网络交易平台落实自然人实名登记情况开展检查，完善网络交易监管平台功能，推进实现对网络交易行为及有关服务行为的动态监管。实施产业知识产权风险评估与预警工程。组织开展海洋平台、移动智能终端、物联网等重点领域专利分析和风险评估，部署重大课题近百项，建立起一系列专业预警数据库并指导有关行业和企业应对涉外知识产权纠纷。定期组织重点产业、关键技术领域的知识产权态势发布，开展专题研讨培训活动，使行业知识产权风险预警应对水平不断提高。

优化和完善标准化工作机制。开展《工业和信息化部标准化管理办法》、《行业标准化制修订管理办法》《行业标准化技术组织管理办法》《国际标准化管理办法》等相关管理文件的研究与制修订工作。

扎实做好技术标准体系建设方案的编制工作。通过研究分析石化、化工、机械、轻工、电子、通信等19个行业和工程建设、节能与综合利用、安全生产3个综合性领域的标准体系、国际标准转化、国际标准水平，编制标准体系建设方案。

标准化经费向重点项目倾斜。优先保障重要标准制修订工作的开展，对重大关键技术标准预研和标准战略研究等给予重点支持，对行业标准复审工作给予一定补助。

积极支持国内有实力的企业参与国际标准制定。以国际标准提案为核心，鼓励、支持国内有实力的企业积极参与国际标准制定，争取国际标准制定的主导权，占据产业和技术竞争的制高点。支持在国际标准化组织中担任技术委员会主席/副主席职务，承担国际标准化技术机构秘书处的工作。

（四）需要关注的几个问题

1. 我国专利申请轻"质"重"量"现象严重

我国专利申请数量已经跃然成为世界第一，但是在这个第一的背后，数字的泡沫下专利质量差的问题也已经显现。在我国专利申请中，发明专利只占整个专利申请量的1/3左右，远远低于实用新型和外观设计专利的数量。在专利的有效期方面，我国法律规定实用新型与外国设计专利有10年的有效期，但是往往3至4年，这些专利就被淘汰了，而有效期长达20年的发明专利寿命也一般不超过6年。我国专利申请"虚胖"严重，在每年申请的专利中，有效专利、核心专利非常之少，而外围专利、沉睡专利则占了申请量的绝大部分。中国的专利技术应当要追求高数量向高质量转变。

2. 我国目前的知识产权转化、授权能力薄弱

专利只有转化形成生产力才对工业技术创新起到支撑作用，否则就有可能成为"纸上谈兵"的垃圾专利。专利不能成功进入应用市场，有着各种各样的原因，如缺乏实用性的垃圾专利、效益无法预测的外围专利导致企业不愿购买，是最重要的，在专利与市场之间存在断层，缺乏有效的孵化机制和中介机构，使得许多专利自发明之日起就被束之高阁。

3.知识产权对工业技术创新支撑作用未能有效发挥

实施国家知识产权战略以来，我国知识产权事业突飞猛进，就知识产权数量规模而言，我国专利申请量、授权量、商标注册量都已位居世界第一，可谓名副其实的知识产权大国，但还远不能称得上知识产权强国。总体而言，我国知识产权质量不高，核心技术专利不多，国外专利申请与授权量落后于美国、日本等发达国家数十年以上，海外商标注册数量同样是明显过少，且尚没有任何一家企业进入世界知名品牌前100名。

同时，知识产权对于工业技术创新、工业转型升级的支撑作用尚未很好地发挥出来。知识产权质量还有待提高，知识产权的价值还没有充分发挥，没有形成我国工业的国际竞争优势，知识产权与技术创新、工业转型升级间还没有建立起相互促进的良性循环。推动企业尽快提升知识产权综合运用能力，是我国工业企业今后一段时期内面临的紧迫任务。

第三章　2013年工业技术创新重点、热点问题

一、热点一：大力推进新一轮科技体制改革

1949 新中国成立以后，我国的工业体系和科技部门几乎一片空白，在仿照苏联的模式基础上建立起来了适合于计划经济体制的科技和工业体系。在计划经济体制下，国家、地方和各部门成立了研究院所从事专业的理论研究和技术开发，国家的科技资源和科研力量大部分都集中在这些科研院所之中。在很长的一段时期内，这一体制为我国的科技进步和社会发展做出了杰出的贡献，打造了以"两弹一星"为标志的新中国的科技能力。这种科技体制下，我国的科技部门和生产部门泾渭分明，技术研发能力主要集中在大专院校、科研院所，游离于从事生产和销售的企业之外。随着社会经济的发展，特别是改革开放之后，市场经济体制下，生产部门在开放的市场中，面临着更多的技术选择，而计划经济体制下形成的科研体系和生产体系逐渐脱节，各自发展。科研体系中研发的技术被束之高阁，而产业体系则从国外高价购买核心技术，在多个产业领域内形成了较高的技术对外依存状态。于是，自 20 世纪 80 年代起，中国的科技体制改革逐步启动。

（一）历次科技体制改革重心不断向企业转移

在 1985 年 3 月召开的全国科技工作会议上，邓小平同志发表了题为《改革科技体制是为了解放生产力》的讲话，明确指出"经济体制，科技体制，这两方面的改革都是为了解放生产力。新的经济体制，应该是有利于技术进步的体制。新的科技体制，应该是有利于经济发展的体制"。同年，中共中央发布了《关于

科学技术体制改革的决定》，我国的科技体制改革进程全面启动，改革的目的是将科技成果广泛地应用于生产，解放科技生产力，促进科技和社会的发展。1988年，国务院做出《关于深化科技体制改革若干问题的决定》，提出了鼓励科研机构发展成新型的科研生产经营实体、在智力密集地区兴办高新产业开发区、支持集体、个体等不同所有制形式科技机构的发展等多项新举措，有力地推动封闭单一的科技系统逐渐走向开放和多元化。

之后我国的科技体制改革持续推进。1995年，中共中央、国务院发布了《关于加速科学技术进步的决定》，确立了"科教兴国"的战略，以"稳住一头，放开一片"为改革方向，推进了科研院所结构调整的试点工作；1999年，中共中央、国务院召开了全国技术创新大会，发布了《关于加强技术创新，发展高科技，实现产业化的决定》，全面推动应用型科研机构和设计单位向企业化转制，对社会公益类科研机构实行分类改革，促使企业成为创新主体，加快科技成果转化。一系列针对科技主体的改革举措显现了积极的效应，据统计，截至2008年年底，我国科研院所数量从改革前的5000多家，减少到3000多家，全国共有1200多家开发类院所转为或进入企业，基本上解决了科研院所与企业的脱节问题，初步建立起了科技型企业的运行机制。[1]

2006年，中共中央、国务院召开了新世纪第一次的全国科学技术大会，突出了自主创新的国家战略，并全面部署实施《国家中长期科学和技术发展规划纲要(2006—2020)》，确定了"自主创新、重点跨越、支撑发展、引领未来"的指导方针，提出了建设创新型国家的总体目标。20多年的科技体制改革过程也是我国科技创新主体从科研院所逐渐转向企业的过程。根据《2012年科技投入经费统计公报》，2012年，全国共投入研究与试验发展（R&D）经费10298.4亿元，其中，各类企业经费支出为7842.2亿元，占全部R&D经费的比重为76.2%[2]，是2000年537亿元的14.6倍[3]，可见，科技体制改革中，企业的科技创新主体地位不断增强。

（二）新一轮科技体制改革聚焦科技与经济紧密结合

2012年7月，在我国正值建设创新型国家进入攻坚阶段，召开了新的全国

---

[1] 数据来源：http://www.gmw.cn/content/2008-11/09/content_857434.htm。
[2] 数据来源：http://www.wokeji.com/zhengwu/sqfb/201309/t20130926_305042.shtml。
[3] 数据来源：http://wenku.baidu.com/view/3d019317a216147917112841.html。

科技创新大会，这也是首次在全国科技大会名称中突出了"创新"一词，大会对深化科技体制改革、建设国家创新体系作出了一系列重大部署，9 月 23 日，中共中央、国务院出台了《关于深化科技体制改革 加快国家创新体系建设的意见》（中发〔2012〕6 号），成为开启新一轮科技体制改革的重要标志，强化企业的技术创新主体地位、促进科技和经济紧密结合成为当前深化科技体制改革的核心任务。根据全国科技创新大会和中央〔2012〕6 号文件的精神，国务院立即成立了国家科技体制改革和创新体系建设领导小组，刘延东副总理担任组长，领导小组组织协同 26 个部门和单位，对新一轮科技体制改革和国家创新体系建设进行顶层设计。在提升企业技术创新能力、推进协同创新、加强资源统筹和开放共享、完善人才评价和激励机制、促进科技成果转化 5 个方面，领导小组对 20 项重点推进的改革任务进行了布局。

2013 年成为全面落实新一轮科技体制改革各项举措的关键一年，各方面工作已经迈出了坚实的步伐。2013 年 1 月份，国务院就出台了针对提升企业创新能力、强化企业创新主体的《关于强化企业技术创新主体地位 全面提升企业创新能力的意见》（国办发〔2013〕8 号），提出到 2015 年，基本形成以企业为主体、市场为导向、产学研相结合的技术创新体系的总体目标。围绕这一目标，〔2013〕国办发 8 号文件部署了十二项重点任务，分别为：进一步完善引导企业加大技术创新投入的机制、支持企业建立研发机构、支持企业推进重大科技成果产业化、大力培育科技型中小企业、以企业为主导发展产业技术创新战略联盟、依托转制院所和行业领军企业构建产业共性技术研发基地、强化科研院所和高等学校对企业技术创新的源头支持、完善面向企业的技术创新服务平台、加强企业创新人才队伍建设、推动科技资源开放共享、提升企业技术创新开放合作水平、完善支持企业技术创新的财税金融等政策。

2013 年 3 月，国务院又印发了旨在加强协同创新、促进创新资源和要素有效集聚的《国家重大科技基础设施建设中长期规划（2012—2030）》（国发〔2013〕8 号），这是我国首部科技基础设施的建设规划。国发〔2013〕8 号文件强调了建设国家重大创新基地有利于建立市场导向的技术创新机制，为行业共性关键技术提供长期稳定的科技支撑，推动建立企业主导产业技术创新的体制机制，并进一步推进协同创新。文件对我国重点科学领域的重大科技基础设施进行了系统安排，通过建设国家重大科技基础设施，引导和带动现有创新载体有序发展，提升其创新能力和成果转化与扩散能力，促进现有创新载体的开放共享和协同创新，为新一轮技术创新和产业发展提供重要支撑和强大动力。

2013年7月，国家主席习近平在中科院考察时再次强调，要深化科技体制改革，坚决扫除影响科技创新能力提高的体制障碍，有力打通科技和经济转移转化的通道，优化科技政策供给，完善科技评价体系。9月30日，中共中央政治局以实施创新驱动发展战略为题举行了第九次集体学习，中共中央总书记习近平在主持学习时发表重要讲话，强调实施创新驱动发展战略最为紧迫的是要进一步解放思想，加快科技体制改革步伐，破除一切束缚创新驱动发展的观念和体制机制障碍。围绕加快科技体制改革，实施创新驱动战略，习总书记还提出了五个方面的任务：一是着力推动科技创新与经济社会发展紧密结合，二是着力增强自主创新能力，三是着力完善人才发展机制，四是着力营造良好政策环境，五是着力扩大科技开放合作。

（三）各地科技体制改革举措特色突出

近年来，在国家启动新一轮科技体制改革之际，各地方也积极配合，出台了力度更大、各具特色的落实科技体制改革的相关举措。

北京市在中发〔2012〕6号文件出台后很短的时间内，就制定并发布了贯彻落实文件《关于深化科技体制改革 加快首都创新体系建设的意见》，相应地提出了两阶段目标：到2015年，初步建成具有全球影响力的国家创新中心，转变经济发展方式取得突破性进展，服务主导型产业格局巩固提升，产业科技创新能力显著提高，"北京服务"、"北京创造"品牌和影响力明显增强，以及到2020年，基本建成适应社会主义市场经济体制、符合科技发展规律的首都创新体系。文件提出从六个方面推进科技体制改革，主要包括：推进体制机制创新，加快中关村国家自主创新示范区建设；加快建立创新驱动的发展模式，促进科技与经济社会发展紧密结合；强化企业技术创新主体地位，建立企业主导产业技术研发创新的体制机制；加强科技资源统筹融合，提高创新体系整体效能；推进人才体制机制和政策创新，调动科技人员的积极性创造性；营造良好环境，为科技改革发展提供有力保障；加强组织领导，稳步推进实施。在此基础上，2013年北京市还将出台《北京技术创新行动计划（2013—2017）》[1]，初步确定信息技术及应用、生物医药与医疗健康、轨道交通科技创新、重点新材料先导工程、能源与环保、高端装备、现代农业（北京国家现代农业科技城建设）和科技服务业等 8 个专项作为技术创新突破口，通过体制机制创新，凝聚创新资源，改善首都创新环境。

在全国科技创新大会召开之后，为深入落实中发〔2012〕6 号文件精神，上海市出台了《中共上海市委上海市人民政府关于贯彻落实〈中共中央国务院关于深化科技体制改革加快国家创新体系建设的意见〉的实施意见》（简称《实施意见》），其中不乏许多创新之举：上海将首次设立企业创新奖，鼓励企业技术创新，同时，市国资监管部门将每年安排不低于 30% 的国资收益，用于支持企业技术创新和能级提升活动。《实施意见》提出了"十二五"时期上海市科技创新的阶段目标，即构建创新网络，完善创新服务，形成创新机制，建设成为创新型城市，以及 2020 年科技改革发展的奋斗目标：创新主体能力显著增强，科技金融紧密结合，技术研发与应用转化渠道畅通，产业空间布局不断优化，政策法规有效落实，协同创新制日益完善，为创新型国家建设作出上海的贡献。

江苏省在鼓励大中型企业建立研发机构方面专门出台了《关于进一步加强企业研发机构建设的意见》，提出了以大中型工业企业为重点，以推动产学研合作为支撑，以增强企业自主创新能力为核心，加快形成体系健全、功能完备、开放竞争、富有活力的企业研发机构建设发展格局。通过积极引导和支持各类企业建设研发机构，着力提升企业研发机构建设发展水平，不断增强企业研发机构技术创新能力三个环节推进企业研发机构的建设，力争到 2015 年，全省企业研发机构总数超过 1 万家。江苏省南京市自 2009 年成为全国科技体制改革综合试点城市以来，稳步推进各项改革措施，在 2013 年，南京提出了制定股权激励试点工作实施办法，推进省市共建"南京科技创业创新和产业化促进中心"，加快科技创业创新平台和载体建设，创建江苏省科技金融合作创新示范区等多项举措，扎实推进科技体制改革。

此外，浙江省自 2012 年设立了创新强省专项资金，预计总投入 50 亿元，支持科技创新，并专门设立产业技术创新战略联盟专项资金，对企业组织的创新战略联盟给予运行和研发专项资金支持。青岛市作为首个国家技术创新工程试点城

---

[1] 截止本书编写之日，《北京技术创新行动计划2-13-2017》尚未正式出台。http://www.gov.cn/gzdt/2013-05/31/content_2415659.htm。

市，专门设立了 10 亿元创新工程专项资金用于支持技术创新，一系列的创新性举措在各地不断出台，有力地支撑了国家科技体制改革的推进。可见，在推动新一轮科技体制改革的过程中，各地方立足本地资源，突出特色，将科技体制改革，建设国家创新体系各项工作落到实处。

二、热点二：企业专利质量提升迫在眉睫

我国成为世界制造业大国和专利申请大国之后，专利质量提升成为国家创新能力建设的重要课题。2012 年初，国务院发布实施《"十二五"国家自主创新能力建设规划》，明确要求到"十二五"末，专利质量要明显提高。为此，从长、宽、高维度盘点我国企业专利质量的问题，及时有效地提升企业专利质量迫在眉睫。

（一）专利质量的长、宽、高维度

国际标准化组织认为，质量是一组固有特性满足要求的程度。专利具有独占性、地域性和时间性。专利质量就是指专利的三大特性对不同主体要求的满足程度，从三个维度来考量：（1）专利长度，又称专利寿命或专利维持时间。专利维持时间反映了专利技术创新成果的生命周期，是衡量专利技术价值和经济价值重要指标；（2）专利宽度，是指专利的覆盖范围和国际化水平。专利宽度大，意味着专利技术创新的内容广泛，覆盖产业领域宽，专利的国际认可度广；（3）专利高度，即专利技术创新的高度，实质是指各国专利法授予专利的"三性"条件，即新颖性、创造性和实用性。同一专利审查制度下，基于"三性"授予的发明专利反映了专利技术创新高度，专利总量中有效发明专利的比重从创新的高度反映了专利质量。

（二）我国日渐突出的企业专利质量问题

我国企业专利数量连续 10 年以 20% 以上的速度扩张，在铸就世界专利申请第一大国辉煌的同时，企业专利质量问题也日渐突出。

发明专利寿命短，与国外差距明显。专利的维持时间越长，专利的生命力越强，专利创造商业效益的时间就越长，专利就越有价值。2011 年，国内企业有

效发明专利维持 10 年以上的比率为 9.7%，而国外企业则达到了 32.6%。国内有效发明专利数量排名前两位的华为公司和中兴公司维持 10 年以上的比例分别为 11.1% 和 7.3%，而国外排名前两位的松下和三星则达到了 32.0% 和 27.1%。国内企业专利的"短平快"问题十分突出，企业长寿命、高质量的专利与国外企业差距明显。

专利实施方式和手段单一，运用能力低下。专利实施方式和手段越多，专利实施范围和覆盖宽度就越广，专利的转化应用效率与能力会随之提高。2005 年国家知识产权局的调查显示：我国企业专利申请中有 14.3% 未予利用。在企业已应用的全部专利中，82.4% 的专利用于企业自实施，2.3% 的专利企业采取自实施并许可他人实施的方式，0.6% 的专利企业仅许可他人实施，另有 0.4% 的企业专利进行了权利转让。企业专利应用率虽高，但应用方式过度集中于自实施，应用手段十分单一，企业将专利作为竞争工具或者战略资源加以运用和经营的能力还很低。这种状况至今仍无根本改观，2011 年我国专利实施许可合同备案共计 10270 份，涉及专利 21846 件，从许可类型来看，独占许可 9522 份，占 92.7%；排他许可 138 份，占 1.3%；普通许可 604 份，占 5.9%；分许可 10 份，占 0.1%；无交叉许可。

国际专利比重小，海外专利布局能力弱。企业通过 PCT 途径递交国际申请，向多个国家申请专利，反映了企业在专利权领域国际话语权的强弱和企业专利的国际覆盖范围与拓展能力，是企业专利宽度的重要衡量指标之一。2012 年，我国 PCT 国际专利申请达 18627 件，全球排名第四，PCT 专利企业排名中，我国的中兴通讯股份有限公司、华为技术有限公司分列申请量的第 1 位和第 4 位。但是在全球 PCT 专利申请 50 强的企业中，日本企业有 20 家，美国企业有 14 家，德国企业有 5 家，韩国企业有 3 家，且其专利产业覆盖广泛；中国企业仅有 2 家，且全部来自于数字通信领域，我国优势企业数量明显不足，产业覆盖窄。从历年 PCT 申请变化趋势来看，美、日、德等发达国家企业的国外专利授权占全部专利授权数比重超过了 50%，非常重视企业的国外专利布局，而中国企业国外专利授权占全部专利授权比重始终在 10% 以下，远远低于几个主要的发达国家。国际专利比重指标表明，中国企业专利的国际化水平较低，支撑我国企业国际化发展的能力较弱。

发明专利比重低，有效发明专利质量不高。企业发明专利占整个国家发明专利总量比重和专利总量中企业有效发明专利的占比不仅反映企业的创新能力，更反映企业专利质量高度。多年来，国内企业有效发明专利占有效专利比重持续处于较低水平。2011年，国内企业有效专利中，发明专利所占比重为15.1%，较2006年提高不足2个百分点。而外国企业在我国的有效发明专利占到其在我国有效专利总量的近80%，外观设计专利占比不足20%，实用新型不足5%。我国企业有效发明专利占比与国外企业还存在相当大的距离。

（三）多管管齐下，提升企业专利质量

日渐突出的企业专利质量问题破坏了产业技术创新的生态，制约了企业持续创新的健康发展，工业创新驱动发展由此面临严峻的企业专利质量瓶颈，提升企业专利质量亟需采取有力措施。

强化专利质量政策导向。适时调整企业专利资助政策，优化资助范围。从增强企业专利意识的角度出发，资助首次申请；从扶困助小的角度出发，资助确有困难科技型中小企业；从提高专利申请质量的角度出发，资助发明专利申请和国际专利申请；从支撑产业转型升级的角度，资助企业关键核心专利产品生产和专利成果产业化。

加强企业专利运用能力建设。企业专利质量的上述问题表明：工业转型升级中我国企业专利运用的支撑能力还很薄弱。为此，企业专利质量的提升应重点突破，立足核心技术突破和产业链高端跃升的需求，从企业专利维持、国际专利申请与布局、专利许可与实施等专利质量关键指标着手，活化专利的运用，多层次、宽领域地推动企业围绕关键核心技术，形成寿命长、覆盖广、转化应用前景好的高质量专利，并在高质量专利积累与运用中增强产业转型升级的支撑能力。

重视和加强企业专利质量评估。一是加强企业专利质量评价指标研究。结合国家统计数据和行业监测数据，研究制定可行的企业专利质量评价指标体系。二是对我国工业转型升级中企业专利质量状况开展动态监测和年度评估。发布企业专利质量年度报告，指导企业有的放矢地提升专利质量。三是建立企业专利质量评估的信息网络服务体系。建设企业专利质量评价的常用数据库，面向企业提供多种形式的专利质量信息服务，促进企业专利质量评估工作的规范化、科学化、现代化、高效化。

行业篇

第四章　原材料行业

在人类历经的三次工业革命中，原材料行业的创新始终扮演着重要的角色。以第三次工业革命为例，高纯硅半导体材料的工业化生产造就了以大规模集成电路技术为基础的信息产业，高温高强度的结构材料成就了今天的航天航空工业，低衰减的光导纤维催生了现代的光通信产业。可以讲，没有原材料的创新就没有发达的现代工业，原材料是发展现代工业的先导和保障。

一、发展回顾

（一）重点领域技术发展、创新及产业化情况

本章主要以钢铁、建材、石化三个子行业的技术创新为主进行研究。

1. 钢铁行业

钢铁行业是国家重要的原材料工业之一，主要包括金属铁、锰等的矿物采选业、炼铁业、炼钢业、钢加工业、钢丝及其制品业等细分行业，是关系国计民生的基础性行业。我国钢铁行业在经历了以数量扩张为主的发展时期后，目前已进入了加速结构调整、全面提高竞争力为主的阶段。钢铁行业是关系国计民生的基础性行业，它的发展与国家的基础建设以及工业发展的速度密切相关，为建筑、机械、汽车、家电、造船等行业以及国民经济的快速发展提供了重要的原材料保障。据统计，2013年1—11月，粗钢产量达7.12亿吨，同比增长7.82%，产能呈现持续扩大趋势[1]，但钢材价格较低，比去年同期整体价格水平降幅超过5%。整体

---

[1]　钢铁工业协会统计数据。

而言，我国钢材产能相对过剩，但部分产品技术水平均有所提升。

（1）重要产品技术创新方面

H型钢　我国H型钢生产工艺技术已达到较高水平，主要表现包括：一是广泛采用异型坯轧制；二是万能轧机的结构有了很大改进；三是主电机采用交流变频调速；四是广泛采用长尺冷却、长尺矫直、冷锯切定尺的精整工艺；五是部分H型钢厂选用了X-H轧制工艺。[1]但值得注意的是，我国H型钢生产的主要设备还是需要进口。如马钢的H型钢厂，拥有了一条比较先进H型的生产线，其主要设备是从德马克、西门子、美国依太姆等公司引进，特点是世界一流的工艺装备和较高程度的自动化系统。其工艺流程是以连铸异型坯为原料，使用步进式加热炉、二辊式大行程开坯机、万能粗轧机组可逆轧制及万能精轧机。2011—2012年，马钢热轧H型钢产品正式通过了日本JIS产品认证，取得进入日本市场的通行证。

国内直缝埋弧焊管（SAWL）　由于天然气的广泛使用，使得钢管业随之得到迅速发展。目前,我国的油气干线中天然气干线占据50%,在西气东输二线工程中，由于输送压力高（12Mpa），钢级高（X80），管径大（Φ1219mm）和壁厚（≥18mm）的特点,对直缝埋弧焊管（SAWL）的需求就越来越强烈。我国生产SAWL焊管的有UOE机组与JCOE机组两种，其中UOE适应于大批量、单一品种（规格），生产率较高，JCOE机组适应于小批量、多品种（规格），生产率较低，JCOE所生产的最大规格、最大壁厚要大于UOE机组的最大规格和壁厚。如宝钢引进于德国的UOE机组，在国内SAWL机组中处于领先地位，已达到国际一流水平。2010—2011年中标澳大利亚昆士兰输气管线项目,生产钢级X70,Φ1067×（14.1、18、23.5mm）共21万吨。

（2）技术创新体系建设方面

我国钢铁工业正在建设一套以企业为中心的产学研用相结合的技术创新体系，全国已有200多个隶属于重点大中型钢铁企业的科研机构。此外，我国钢铁行业也开始注重共性技术创新能力。2013年8月，应教育部"高等学校创新能力提升计划"中的建立一批"2011协同创新中心"的要求，成立了钢铁共性技术协同创新中心。该中心以东北大学和北京科技大学为依托，联合上海大学等高校、钢铁研究总院等研究院所、鞍钢集团公司等大型钢铁企业组建，致力于开展

---

[1]　http://www.gphjhxg.com.cn/mod_article-article_content-article_id-96.html。

先进能源用钢、现代交通用钢、海洋工程用钢等高性能钢铁材料品种的开发，以及新一代控轧控冷、洁净钢冶炼先进工艺技术和装备的研发。

（3）科技创新成果应用方面

近几年，我国不但成为世界产钢第一大国，在钢铁的技术创新上也狠下工夫，取得了一定的进展。如H型钢，成功开发了三重保证加硼美标H型钢300多吨，为马钢试制抗震H型钢创造了条件。此外，采用铁水预处理、全保护浇铸和控制轧制工艺生产的Q450NQR1钢种的H型钢，以良好的性能为铁道部（现为"中国铁路总公司"）南车集团试生产新车型创造了条件。又如钢管器材，以前，西气东输二线工程中用的X70和X80抗大变形钢管全部依靠日本进口，但通过近几年管研院与宝钢、鞍钢、沙钢等钢铁企业和渤海装备制造公司、宝鸡钢管公司等制管企业等联合公关研究，目前，X70和X80抗大变形钢管新产品已实现国产化达90%，其主要性能指标达到了国外厂家的水平，满足标准要求。

2. 有色金属行业

有色金属作为国民经济及人们生活发展的重要战略性基础材料，其生产发展情况对我国具有重要影响。2013年1—10月份，我国十种有色金属（铜、铝、铅、锌、镍、镁、钛、锡、锑、汞）产量为3333.7万吨[1]，同比增长10.31%。在进出口贸易方面，受到世界大环境的影响，有色金属国内外市场需求明显下滑，1—6月份铜、铝产品的进、出口额均有所下降。随着国家经济结构转型升级战略的积极推进，我国有色金属工业的技术创新水平得到很大提升，本书主要介绍铜、铝、铅三大有色金属行业的科技创新情况。

（1）铜行业

2013年1—10月份，我国生产精炼铜558万吨，同比增长13.67%，比上年同期有所增长。同时，在产业关键技术创新方面也有所突破，国内自主开发的超强化悬浮铜冶炼工艺，由阳谷祥光铜业有限公司等单位完成，将超强化旋浮熔炼和旋浮吹炼新工艺及旋浮熔炼和旋浮吹炼工艺的关键设备——旋风脉动喷嘴等有机结合，该项技术的创新使祥光铜业的冶炼产能达到45万吨以上，打破了国外对先进铜冶炼核技术及和关键设备的长期垄断，并获得4项国际发明专利、7项中国发明专利、12项实用新型专利等多项知识产权，参与制定国家标准2项。

---

[1] 中国有色金属工业协会统计数据。

同时成为目前世界上单系统产能最大、环保最好、最节能的先进铜冶炼企业，提升了中国铜冶炼的核心竞争力。又如重庆太鲁科技发展有限公司自主研发的利用含铜废弃物制备亚微米铜粉技术，成为节能减排史上的新变革，该产品具有抗磨、质软、无磁性、易合金化与铜基燃烧催化等特点，产品的铜基燃烧催化作用，能改善燃烧微环境，提高燃烧效率，节约燃油，同时直接减少尾气排放，其工艺技术达到国际领先水平。该公司的亚微米铜粉用于机械制造、石油和化学工业及交通运输业等，部分相关产品销往国外。

（2）铝行业

2013年1—10月份，我国生产原铝1816.1万吨，同比增长9.2%。[1] 在技术创新方面，铝行业技术不断取得新成果，突出表现在铝材加工行业技术创新及节能减排方面。如由北京有色金属研究院、东北轻合金有限责任公司及中南大学等联合研发的7000系铝合金强韧化热处理创新技术，打破了国外对我国关键材料和技术的封锁，该技术所生产的7000系铝合金产品广泛应用于国产民用飞机、直升机、新型战斗机及载人航天飞船等领域。又如承德钢铁集团利用自主研发出的"电铝热法"生产钒铝合金的工艺技术，已冶炼出航空、航天终端用"55钒铝"合格产品近200公斤，打破了美国和德国等少数国家对钒铝合金的垄断，填补了世界空白。在节能降耗方面，根据统计，2012年我国铝锭综合交流电耗下降到13844千瓦时/吨，同比下降58千瓦时/吨，全年节电约12亿千瓦时。[2] 如中孚实业林丰铝电公司研发的"低温低电压铝电解新技术"，使吨铝直流电耗由2008年的13235千瓦时降低到11819千瓦时，降幅达10.7%，多项技术达到国际领先水平。

（3）铅行业

2013年1—10月份，我国铅产量为385万吨，同比增长6.11%。[3] 因为遭遇2011年多起血铅污染事件，很多铅加工企业被关停整顿，致使2012年的铅产量几乎没有增长，所以，相比于2012年的增速，2013年呈现较快增长。在技术创新及节能环保方面，铅行业如云锡的"一炉三段"直接炼铅工艺，利用有机胺液吸收SO2的技术，成功解决了"一炉三段"炼铅工艺中SO2含量波动大，不适用于直接连续生产硫酸的技术难题，并且实现尾气排放达标，这项技术解决了冶

---

[1] 中国有色金属工业协会统计数据。
[2] 中国有色金属工业协会统计数据。
[3] 中国有色金属工业协会统计数据。

金和环保的双重难题，为产业化应用奠定了基础。

3. 石化和化学工业

石化和化学工业是国民经济重要的基础产业和支柱产业，与资源、技术、资金的关联度高，直接关系着我国工业转型升级战略的推行进度。《石化和化学工业"十二五"发展规划》明确提出将调整石化和化学工业的产业结构，加大力度进行节能减排、技术改造、淘汰落后产能，以实现石化和化学工业的集约发展、清洁发展、低碳发展、安全发展和可持续发展。争取到 2015 年突破一批关键、共性技术和重大装备，使产业核心竞争力得到大幅提升。[1] 本书主要介绍 2012 年我国石化和化学工业在加工制造和新能源开发领域的技术创新情况及技术创新体系的建设情况。

（1）加工制造领域

在石油开采技术方面，由国内自主研发的新型油田增产减排节水技术系统受到专家的关注，专家认为该技术系统具有三大特点：一是防蜡，能使磁化蜡晶抑制率为 53.88%；二是降粘，能使原油降除粘率达到 47.3%—52.2%；三是除垢，能使原油中的垢颗粒从 3.39 降为 0.14。[2] 这三大特点均为我国石油行业的技术攻关难题，推广后能使原油增产数千万吨。并且可以节能节水、减少污水排放量、降低生产成本（化学剂人力等）及增加单井产量的作用。又如胜利油田的分层注水井测调一体化技术，其原理是将常规注水转变为精细注水，在分层注水过程中，可以通过测试和调配来获得水的位置并按要求调整水流线路，以增强注水效果，有效控制含水和自然递减率，已达到国际领先水平。截至 2012 年年底，这项技术已先后应用于 100 多口水井，施工成功率达 100%，调配精度提高到 92%。

在 LNG 冷能利用方面，我国 LNG 冷能利用技术研究起步晚，基本是经历了"引进、消化、吸收、再创新和自主创新"这样的过程。目前，再创新技术包括冷能空分和低温粉碎，独立自主创新技术是中国海油的冷能丁基橡胶技术。这些技术已经获得专利授权，并且打破了国外公司在 LNG 冷能利用领域的技术垄断，初步建立了我国的 LNG 冷能利用技术体系。

在碳纤维生产方面，江苏航科自主研发的 T800 碳纤维生产线，使 T800 碳纤维的变异系数（CV 值）[3] 小于 3，产品的拉伸强度、拉伸模量、断裂延伸三大性

---

[1]　《石化和化学工业"十二五"发展规划》。
[2]　中国石油和化学工业联合会。
[3]　碳纤维的CV值是设计符合材料构件裕度的重要指标，碳纤维的CV值越小，则用量越少，增强效果越好。

能指标都与国际碳纤维巨头日本东丽公司的同类产品相当，突破了 T800 碳纤维产业化过程中的许多关键技术和专用设备制造的瓶颈。

（2）新能源开发领域

据统计，2013 年，我国页岩气产量超过 2 亿立方米。其中主要开发单位是中石油和中石化，截至 2012 年，中石油的长宁—威远国家级示范区完钻 16 口井，完成压裂试气 12 口井，直井日产量 0.2 万—3 万立方米，水平井日产量 1 万—16 万立方米；云南昭通国家级页岩气示范区完钻 7 口井，直井日产量 0.25 万立方米，水平井日产量 1.5 万—3.6 万立方米。[1] 在技术创新方面，如渤海钻探工程有限公司实施的选择性多级分段压裂及控制开采方法，在常规分段压裂工具对应产层的位置安装可开关滑套，以进行打开或者关闭操作，进而达到有选择的实施压裂和开采，实现增产、油气井优化和稳产的效果。目前，该项技术已经使用在苏里格气田，并且各项指标都达到设计要求，成为世界上的首例，填补了国内外技术空白。

（3）技术创新体系建设

我国在石化和化工行业的研究能力在不断增强，一方面国外大型企业纷纷在我国建立技术创新中心。如壳牌为加强在中国区的技术服务和研发能力，将多个全球技术研究部门搬到了中国，包括将全球气化业务部、全球非常规气与煤层气中心搬到北京，将壳牌全球润滑油技术中心之一设在上海。再如 GE 公司在中国成立了创新中心，主要是研发页岩气开采技术。中科院工程研究所与英国利兹大学于 2012 年 7 月 15 日成立储能技术联合研究中心，主要开展储能基础科学及应用技术研究，旨在整合中英储能科研资源，共同推动储能科学与技术的发展。这跨国大公司的加入，丰富了我国的石化和化学工业的研究体系。另一方面，国内也在纷纷建立研究中心（研究院）。如 2012 年 9 月，由天津工业大学牵头、天津大学及上海交通大学等共同组成的中国纺织膜分离技术协同创新中心在天津工业大学挂牌成立，协同创新中心主要以膜材料与制备技术膜集成装备及应用技术等为研究方向。又如由河南师范大学牵头的河南省新型电池产业技术创新联盟于 2012 年 11 月在郑州成立，联盟成员包括了全省 23 家新型电池研发和生产骨干单位，目的是以合作创新和共赢发展为目标，展开新型电池及相关产业的技术创新与合作交流，以提升我国新型电池产业的综合竞争力。

---

[1] 中国页岩气网http://www.csgcn.com.cn/article/show/26726.aspx。

4. 建材行业

建材行业是国民经济的重要基础产业。2013年,我国建材工业经济的总体保持平稳,为了积极应对产能过剩、需求增长趋缓及环境约束等问题,整个行业进一步加快了结构调整步伐,加大节能减排和技术创新力度。本书主要介绍关键技术的创新情况和新产品开发情况。

(1)关键技术创新情况

在水泥工业方面,新型干法水泥工艺取得了很大进展。截至2011年年底,全国新投产新型干法水泥生产线166条,其中日产4000吨及以上生产线87条,占新增水泥熟料总产能的69.2%。新型干法水泥占到全国全年总产量的89%。其中,大型立磨及其配套减速机、高效箅冷机、窑尾斗提机等关键设备取得重大突破。低温余热发电技术与装备、辊压机粉磨系统、变频调速系统、袋式除尘、水泥助磨剂等技术广泛推广应用。如含可燃物生料的预热预分解新技术,主要创新点是针对石灰石可燃物含量高(热值达310kJ/kg)的特点,通过原料分析试验、计算机模拟研究及工程实践,研究了生料燃烧放热特性,开发设计了生料预燃烧炉,建立了处置含可燃物生料的新型干法预热预分解新系统。[1]该技术已经在越南关潮公司2000t/d水泥熟料烧成系统上运行一年多,综合证明系统运转稳定,主要技术经济指标达到国际先进水平。

在玻璃工业方面,据统计,2013年平板玻璃产量达3.89亿重量箱,同比增长10.8%,玻璃行业产能过剩接近40%。[2]受到市场需求和产能过剩的影响,玻璃行业正处于低谷期,更加促进了技术新力度。2012—2013年,生产技术和装备不断进步,通过对原料配料称量,熔窑、锡槽、退火窑三大热工设备及自动控制系统成套软件的一系列科技攻关,以及对各关键技术进行系统集成和科技转化,已经形成了具有自主知识产权并全面接近国际先进水平的新一代中国浮法玻璃技术。目前建筑用钢化玻璃已全部采用了水平钢化工艺,特别是一些大型企业,产品质量比较稳定,进口的钢化玻璃生产线约占全部生产线数量的十分之一。如福建省万达汽车玻璃工业有限公司自主研发的"中性色可批量生产双银镀膜夹层玻璃"已经成功应用于欧洲福特车型。该项技术使阴极靶位配置更加完善、膜系搭配更加合理,满足了国外OEM客户的需求,提升了我国汽车玻璃产品的附加值,

---

[1] 中国建筑材料联合会科技工作部。
[2] 广东省建筑材料研究院http://www.gdbm.com.cn/zxpd_show.asp?id=88&cid=1。

填补了国内空白。

（2）新产品开发情况

在水泥工业方面，水泥工业向低碳产品发展，出现了一系列胶凝材料新产品，但是从整个行业来看，低碳水泥技术目前仍没有实现大规模的生产应用。在玻璃工业方面，先后研发出超薄玻璃、超厚玻璃、在线镀膜玻璃以及自洁净、本体着色、微晶玻璃、超白压延玻璃、TCO导电膜玻璃等新品种。0.5毫米厚钠钙硅屏显玻璃稳定生产，光伏玻璃、无碱屏显基板玻璃、离线和在线低辐射镀膜玻璃、高硼硅玻璃等新产品关键技术和装备取得突破。

（二）质量品牌建设情况

2012—2013年，我国在原材料行业大力推进质量品牌建设，在产品的品种、质量和品牌方面大做文章。在这期间，原材料行业在质量和品牌发展依据国家政策要求上取得很多成就，主要产品的质量水平基本达到国家及行业标准要求，重点产品的质量水平与国际接轨，部分企业和产品在国际上享有盛誉。

1. 政策上大力支持

2012—2013年，我国对原材料行业的质量品牌建设给予特别重视，2012年，修订了《中国钢铁工业协会冶金产品实物质量达到国际同类产品实物水平认定管理办法》，同年，工业和信息化部发布《废钢铁加工行业准入条件》（工信部科〔2012〕47号），2013年工信部发布《关于加强2013年工业质量品牌建设工作的通知》（工信部科〔2013〕65号），这些政策文件在原材料行业的质量品牌标准、质量管理制度、诚信体系建设、监管评价体系等方面内容给予特别重视，并辅以工业质量品牌能力提升专项行动、落实企业质量主体责任、实施认定"金杯奖"等措施，促进了原材料行业产品质量的提升和品牌形象的树立。

2. 质量水平显著提升

在钢铁工业方面，我国钢铁行业面对国内外经济压力，加快转变发展方式，质量和品牌建设得到了有效提升。据2011—2012年工业（车轮、H型钢）产品质量控制和技术评价实验室的报告，2012年车轮产品质量总体较好，合格率较高，其中成材率为71.33%，综合合格率为98.46%，一次检验合格率为93.76%，内控合格率为98.46%；H型钢产品质量总体较好，其中成材率为98.22%，综合合格率为99.46%。2012年第3季度对预应力钢丝产品进行国家监督抽查，抽查18家企业的18批产品，16批产品合格，产品抽样合格率为88.9%，实物质量合格率（加权）为92.4%。2012年，马鞍山钢铁股份有限公司、内蒙古包钢钢联股份有限公司、山西太钢不锈钢股份有限公司、首钢总公司（京唐公司）等6家企业获得中国钢铁工业协会冶金产品实物质量认定"特优质量奖"，有133家获得"金杯奖"。

在有色金属工业方面，2012—2013年，我国有色金属工业加强了质量监督管理工作，发展了一批设计水平先进、自动化控制水平高、工艺技术领先及节能减排效果显著的项目。根据2012年度中国有色金属工业（部级）优质工程评审结果显示，中国铝业连城分公司淘汰落后环保节能技改项目等41个项目被评为2012年度中国有色金属工业（部级）优质工程。这些工程涵盖了有色冶炼、有色加工、有色选矿、有色矿山等项目。

在石化方面，我国石化工业的质量建设工作取得显著成效。据2011—2012年工业（石油产品）产品质量控制和技术评价实验室的报告显示，目前我国汽油产品整体质量较好，在抽查26个省份98个企业生产的121批次车用汽油产品和102家企业生产的105批次车用柴油产品中，车用汽油有2批次产品不合格，产品抽样合格率为98.3%；车用柴油产品抽样合格率为100%。

3.品牌建设初见成效

在钢铁工业方面，我国钢铁行业加紧了产品品牌建设力度，提升了企业品牌市场竞争力。如宝钢、鞍钢、武钢等企业着力打造汽车板、造船板和电工钢等世界品牌；河北钢铁集团以产线分工为原则，培育和强化了邯钢汽车板和家电板、唐钢高端冷轧板、宣钢精品建材、承钢钒钛制品、武钢宽厚板、石钢特殊钢等优势品牌。[1]

在石化方面，2012年，我国继续大力推动石油和化工行业品牌战略的实施，加强培育自主品牌，提高石油和化工产品的品牌知名度，以增强石油和化工产品的市场竞争力。根据《中国石油和化学工业知名品牌产品管理办法》规定，中国石油和化学工业知名品牌产品评审委员会及中国石油和化学工业联合会综合评审，授予了50家企业的50个产品为"2012年度中国石油和化学工业知名品牌产品"，并颁发荣誉证书和奖牌。

---

[1] 中国钢铁工业协会。

（三）重要数据

1. 知识产权

（1）有色金属行业方面，近几年，我国有色金属行业在知识产权方面取得很大成效，专利数量年增长速度很快。根据《中国科技统计年鉴 2013 年》统计，2012 年冶金学、合金或有色合金共申请专利达 6337 项，授权 2650 项，有效专利 10038 项，比 2010 年分别增长 31.7%、25.4%、26.4%。

（2）石油化工行业方面，更加重视产品质量和产品附加值的提升，专利申请数量持续增长，同时，也注意提升专利质量。如中国石化 2013 年共申请专利 5111 件，比上年增长 5%。其中境内专利申请 4820 件，境外专利申请 291 件。授权专利 2921 件，比去年增长 57%，其中获得中国授权专利 2814 件，境外授权专利 107 件。[1]

（3）建材行业，根据《中国科技统计年鉴 2013 年》统计，2012 年玻璃、矿棉和渣棉及水泥、陶瓷等、隔音材料共申请专利达 12712 项，授权专利 4819 项，有效专利达 8364 项。

2. 研发投入

表 4-1　2012 年按服务的国民经济行业分研究与开发机构 R&D 课题投入情况

	黑色金属矿采选业+黑色金属冶炼及压延加工业	金属制品业	有色金属矿采选业+_有色金属冶炼及压延加工业	石油和天然气开采业+石油加工、炼焦及核燃料加工业+化学原料及化学制品制造业+化学纤维制造业
R&D投入（万元）	4244	5717	11261	61208

数据来源：《中国工业科技统计年鉴（2013）》。

---

[1]　中国行业研究网。

二、主要问题

我国在原材料行业的技术创新方面取得很多成就，但是，很多行业的技术仍与国外有很大差距，在投入、研发能力等方面仍然存在很多问题。

（一）我国原材料行业普遍存在产能过剩现象

目前，我国正处于经济结构转型的关键时期，很多行业出现产能过剩现象，特别是原材料这等传统行业。在钢铁工业方面，2012 年，我国的钢产量约 7.2 亿吨，产能利用率只有 67%，且行业亏损额高达 289.24 亿元，比上年增长 7.39 倍。有色金属行业也面临这产能过剩问题，据中国有色工业协会统计数据显示，2012 年我国氧化铝产能利用率仅为 72.5%，电解铝产能利用率为 78%。在建材行业方面，水泥和平板玻璃行业产能利用率也不足 75%。

（二）我国原材料工业产品结构处于低端状态

近些年，我国的原材料工业很在技术改造和技术创新方面做出很多努力，产品结构也得到一定的优化，但是，从目前状况看，我国原材料工业仍处于低端市场。如我国钢材产品，在很多关键品种钢材产品方面仍然依赖进口，涉及高强度、耐腐蚀、长寿命等高性能的产品和生产水平与国外仍有很大差距。据统计，我国钢材产品只有约 30% 可以达到国际先进水平。再如平板玻璃行业，目前，我国平板玻璃行业的生产能耗要远高于国外先进水平，并且深加工率也要低于世界平均水平。玻璃产品存在结构性缺口问题，中、低档的普通浮法玻璃供大于求，而高档优质浮法玻璃的生产能力小，尤其是用于特殊用途的汽车玻璃、建筑玻璃及电子玻璃仍然依赖进口。

（三）自主创新能力不足

在原材料行业方面，我国一直努力增强自主创新能力，虽然已取得很大进步，但与国际发达国家的同行业水平相比仍存在很大差距。如钢铁工业方面，钢铁企业研发投入不高，与发达国家 3% 的水平差距还很大。并且，钢铁工业的技术创新体系建设不完善，高水平的科技人才缺乏，前沿技术的科研投入不足，工艺技术装备、关键技术等方面的自主创新成果不多，整体上处于自主创新基础比较薄弱阶段，如轧钢过程中的控制自动化技术及相关关键设备仍然主要依赖引进。再如有色金属行业，据统计，企业研发经费支出仅占主营业务收入的0.65%，不但低于国际水平，也低于国内平均水平，缺乏自主创新成果，新合金等新材料的研发主要依靠引进、吸收、模仿国外技术。

（四）产品的质量和品牌建设亟待加强

近几年来，我国原材料行业在质量品牌方面得到很大重视，很多产品的质量有所提升，品牌建设也在不断强化，但产品质量仍存在不稳定现象，且与国际水平相比存在很大差距。如我国钢材产品，由于加工工艺等原因，实物质量整体水平只有约30%可以达到国际先进水平[1]，而产品质量的不稳定情况依然存在，油井管的焊接加工工艺的不稳定，使油气输送管管体纵向拉伸屈服强度和落锤撕裂剪切面积等不合要求。再如我国用于航空航天的铝厚板、集成电路中的高纯金属仍主要依靠进口，对国外大品牌有色金属产品的依存度和信任度要高于国内品牌产品。

三、对策建议

（一）淘汰落后产能，以创新驱动产业升级

目前，产能过剩已经成为我国经济发展面临的严重问题，在原材料行业尤为突出。对此，首先需要在政策上严格控制市场准入，加强安全、环保、能耗、质量等指标的约束作用；其次提升原材料产业创新能力，增加R&D投入，重点研发和推广高附加值的生产工艺，放弃高能耗、低附加值产品，以创新驱动原材料产业转型升级；再次，完善监督检查管理制度，一方面加强对落后产能的淘汰监督管理，另一方面完善企业创新体系建设制度，以促进企业走上高科技、高质量、绿色、环保的健康发展之路。

---

[1] 《钢铁工业十二五发展规划》。

（二）坚持自主创新，完善产业创新体系

目前，我国原材料行业自主创新能力有所提高，但与国际水平仍有很大差距，因此，要把自主创新作为原材料行业可持续发展的根本动力，强化企业的技术创新主体地位，完善产学研创新体系，在进行集成创新和引进消化吸收再创新的同时，积极探索原始创新。同时，增加企业的研发投入，将产业发展定位于高端、高附加值、低能耗和绿色生态，培育可持续发展的自主品牌核心技术产品。

（三）加快建设公共服务平台，推进共性关键技术研究

共性关键技术是影响行业整体发展水平的关键因素，针对原材料行业发展中存在的问题，亟需解决共性关键技术问题。为此，需要政府建设共性关键技术研究服务平台，一方面加大研发投入力度，组织科研能力强企业，成立专项攻关小组，进行共性关键技术研究；另一方面，完善共性关键技术共享服务，针对已经研发成功的共性关键技术置于公共服务平台与众多企业共享，以促进企业整体技术水平的提高。

（四）重视质量品牌建设，提升产品质量及品牌价值

高质量、大品牌是产品畅销的基础，重视质量品牌战略是原材料行业发展的重要战略之一。所以，建议企业一方面依据技术创新和技术改造，发展精深加工产品，提高产品质量和品牌影响力，扎牢产品立足市场的根基；另一方面，完善产品的质量品牌服务体系，建议由政府组织牵头，带动企业积极参与，加强服务、管理、监督和评价，服务与管理并施、奖励与惩罚同行，增强企业的信誉度和荣誉感。

第五章 装备制造业

装备制造业是我国工业领域中最大的产业，是我国经济发展的基石，同时也是高新技术的载体和发展动力。目前我国正处于工业化和信息化发展重要时期，国家重点鼓励发展先进装备制造业，成为国民经济各领域所需装备的制造者和提供者，以满足国家经济建设的迫切需求。2013年受外部因素影响，在固定资产投资增速放缓和出口持续下滑的情况下，装备制造行业产值较2012年同比增长约为12.5%。在订单方面，从机械联合会调查的重点联系企业看，2012年订货量呈现负增长，其中船舶、机床设备、工程机械、发电设备订单下降幅度较大。据统计，2012年前10个月，中国装备工业利润额达到9053亿元，比2011年同期增长2.1%。从产业结构上看，装备制造业稳步推进结构调整，产业结构日趋合理。从技术和质量水平看，我国装备产品质量不断提升，如我国汽车产品不但在生产规模上已居世界前列，而且生产技术和工艺也达到世界先进水平。如农机、电动工具、机械基础材料等产品质量水平有明显上升。在常规发电设备、输变电设备、港口装卸机械、水泥成套设备等制造领域，我国已走在世界前列。但是，与国际先进水平相比，我国装备制造业还存在不小差距。如数控机床工业的中高档功能部件主要依靠进口，高档数控系统、高速主轴单元、精密滚动功能部件等大量使用国外进口产品。此外，高端技术装备和关键部件大量依赖进口。

一、发展回顾

2013年是装备制造业广受重视和发展的关键年。其中重大技术装备、船舶工业、机械装备工业、汽车行业等领域在政策和规划方面都出台重要文件，对行业发展作出规划和指导。2013 年 8 月，国务院公布了《船舶工业加快结构调整促进转型升级实施方案（2013 年—2015 年）》，意在用"有形之手"刺激船舶市场复苏。在航运业低迷的现状下，国家出台此项新政无异于给航运造船企业注入一针"强心剂"，新政中明确提出了鼓励老旧船舶提前报废更新的任务，以推动船舶工业产品结构升级。

（一）重点领域技术发展、创新及产业化情况

1. 机械装备工业

2013 年是机械工业情况较为严峻的一年。受固定资产投资增速持续回落、产品价格下行、订货不足等不利因素影响，机械工业运行吃紧。机械工业产业结构调整形势非常紧迫。机械工业企业以此为契机，通过注重科技创新，研发高端装备制造业，提高机械工业的产业水平，并在开拓国际市场方面赢得了不俗的成绩。据统计，2013 年前 11 个月，机械工业累计出口 3378.74 亿美元，同比增长 5.73%。总体上，我国机械装备工业在深度推进产业升级的背景下，在质量上亦有不俗的提升，取得了一批以工业技术创新为推动力的成就。

（1）港口机械领域，装卸船机开创世界散货装卸新局面

2012 年三一港机的上海研究院自主研制的 2000 吨装卸船已研制完毕，从检验结果看，其设计水平和性能均达国际领先水平。此吨位级的装卸船机研发成功，将改变现有世界散货装卸格局，从而极大提升散货装卸的效率，是技术和产品创新为行业带来改变的实例。

（2）机床工业领域，技术取得重大突破

数控机床是机床的重要发展方向，并逐步向高速化、高精度化、智能化和系统化趋势发展。数控机床制造水平的高低和拥有量已是衡量一个国家工业现代化水平的重要标志。我国政府非常重视数控机床行业的发展，发展高档数控机床一直被列入国家重大科技专项中，也是加快振兴装备制造业的重点突破领域之一。在 2012 年中，数控机床领域取得一系列成就。

沈阳机床集团经过 5 年时间的技术研发，制造了首台智能化数控机床。此机床集成了当代先进的智能化运动控制系统，与信息技术、运动控制技术、电子技术等紧密联合，能达到管理数字化，以及自动化、智能化、高速化、无人化加工

和生产。2012 年 4 月，沈阳机床集团自主研发的飞阳数控系统产品在中国数控机床展览会上展出，引用此套数控系统的数控机床加工单元具可实现自由编程、图形诊断、实时监控等智能化功能，可以为用户提供更加个性化的解决方案。

广州市敏嘉制造技术有限公司承担了国家高档数控机床和基础装备重大专项："弧面凸轮加工工艺研究及弧面凸轮五轴加工中心、弧面凸轮六轴磨削中心"的研究工作，并在 2012 年专用数控磨床行业取得重大突破。该成果属于刀库换刀机构弧面凸轮加工工艺，标志着我国企业已具备开发具有自主知识产权的弧面凸轮制造专用设备的能力，在满足功能部件企业需求的同时提升了国产刀库设计制造水平。

浙江太阳股份有限公司已掌握超精密加工装备核心技术，该技术可掌控万分之一毫米细微移动。该成果作为有中国自主知识产权的国家"863"重点项目科技成果，在浙江通过国家级鉴定。相比较其他加工件制作的产品的 0.0042 毫米，运用该项技术制作的机床加工件的连杆颈圆度误差仅为 0.0028 毫米，大幅度提高了产品的精密度。

上海机床厂推出高效精密型外圆磨床。该机床采用公司最新开发的高效、高精度动静压轴承，并采用具有独立知识产权的轴承支撑结构。在参数方面最大回转直径芟 500mm，最大工件长度 3000mm，最大工件重量 1000kg。该机床最大特点是实现了超大切削量的磨削，其磨削效率是原机型的 3 倍以上。

武汉重型机床集团有限公司在 2012 取得多项突破。如 11 月向天津赛瑞机器设备交付了一系列超大型极限装备：其中一台是 28 米 CKX53280 型立式铣车床，该机械可加工直径 28 米、重 800 吨、高 13 米的大型零部件，其加工误差仅为 0.02毫米。该项设备是具有自主知识产权的先进技术，填补了该领域的空白；另一设备是 DL250 型超重型数控卧式铣车床，该设备获得"十一五"国家科技计划执行突出贡献奖，其最大加工件重量可达 500 吨；也有 FB320 型超重型数控落地铣镗床，该机械镗轴直径达到 320 毫米，主轴最高转速达到每分钟 1000 转，回转工作台承重达 600 吨；也有 XKU2680 型超重型数控龙门镗铣床，其突出特点是龙门间距 10 米，工作平台长 64 米，龙门移动部件重 300 吨，实现了超重型、大跨距龙门移动高刚性、高速度、快速动态响应。这些标志我国机床机械制造达到新的高度。

（3）工程机械领域，高端产品层出不穷

2012 年，我国工程机械领域高端产品层出不穷，重大技术装备取得不少新的突破。如中联重科研发的 101 米混凝土臂架泵车，系第一例首次将碳纤维技术油缸应用在工程机械领域，使得车体总重量减少了 15%，便于车体的维护。

三一"20 方"最大容量混凝土搅拌车，该车最大创新点在于一体化车架，把整车的搅拌罐直接放在底盘上。这样的设计降低了整车高度，并降低了重量。同时，"20 方"搅拌车通过采用高强度 SG700S 材料，使得搅拌筒和叶片强度及使用寿命提高。

中联重科 LTU165 超大型摊铺机，该机的摊铺宽度达到 16.5m，铺路厚度是 550mm，打破了世界纪录，使道路修筑施工方案提升到新的档次。该产品的研发成功，标志着中联重科摊铺机产品的设计制造技术达到了一个新的里程碑，引领了行业技术最新发展方向。

工程机械领域的技术创新和突破也受到进一步关注和重视。如 2012 年徐工重型机械有限公司 QAY500 型全地面起重机技术获得国家科技进步二等奖。另有其他工程机械产品及技术获得中国机械工业科技奖。如中联重科碳纤维复合材料臂架系列泵车及其关键技术、徐工建机超大型履带起重机关键技术及产业化获得一等奖。

（4）纺织机械，进一步掌握了制造关键技术

2012 年，我国纺织机械方面取得一系列成绩。东华大学机械学院研究院研发的全自动喷丝板微孔检测仪、经纬纺织机械股份有限公司榆次分公司研发的 JWF1562 环锭细纱机、北京经纬纺机新技术有限公司研发的 JWF1418A 自动落纱粗纱机、连云港鹰游纺机有限责任公司研发的年产 1000 吨 T300 碳纤维国产化成套设备与技术等纺机项目获得了业界的赞誉。

纺织机械呈现出速度快、效率高、用工少的显著特点。在 2012 中国国际纺织机械展览会上，棉纺设备、化纤设备、针织设备、印染设备等，大多是围绕节能减排和绿色环保要求开发的具有少用水、无水染色及循环用水功能的产品。这些创新产品紧紧抓住了纺织产业升级主题和国家产业政策导向，成为纺织企业当前重要产品。

科技政策将在未来一段时间内对整个纺织机械行业产生巨大影响。2012 年是有关纺织机械政策文件发布较多的一年，如工信部等四部委对《重大技术装备

自主创新指导目录（2009版）》修订基础上，发布《重大技术装备自主创新指导目录（2012版）》，其中对纺织机械研发提出新要求，将有力推进纺织机械的发展。工信部发布了《"数控一代"装备创新工程行动计划》，纺织机械成为初期重点实施领域。中国纺织工业联合会下发了《关于下达2012年中国纺织工业联合会科技指导性项目计划的通知》，共有50个纺织机械类项目被列入第一批科技指导性项目计划。

（5）关键基础零部件研发工作渐有起色

机械基础零部件包括轴承、齿轮、模具、液压件、气动元件、密封件、紧固件等，是装备制造业不可或缺的重要组成部分，直接决定着重大装备和主机产品的性能、水平、质量和可靠性。2010年工信部印发的《机械基础零部件产业振兴实施方案》指出，三年内，我国要研发一批关键基础零部件，掌握一批拥有自主知识产权的核心技术，重大装备基础零部件配套能力提高到70%以上。[1] 在这样的背景下，我国机械装备行业的关键零部件研发与生产取得一定进展。如2010年宁波天生密封件有限公司研制了核电垫片密封件，使国际垄断价格下拉70%左右，改变了我国密封垫长期受制于人的局面。2011年，具有自主知识产权的60万套高端液压件项目在山东常林集团中川液压公司投入批量生产，这标志着国产高端液压件实现了零的突破，并进入产业化阶段。2012年，哈尔滨工业大学和齐齐哈尔二机床(集团)有限责任公司共同完成的黑龙江省科技计划重大项目"精密大重型机床关键零部件加工技术与装备的研究"通过了专家的鉴定。此项研发设计了一种圆弧油腔结构形式的整体径向及推力轴承，提高了轴承的动态效应。

但是，关键基础零部件依靠进口的局面，整个装备制造受制于基础零部件的局面仍没有根本改变。为此，工信部等四部委修订发布《重大技术装备自主创新指导目录（2012版）》，对基础零部件生产提出新要求。2012年，财政部、工信部、海关总署和国家税务总局联合发布《关于调整重大技术装备进口税收政策有关目录通知》，也包含了基础零部件的进口优惠政策。这些将极大加快亟待发展又缺少核心技术的基础零部件领域技术创新发展脚步。

2. 汽车装备产业

汽车产业是国民经济重要的支柱产业，也是体现国家竞争力的标志性产业。

---

[1] 《机械基础零部件产业振兴实施方案》。

随着我国汽车产业的不断发展壮大，与之相关的汽车制造业也随之迅猛发展，并在我国工业产值中占据着相当大的比重。在产业规模迅速增加的同时，我国汽车装备产业的整车与零部件技术水平也有很大提高，已基本掌握了整车和零部件技术。

（1）汽车市场呈现平稳增长态势

2013 年，汽车产销稳中有增，大企业集团产销规模整体提升，汽车产业结构进一步优化。据中国汽车工业协会统计，我国全年累计生产汽车 2211.68 万辆，同比增长 14.76%，销售汽车 2198.41 万辆，同比增长 13.87%，产销同比增长率较 2012 年分别提高了 10.2 和 9.6 个百分点。

乘用车自主品牌市场份额下降。2013 年，自主品牌乘用车销售 722.20 万辆，同比增长 11.4%，占乘用车销售市场的 40.3%，市场份额同比下降 1.6 个百分点。

（2）大企业集团产业集中度进一步提高

2013 年，6 家汽车生产企业（集团）产销规模超过 100 万，其中上汽销量突破 500 万辆，达到 507.33 万辆，东风、一汽、长安、北汽和广汽分别达到 353.49 万辆、290.84 万辆、220.33 万辆、211.11 万辆和 100.42 万辆。前 5 家企业（集团）2013 年共销售汽车 1583.11 万辆，占汽车销售总量的 72.0%，汽车产业集中度同比增长 0.4%。

我国汽车销量前十名的企业集团共销售汽车 1943.06 万辆，占汽车销售总量的 88.4%，汽车产业集中度同比增长 1.4%。

（3）汽车电子技术开发成效显著

电控发动机　我国汽车电子产品的自主研发正处于上升发展阶段。汽车发动机电子控制系统的开发与应用的方式逐渐向以企业为主导并以产业化为目标的方式转移。奇瑞、吉利等民营汽车制造企业的崛起，国家的政策支持和国内汽车市场的发展潜力将给汽车发动机电子控制系统开发商带来难得的机遇。

自动变速器　我国企业已自主掌握自动变速器领域样机、样件的打造技术，但尚未完成大批量生产制造；部分企业已构成了 AT、AMT、CVT、DCT 多种旅程的技术手段格局。自动变速器在政府和行业重视下，通过技术手段引进、国内互助，中国正在驾驭自动变速器核心技术手段。上汽集团研发出具有完全自主知识产权的荣威 550，突破性地运用湿式双离合变速器。其 Dual-Core 智能电控换挡控制系统的最大特点是不仅使变速器稳定可靠、传动效率高达 90%，并且可以最高承受 360Nm 的扭矩输入，大大提升了动力效能。

制动系统 近年来，东风电子科技、万安科技公司等已相继完成了具有自主知识产权的制动系统产业化，并已大量投放市场装车应用。如万安科技公司形成了以商用车气压制动系统、乘用车液压制动系统为主，离合器操纵系统为辅的产品体系。主要为一汽集团、北汽福田、江淮等国内主要商用车厂商以及比亚迪、奇瑞、吉利等国内主要乘用车厂商提供配套。其中，"万安 VIE"牌汽车制动系统被国家质量监督检验检疫总局认定为"中国名牌"产品。

转向系统 在产学研用联合开发下，转向系统取得了显著成就，造就了可批量生产的公司。如中国汽车系统股份有限公司是最大的转向系统制造供应商之一，该公司研制生产各种型号的乘用车及商务车转向系统，产品涵盖齿轮齿条动力转向器、循环球动力转向器、电动及手动转向器、转向管柱、转向油泵以及转向油管。又如重庆卡福汽车制动转向系统有限公司凭借雄厚基础，成为汽车转向、制动产品国家标准制订单位，技术中心被确定为"重庆市认定企业技术中心"。

（4）新能源汽车技术

混合动力汽车等电动汽车重大专项自从被列入国家高技术研究发展计划 (863 计划) 以来，新能源汽车的自主创新得到了政府支持，并坚持以核心技术、关键部件和系统集成为重点，确立了以混合电动汽车、纯电动汽车、燃料电池汽车为"三纵"，以整车控制系统、电机驱动系统、动力蓄电池以及燃料电池为"三横"的研发布局，建立起产学研紧密联合的方式，取得一系列技术创新上的成绩。

2012 年，宇通经过对混合动力技术长时间研究，在客车混合动力技术上已攻破一系列加速能力弱、低速爬坡能力弱、传动皮带容易损坏及电池安全、稳定性混合动力系统的常见问题，使宇通新一代混合动力客车更适应于城市路况。在动力模式的选择上，宇通采用混联模式，使得燃油消耗达到经济型水平。

厦门金旅采用国产控制系统的混合动力公交车在科技部、财政部、国家发改委、工信部联合测试组测试中，显示出巨大的节能优势，百公里耗油量仅为 24.55 升，表明我国混合动力客车技术创新和新产品研发进入快速发展期。

目前，国内汽车企业已将混合动力汽车放在战略上高度重视，一汽、东风、上汽等都已投入了大量的人力、物力，使得混合动力车研制有了新保障。如近 10 年一汽累计投入研发费用 220.9 亿元，掌握了混合动力、汽车电子等 229 项核心技术，并在 2012 年建成生产混合动力客车和轿车的基地。为混合动力车研制搭建良好综合平台。

3.航空航天装备工业技术创新发展

（1）整机制造

水陆两栖飞机　中航研制的"海鸥300"轻型水陆两栖飞机，在水面试验中进行了静态水密试验、静水等速、静水起飞、减速滑行、着水试验等试验，在试验过程中表现良好。"海鸥300"属于客运型飞机，可载4至6人用于公务飞行、旅游娱乐、海岸巡逻、搜索与救护、环境监测、森林巡防等。

大型客机　C919大型客机项目研制工作是2012年国内大型客机研制方面一项重点。C919大型客机项目已经历了立项论证、可行性论证和预发展三个过程阶段。在2011年飞机装机零件开工制造基础上，2012年正进行机体制造和详细设计工作，进入全面试制阶段。

2012年，我国在直升机研制、生产能力方面取得长足进步。我国自主研制的大型民用直升机AC313经过发动机启动能力验证、风险试飞和飞行包线拓展试飞等检验，顺利通过。检验结果验证了其在低温环境下正常使用的能力，也首次创造了中国大型直升机336公里/小时的最大速度记录。AC313型直升飞机已获得中国民用航空局颁发的型号合格证，即将全面投入市场。

（2）航空动力

目前，我国已经掌握了第三代航空发动机的设计和生产技术，以"太行"、"昆仑"等大推力、大涵道比涡扇发动机研制成功为标志，我国已实现了军用航空发动机从中等推力向大推力的跨越。在相关设备上也拥有大批先进的发动机整机和零部件，这些实验和技术进出为大涵道比涡扇发动机的进一步研制和生产提供了保证。

（3）卫星导航系统

北斗系统建设及其产业化是实现国家安全与商业经济安全的重要内容，同时也具有带动国民经济发展与提高国民生活水平的重要作用。2012年，中国北斗卫星导航产业呈现快速发展态势，在系统建设示范项目、产业化应用等方面都取得了成就。2012年共有6颗北斗卫星发射成功，使得北斗卫星导航形成了区域覆盖的能力，将能够为中国及周边地区提供卫星导航服务。从系统性能上来看，现阶段北斗系统位置精度基本达到与GPS民用精度相当，测速精度每秒0.2米，授时精度高达单向50纳秒，平面精度和高程都达到10米水平。此外，系统最大特点是短报文通信服务，该项服务能够使北斗在部分移动通信网络覆盖范围外的地区发挥出巨大的作用，如海洋、森林等。2012年北斗卫星导航系统正式提供区域服务，是北斗系统走向世界性服务阶段的重要环节。

（4）太空探测

2012年，我国探月工程二期嫦娥三号技术方案得到验证，成功完成月球着陆器的悬停避障及缓速下降试验，月球巡视器的综合测试及内、外场试验等各项验证性试验。该工程研制取得重大进展。目前正在距离地球170万公里外开展深空探测。

截至2012年年底，卫星状态良好，各项飞控事件执行正常，嫦娥二号卫星正继续向更远的深空飞行，标志我国太空探测能力迈向新的高度。

（5）空间交会对接技术

2012年6月，中国载人航天实现新突破，神舟九号飞船与天宫一号实现对接，这标志着中国成为世界上第三个完整掌握空间交会对接技术的国家。从此中国完整掌握了空间交会对接技术，具备了以不同对接方式向在轨航天器进行人员输送和物资补给的能力，将为下一步太空探索和实验做好准备。

4.船舶装备工业技术创新发展

2013年11月4日，工业和信息化部正式发布《船舶行业规范条件》，明确了钢质一般船舶生产企业在建造技术能力、技术创新、节能环保、职业健康、规范管理等诸多方面的规范条件。《船舶行业规范条件》旨在贯彻国务院发布的《船舶工业加快结构调整促进转型升级实施方案（2013—2015年）》和《关于化解产能严重过剩矛盾的指导意见》的精神。《船舶行业规范条件》的实施，将进一步强化国家产业政策、规划、标准的引导作用，加强船舶行业管理，化解产能过剩矛盾，加快结构调整，提升技术水平，促进转型升级，引导船舶工业持续健康发展。

（1）中国造船三大指标市场份额继续保持世界领先

2013年，中国造船完工量4534万载重吨，同比下降24.7%，其中海船为1551万修正总吨；新承接船舶订单量6984万载重吨，同比增长242.2%，其中海船为2281万修正总吨。截至2013年12月底，手持船舶订单量13100万载重吨，同比增长22.5%，其中海船为4246万修正总吨，出口船舶占总量的88.1%。[1]

---

[1] 数据来源：2014年01月17日，装备工业司。

2013 年，中国造船三大指标市场份额继续保持世界领先，造船完工量、新接订单量、手持订单量分别占世界总量的 41.4%、47.9% 和 45.0%，其中新接订单量比 2012 年提高了 4.3 个百分点。

（2）高技术船舶接单取得新突破

新接船舶订单进一步向优势企业集中，2013 年前 20 家企业新承接订单合计 5586 万载重吨，占全国总量的 80.0%，比 2012 年提高 5.5 个百分点。

高技术船舶接单取得新的突破，新接了 6 艘 17.4 万立方米双燃料电力推进大型液化天然气船（LNG）、4 艘 8.3 万立方米大型液化气体运输船（VLGC）。新承接 8000 箱及以上大型集装箱船共计 64 艘，约占世界总量的 40%。

（3）海洋工程装备订单大幅增加

2013 年，我国共接各类海洋工程装备订单超过 180 亿美元，约占世界市场份额 29.5%，比 2012 年提高 16 个百分点，已超过新加坡，位居世界第二。新承接各类海洋工程平台共 61 座和 1 艘钻井船，其中自升式钻井平台 49 座，占世界总量一半以上。

（4）056 型护卫舰首舰正式交付海军

2013 年 2 月 25 日，056 型新型护卫舰首舰 582 舰在中国船舶工业集团公司旗下的沪东中华造船（集团）有限公司正式交付。新型护卫舰首舰交付，是中船集团公司的一件大事，注定要载入史册。新型护卫舰正式交付部队，标志着我海军基地防御兵力开始了升级换代，进入了批量生产、有序更新的新时代。2013 年，我国共有 9 艘 056 型新型护卫舰交付，扎实推进了海洋强国战略的切实行动，中国的海洋国土，从此有了一批"年轻力壮、精干强悍"的守卫者。

（5）我国超大型箱船建造跨入世界第一方阵

2013 年 7 月，中船集团公司下属的上海江南长兴重工有限责任公司承建了 3 艘 18000TEU 世界第七代集装箱船，这是目前我国承建的最大集装箱船，也是目前全球最大箱位级的集装箱船，打破了韩国造船企业在该领域的垄断，标志着我国超大型集装箱船开发、设计、建造跨入世界第一方阵。超大型集装箱船市场长期被韩国船企垄断。如今，中船集团公司已在 18000TEU 超大型集装箱船领域取得突破。中国造船工业要想由大变强，必须勇于攀登世界技术高峰，开发、设计、建造同步跨入世界第一方阵，具有深远的历史意义。

（6）大功率低速柴油机国产化实现重大突破

2013年7月18日，由中船三井造船柴油机有限公司制造的国内首台CMD-MAN 10S90ME-C9.2型船用低速柴油机交付，为目前我国首制的最大功率船用柴油机。该机用于由江苏扬子江船业集团公司为加拿大SEASPAN公司建造的10000TEU集装箱船上。这不仅意味着我国已经成功打破了国外主机企业在世界级先进主机市场的垄断地位，也标志着我国船用低速柴油机制造企业在转型升级方面取得了实质性的突破。11月7日，"十一五"期间立项的重大科研项目中国自主品牌6CS21/32中速柴油机研制项目通过验收，该机型缸径210毫米，输出功率1320千瓦，性能及燃油消耗和排放指标达到国际先进水平。自主品牌中速机的研制成功对于促进我国柴油机技术水平的提升，提高船舶动力产品本土化配套率均具有重要意义。目前首批两台发电机组已获得了装船合同，标志着我国自主品牌船用中速柴油机已经得到了市场的初步认可。

（二）质量品牌建设情况

1. 机械装备制造行业

企业要长远发展并走向国际化，产品质量和品牌是重要保证。近年来，越来越多的优秀企业产品脱颖而出。工程机械企业徐工集团通过高度集约化、柔性化、智能化和全数字化管理，形成与国际最先进标杆企业同一水平的精益制造和品质制造能力，突破性创造出大吨位装载机、超大吨位起重机批量化在线制造崭新模式，使自身在国际竞争中占据一席之地。又如农用机械中，奇瑞推出多款全喂入水稻联合收获机，其主要性能已接近或达到先进国家的水平，打造出了良好的品牌知名度。

另一方面企业打造和宣传其自身品牌呈现多渠道化特征，企业通过广告、营销手段等方面积极打造企业品牌知名度。如2011年中联重科出资5107万取得央视黄金广告席位，此举对于提高中联重科品牌知名度，可谓重要的一步。

2. 汽车制造行业

近年来，通过与外资合作，引进国外先进制造技术和系统管理质量的经验方法，以及依靠自主创新能力、质量管理水平的提高，使我国不仅成为汽车产销大国，而且在汽车整车质量与品牌方面也取得了较大幅度提升。

北汽集团目前已经逐步树立了良好的国际企业形象，形成了从合资到自主的发展模式，北京汽车继续推动北汽完善质量管理体系，提升质量管理能力。加强北汽绅宝等自主产品在国内外市场的产品竞争力，将"北京汽车"打造成为有国际影响力的品牌。

在我国汽车制造自主创新能力大大提高背景下，我国汽车生产企业如一汽、二汽，具备了开发自主品牌豪华汽车的技术条件。一汽的 L5、L7、L9、H7 等多种型号的红旗系列汽车，其技术含量已达到豪华的程度，并在多个重要场合承接外国元首来访，品牌知名度极大提升，已开始参与到激烈的国际企业竞争。

3. 航空航天行业

中国航天科技集团是具有自主知识产权、创新能力突出、核心竞争力强的国有企业，自成立来始终将质量管理工作作为发展的重点。通过紧密传承航天质量文化的精髓，充分运用宣传教育、专业技术培训、开展"航天质量日"活动、组织质量达标活动、运用 6S 管理等多种方式方法，建立起了以质量为核心的良好工作氛围。

在建设质量体系方面，中国航天科技集团公司通过把质量管理体系建设与型号研制生产紧密结合起来，夯实了质量基础。其次，深入开展产品质量分析工作。完善质量分析例会制度。再次，完善质量标准规范体系。设立航天领域的各类标准，如国家标准、国家军用标准、行业标准、企业标准，形成了以此为核心的标准规范体系及其相应的管理与创新体系。同时，加强质量专业技术支撑方面的建设，包括组建产品保证专业机构和专家组。

4. 船舶制造行业

我国船舶工业在全球经济环境不景气情况下也深受影响，主要负责承接新船订单的两大船舶集团公司——中国船舶工业集团和中国船舶重工集团，接单开始减少。在此情况下我国船舶企业积极应对，不断提升船舶开发设计技术水平，集中加强质量品牌管理工作，从产品质量方面增强了企业的国际竞争力。中国船舶重工集团公司把加强船型研发作为转型发展的着力点，在线型优化、轮机系统优化等节能环保技术领域实现技术升级，完成 32 型船舶的技术指标改造，同时注重船型升级换代，设计、开发了汽车运输船（PCTC）、风车安装船、钻井船、公务船等新船型，为提升企业市场竞争力打下了坚实基础。

其他船舶企业为适应市场变化，也加快了自身转型计划。一批中型造船企业在特定产品和特定市场领域表现出不俗的成绩，打造了具有一定影响力的品牌。如太平洋海洋工程公司在 LPG 船、海工模块体现出优势；福建东南造船厂致力于多元海工船建设并成为全国海工船领军者；浙江方圆造船有限公司在采矿船、挖泥船等内河工程船研发方面获得行业赞誉。这些造船企业在云集的船舶行业脱颖而出，市场影响力和份额不断扩大。

（三）重要数据

1. 知识产权

表 5—1 2012 年国内船舶装备制造工业专利申请排名前五省份

省份	专利申请数（单位：件）
江苏	2419
上海	1661
浙江	1359
广东	1208
辽宁	1201

数据来源：根据中国船舶服务门户报道计算。

表 5—2 自主汽车企业专利总数及发明专利总数专利申请情况（截至 2012 年）（单位：件）

	奇瑞	长安	吉利
专利总数	7235	4714	2000
发明专利	2825	1137	400

数据来源：根据国家知识产权局数据。

表 5—3 飞行器、航空、宇宙航行专利申请情况（2011）（单位：件）

	发明专利	实用新型	外观设计
2011年公开专利情况	50	377	427

数据来源：国家知识产权局 2011 年度报告。

表5—4 机械工业装备申请总体情况 （单位：件）

	总数	发明专利	实用新型
2013年公开专利情况	120292	50437	69855
2013年申请专利情况	132834	55644	77190

数据来源：佰腾专利数据检索，更新日为2014年1月20日。

2、研发投入

表5—5 规模以上装备制造行业企业2012年内部研发投入 （单位：万元）

通用设备制造业	4746047
专用设备制造业	4249366
交通运输设备制造业	9133643
电气机械及器材制造业	7041557
通信设备、计算机及其他 电子设备制造业	10646938
仪器仪表及文化、办公用机械制造业	1578468

数据来源：《中国科技统计年鉴（2013）》。

表5—6 规模以上装备制造行业企业2012年R&D人员

行业	R&D人员（位）
通用设备制造业	242270
专用设备制造业	214303
交通运输设备制造业	339164
电气机械及器材制造业	310887
通信设备、计算机及其他 电子设备制造业	455099
仪器仪表及文化、办公用机械制造业	104568

数据来源：《中国科技统计年鉴（2013）》。

3. 新产品产值

表 5—7　规模以上装备制造行业企业 2012 年新产品开发和生产

行业	新产品销售收入（万元）
通用设备制造业	62773071
专用设备制造业	51792189
交通运输设备制造业	189919995
电气机械及器材制造业	117922424
通信设备、计算机及其他电子设备制造业	194715449
仪器仪表及文化、办公用机械制造业	19730651

数据来源：《中国统计年鉴（2013）》。

二、主要问题

（一）机械装备制造业存在的问题

机械装备行业部分产品存在如下问题：一是行业企业综合实力不强，大多数企业在科研、新产品开发、技术改造和企业管理方面有待提升。如矿山机械产品品种仍不能满足市场需求，而且存在产品技术含量低、产品附加值不高、产品质量不稳定等问题。二是产品品种、技术、质量、服务等方面存在问题，自给率很低。如机械基础件产品总体水平偏低、性能和质量与国内需求之间差距较大，有的产品寿命较国外同类产品偏低，产品精确度与国外同类水平差距较明显。三是部分高端产品缺失，如发展数控机床领域中的高档数控系统、高速主轴单元、精密滚动功能部件、动力刀架、精密转台、高速导轨防护装置等高水平的功能部件是当务之急。目前，我国数控机床中高档功能部件如数控系统、电主轴、直线导轨、精密丝杠、动力刀架、精密转台、铣头等大量采用进口产品。

（二）汽车装备制造业存在的问题

汽车装备行业部分产品存在如下问题：一是兼容性问题。它涉及汽车与环境、汽车与汽车、汽车内部的电磁兼容性问题，直接关系汽车的安全性、汽车排放控制的有效性、汽车节能的有效性、汽车智能控制的可靠性。同时汽车电磁兼容性与未来汽车关系极大，在国内，奇瑞、吉利及长城公司都在规划建立汽车电磁兼容测试平台。二是制造自动化程度低，产品稳定性和精度水平难以保障。目前，我国机械与汽车行业中的制造自动化程度与国际相比，还有一定差距，这是影响产品稳定性、精度水平等性能指标提升的一个重要原因。三是能源环保问题突出，节能减排压力日益增大，在降低传统能源汽车的能耗和污染物排放，提高新能源汽车开发和制作上与国际有一定差距。

（三）航天航空装备制造业存在的问题

发动机是航天航空装备产品中的"核心件"，是涉及材料学、空气动力学等的跨学科领域，一直制约着我国航天航空业的发展。发动机生产是资金密集型行业，而我国发动机量产化的工业基础相对薄弱，产品合格率不高，同时制造工艺不先进、材料品质落后也日益成为阻碍我国发动机行业发展的技术难题。

航空航天工业的发展与高品质刀具、高档数控机床密不可分。航空航天工业所需的设备分为两类：一类是适应铝镁合金等金属加工的装备，能够完成大金属去除量、高速切削加工等工艺；另一类是适应以钛合金、镍合金等难加工材料制成的零件，加工这类零件具有一定难度，要求机床和工具等装备具备较高的刚性和动态性能，因为需要适应强力切削。而我国航空航天企业在航空材料制造中，对刀具选用和机床使用仍缺乏先进的技术方案。

（四）船舶装备制造业存在的问题

我国船舶装备制造业一定程度上存在如下问题：第一，产能过剩。船舶产品低端和同质化现象存在。而同时，高端船舶、豪华邮轮等产品与国际具有一定差距。第二，面对新设计产品多、高难度产品多等情况，企业技术力量有待提升。船舶装备行业在转型道路上仍有相当困难。第三，共性技术研究不足。体现在掌握高技术船舶开发关键技术，突破船舶关键系统的总体设计和集成技术能力不强，多学科、多专业的技术综合集成能力偏弱。

三、对策建议

（一）加强政府引导，实现行业资源整合集中

对装备制造业中关系经济安全、国防安全的和重大应用的产品，以及行业的共性技术和关键产品，要充分发挥政府的引导作用，集中行业内优势资源，通过组织技术攻关、机构改组、示范工程等方式，力争实现重大突破。

（二）坚持技术引进、消化与自主创新相结合

积极引进国外的先进技术和产品，通过引进、消化、吸收再创新的方式，争取在关键装备技术、配套零部件生产技术等方面有所突破。最终实现国产化，带动我国传统制造业的转型升级。在此基础上，逐步加大自主开发和自主创新的力度，使装备制造业的技术创新模式由引进技术型向引进技术和自主开发相结合型转变，从而进一步走向自主创新型的发展方式。

（三）提高行业的系统成套能力

重视单机和零部件生产的同时，要进一步提高装备制造业的系统成套能力。通过跨地区、跨行业的联合、兼并与重组提高总成套的能力，形成具有一定规模的系统设计、系统成套和总包能力的大公司，从而提高行业的知名度和竞争实力。

（四）加快关键共性技术和核心功能部件产品研发

确定行业关键共性技术研发路线，依靠国家重大科技专项等鼓励和扶持行业龙头企业主导，推进企业、高等院校、科研机构深入合作，打造以行业龙头企业为主导，产、学、研、用高度融合的创新体系，合力实现关键共性技术和核心功能部件产品的突破。同时注重将自主研发成果专利化、产业化，并利用公共服务平台推广。

第六章　消费品工业

消费品工业是关系国计民生的重要产业，具有基础性、战略性和民生性特征，是我国现代产业体系的重要构成部分，也是我国产业转型升级的重要对象。因此，近几年来，消费品工业领域的创新发展较快，创新能力不断提升。近些年来，我国纺织工业的原材料、制造工艺、印染技术方面都有所创新，很多技术已达国际先进水平；轻工业中在很多关键领域实现了自主创新；食品工业和医药工业方面也取得很多成就。这些技术创新活动加快了我国消费品工业结构转型升级的步伐，并提升了消费品工业总体质量水平和品牌价值，也进一步扩大了在国际上的影响力。

一、发展回顾

（一）重点领域技术发展、创新及产业化情况

本书将介绍消费品工业中纺织、轻工、食品、医药四个子行业的科技创新情况。

1. 纺织工业

纺织工业是我国经济的传统支柱产业，它不但为国内市场提供服务、创造就业，还是重要的外汇创造者。进入"十二五"以来，我国纺织工业加大了科技创新、技术升级力度。在行业结构、产品结构等方面也加大了调整步伐。2013年1—9月，规模以上纺织企业工业增加值同比增长8.6%，增速同比回落2.0个百分点。虽然在产量增速方面均有所下年，但行业效益比较乐观，2013年1—9月规模以上纺织企业实现主营业务收入45586亿元，同比增长11.7%，增速比上年同期高

2.4个百分点。[1] 这与纺织工业的织造技术、印染技术等相关技术创新具有很大关系。

（1）纺织原材料创新方面

生物基纤维 纺织业的战略新兴材料，生物基化学纤维是我国的战略性新兴生物制造产业的重要组成部分。近期，工信部、发改委、财政部、科技部等部门正在联合推动"生物基材料重大工程实施方案"。对于纺织业来讲，生物基纤维具有绿色、环保、可再生以及可生物降解等优良特征，可以解决资源和能源的短缺及环境污染问题。如福建海兴材料科技股份有限公司与美国杜邦公司合作研发的舒弹丝（生物基PTT纤维的一种）采用的是非石油的可再生生物质资源，不但减少了对石油和石化产品的依赖，也降低了能源消耗和二氧化碳的排量。据统计，生产同样数量的舒弹丝和石化法生产的尼龙6纤维，舒弹丝可以减少30%的能源消耗和63%的二氧化碳排量，并且可以回收和循环使用。

低温水溶纤维 该物质是充分利用了PVA纤维所具有的能溶于水的独特性能，其原理是将水溶性PVA纤维与羊毛、棉麻混纺，可以增加纱线强度，提高可纺性、织造性，再去除PVA溶解，又可以得到蓬松柔软、轻薄透气的织物。2013年8月，中国石化集团四川维尼纶厂自主研发出"3S特种水溶纤维"，标志着我国掌握了具有自主知识产权的低温纤维制造技术，并打破了日本的技术垄断。目前，3S水溶纤维已对外销售1000吨左右，已有7家用户，促进了我国纺织业新材料的进一步发展。

咖啡纱 该物质系环保型新材料，台湾兴采实业历时8年成功实现了对咖啡渣的重新再利用，成功地研发出环保科技咖啡纱，其制造原理是利用超临界二氧化碳萃取技术将回收的咖啡渣萃取成咖啡纱线母粒，再制成咖啡纱线，最后织成衣服。其特点是具有比纯棉高达3倍以上的异味控制能力，并且比一般服饰可提升超过50%的快干效率，此外，咖啡纱线织制成衣物具有防辐射作用，具备抵挡UVA、UVB的功效。台湾兴采实业于2013年9月在上海成立以环保科技咖啡纱为核心技术的创意平台战略联盟，这标志着我国纺织业向"绿色纺织"的新时代迈进了一步，也有助于我国纺织工业结构转型升级。

（2）织造技术

2012—2013年中，随着工业科技的进步及及国内经济结构转型升级步伐的

[1] 工信部：《2013年1—3季度我国纺织工业运行情况》。

加快，我国的织造技术在不断进步。

干喷湿纺碳纤维制造技术　由中复神鹰碳纤维有限责任公司、连云港鹰游纺机有限责任公司、中国复合材料集团有限公司等承担的"干喷湿纺 GQ45 高性能碳纤维工程化关键技术及设备研发"项目获得了中国工程院院士的认同[1]，项目在装备方面自主开发设计了快速换热的全混式 60 立方米聚合釜、干喷湿纺纤维成型装备、蒸汽牵伸装备、全套碳化关键装备以及高效溶剂回收和废气处理系统，并制备出了各项指标均达到国标 GQ4522 标准的碳纤维产品。该产品具有纤维致密性好、体密度较高等特点，已应用于多家复合材料制造企业。这标志着我国率先突破了国际先进的干喷湿纺碳纤维制造技术。

PTA 氧化精制优化降耗技术　由上海工程公司、上海石化联合承担的中国石化科技开发项目——年产 40 万吨 PTA 氧化精制优化降耗技术开发应用，通过了专家鉴定。[2] 该项目研发了充分利用氧化反应副产低压蒸汽透平驱动空压机的节能技术、以"一步法"压力过滤分离流程代替压力离心 + 再打浆 + 真空过滤分离流程的新工艺等，还有一体化压力过滤机等关键设备。很多工艺技术及关键设备已应用在上海石化年产 40 万吨 PTA 装置节能降耗改造中，结果显示装置运行稳定，综合能耗由改造前的 167.93kg 标油 /tPTA 降到 126.68kg 标油 /tPTA，已经达到合同指标。该项目的整体技术已经达到国际先进水平。

（3）印染技术

据统计，纺织业印染废水的排放量占纺织工业废水排放量的 80%，而且印染废水具有成分复杂多变、色度深、碱性大的特性[3]，所以很难进行污水处理。正因如此，印染技术的创新成为纺织工业的重要技术进步。2012—2013 年，我国在印染技术方面也取得很多成就。

纱线涂料染色技术　该技术由张家港三得利染整科技有限公司与武汉纺织大学共同自主研发，采用电晕放电实现纱线快速改性，利用超声波空化提高改性剂的渗透性和均匀性，筛选纱线改性剂并通过粘合剂、偶联剂和固色剂的协同作用加强涂料与纤维的结合，有效提高了涂料染色产品的色牢度、均匀性和染深性，形成了创新的染色工艺技术。[4] 克服了以前涂料染色存在的染色深度差、牢固性

---

[1]　中国纺织工业联合会。

[2]　中国纺织工业联合会。

[3]　中国纺织网http://info.texnet.com.cn/content/2013-04-16/436313.html。

[4]　中国纺织工业联合会。

差、手感硬等问题。并且，该项技术获得了国家授权发明专利 10 项，整体技术达到了国际先进水平。

棉纺织品微悬浮体染色新技术　该技术由新兴际华集团咸阳际华新三零印染有限公司与西安工程大学纺织与材料学院合作研发，获中国发明专利授权。该项技术使活性染料利用率由 70%—80% 提高到了 95%，废弃染料量平均减少了 20.90%，使产品的一等品率达到 99%。该项技术被列入了 2012 年发布的《国家先进污染防治示范技术名录》。

2. 轻工业

轻工业是我国国民经济的重要组成部分，在出口创汇、提供就业、带动经济发展方面都起到了很重要的作用。

（1）家用电器

2012—2013 年度，受到全球经济形势下行及国家"家电下乡补贴"政策取消等的影响，家电行业发展形势较为严峻，产品产量出现起伏状况，这也进一步倒逼家电行业积极探索创新。使整个行业出现了智能化、轻薄、节能的创新特征。

二氧化碳冷媒技术　该技术是空气源热水器行业的领先技术，一直被少数欧美、日本的科研机构所掌握。近日，这项技术被海尔攻破，海尔推出的国内首款二氧化碳空气源热水器，实现了节能低噪效果，如在制热能效比（COP）方面，二氧化碳空气源热水器的 COP 比一般的空气源热水器的 3.6 高出 1.6；在节能方面，比普通的电热水器省电 81%，达到了行业的最高值；在降低噪音方面，二氧化碳空气源热水器的运行过程中的噪音值仅为 38 分贝，低于 55 分贝的国家标准。

智能语音芯片　该芯片可以实现远距离话音采集，此项技术一直被国外所垄断。在 2013 年 7 月，四川长虹和中科院声学所联合宣布中国首款复合型智能语音芯片研发成功，并称拥有完全的自主知识产权，这标志着打破了国外的技术垄断。据悉，这款智能语音芯片主要用于电视、空调、厨卫、小家电等智能终端，还有可能安装于智能家居、玩具、汽车电子等领域，将有力促进我国语音智能产业发展。

智能远程操控模块　这项技术被海尔应用于冰箱产品，随着"神舟十号"飞船发射成功，海尔航天冰箱也成功面世。海尔航天冰箱不但突破了国外技术垄断，也成为全球唯一拥有航天冰箱的独立研发、独立制造技术的家电品牌。将该技术应用于家庭冰箱生产领域便生产出了物联网冰箱，这款冰箱通过与网络连接，不仅可以储存食物，还可以随时随地了解食物的保质期、食物特征、产地等信息。除此之外，海尔物联网冰箱还能根据主人平时放入及取出冰箱内食物的习惯，制定合适的膳食方案，给消费者带来智慧生活的体验。

（2）塑料加工业

塑料加工业是我国轻工中的重要行业，与许多其他行业息息相关，并且也是节能环保战略中的重要环节，在未来的电子信息、航空航天、节能减排、智能交通等众多领域中将扮演重要作用。因此，虽然在 2012 年度我国塑料加工产业增长速度比上年降低了 12.5 个百分点，但更加重视技术进步和自主创新能力的提升。塑料产品及材料创新方面体现了轻量化、微成型及功能化的发展趋势。

生物基塑料　该物质作为新材料可以替代石油基塑料，其主要是竹粉、木粉、甘蔗渣、海藻等可再生资源，制成包装用的膜、袋及农业用膜等产品，被废弃后可以进入土壤实现充分降解，有助于降低污染。荆门高新区湖北光合生物科技有限公司于 2007 年研发生物技术塑料，于 2010 年研发成功，2013 年初在新疆试用并建立示范基地。目前，两套生物基塑料生产线满负荷运转，生物塑料颗粒装车运往上海，销往 20 多家客户；已生产的 10 吨生物塑料，正启运于新疆维吾尔自治区博乐自治州示范推广基地。

热塑性弹性体材料（氢化 SBS）　该物质由宁波欧瑞特聚合物有限公司研发成功，并且实现了量产，打破了日本对此技术的全球垄断。该种新材料是通用合成橡胶、通用合成树脂的替代品，并且用途广泛，可用作医用输液管、服装膜、薄膜等产品的原料。用这种新材料生产的电线等产品，具有低烟、无毒、阻燃、环保等优点，符合欧盟《关于限制在电子电气设备中使用某些有害成分的指令》（RoHS 指令）和美国 UL 安全法规。[1] 目前，欧瑞特公司已在镇海投资 2 亿元扩大生产。

3. 食品工业

食品工业是关系国计民生的基础产业，对我国国民经济的支柱作用在不断强化。随着科学技术的发展及我国经济结构转型升级战略的推进，我国食品工业技术创新也呈现加速发展态势。特别是近年来随着食品安全形势的突出和消费者健康意识的提高，与食品安全质量安全密切相关的各类新技术、新工艺不断涌现，

---

[1]　中国塑料加工工业协会。

科技创新对食品工业发展的作用日益凸显出来。

（1）加工技术

特色乳品加工技术　该技术由北京三元公司主持研发，该公司通过利用酶工程技术、纳滤膜与喷雾干燥技术、微滤膜除菌和标准化技术等开发了新型食品级乳清基壁材，具有能同步检测金黄色葡萄球菌A、B型肠毒素的PCR检测方法和试剂盒等新功能，并实现了EMC等乳生物香料的国产化生产、加速硬质干酪成熟，填补了国内多项空白。该项技术在生物技术特色乳制品产业化、乳品技术研究加工等方面都有很大创新，整体技术水平达到了国际先进水平。

（2）安全检测技术

食品安全超快速检测技术　该技术由河北省食品质量监督检验研究室研发，是基于激光拉曼光谱技术，开发了养殖用水中孔雀石绿、乳粉中三聚氰胺、辣椒粉中苏丹红Ⅰ、味精中硫化钠等11项关键检测技术，并研发了基于表面增强激光拉曼光谱食品安全速测仪[1]，该项技术获得了两项国家发明专利，促进了我国食品安全监测技术的快速发展。

4. 医药工业

医药工业是关系国民健康和生命质量的重要产业，也是战略新型产业的重要组成部分。近年来，随着国家医疗卫生体制改革的推进和城乡居民健康保健意识的提高，药品市场需求规模快速增长。与此同时，在国家各项工业转型升级政策的扶持下，医药企业内在创新动力不断增强，创新主体地位进一步确立，生物技术药物、中成药大品种的二次开发、通用名药的消化吸收再创新以及高端诊疗医学装备等领域涌现了一大批创新成果。

自新药专项实施以来，已经取得了许多成绩。截至2012年12月，已经累计获得新药证书62件，其中，拥有自主知识产权的品种约占2/3，包含一类新药12个；申请发明专利近9000项，其中获得专利授权达3000余项（国际专利授权为560项），制定各项标准2200项；产业化上市品种23个，总产值达12.4亿元。[2]如盐酸埃克替尼，是我国第一个具有自主知识产权的1.1类靶向抗癌新药，也是目前全球第3个上市的用于化疗晚期非小细胞肺癌治疗的药物，不但疗效好，而且成本低，价格易被接受，其价格仅为国外同类产品的60%—70%。

---

[1] 中国食品工业协会：http://www.cnfia.cn/html/main/col123/column_123_1.html。
[2] 中国科技部：http://www.nmp.gov.cn/gzxgz/zdxy/201302/t20130227_3118.htm。

（二）质量品牌建设情况

消费品与人们生活息息相关，直接影响人们的健康和生活质量，消费品工业不但承载着人们的吃穿住用行，也与我国经济发展密不可分。所以消费品工业发展质量品牌战略不仅是为人们的安全与健康负责，也是我国发展内需型经济的要求，是提升产品附加值、拓展国际市场、提高国际竞争力的必然趋势。根据工信部发布的《质量发展纲要（2011—2020）》和《工业产品质量发展"十二五规划"》的要求，2012—2013年度，我国在消费品工业质量品牌建设方面取得很多成就。

1. 政府服务与监督力度加大

为了持续提高我国消费品工业产品的质量水平和品牌价值，工信部等部委对消费品工业的质量和品牌建设加大了监督管理力度，多次发布相关文件并组织相关活动，以促进消费品工业的质量品牌建设。2012年，工信部组织了8期药品生产质量安全巡回宣讲会活动，截至2013年10月，已举办10期"国家新型工业化产业示范基地质量标杆经验交流活动"，并公布了《关于召开2013年品牌培育试点工作经验交流会的通知》等，这些活动有效促进了企业树立起质量品牌意识，并通过企业间的交流建立了政府—企业—社会的监督、鼓励体系，增强了企业的社会责任感和荣誉感。

（1）消费品质量水平方面

2012—2013年，我国加大对消费品质量的监督管理，但由于存在不确定因素影响，质量水平也出现参差不齐现象。

在食品质量方面，在国家质检总局公布的2012年28类产品质量国家监督抽查结果的公告中显示，质检总局共抽查了北京、天津、吉林、广东、陕西等12个省、自治区、直辖市180家企业生产的180种食用植物油产品，合格率达到了93.9%，高于上年的全国平均水平。而对全国13个省、市、自治区120种小麦粉产品的抽查监测结果显示，合格率达到98.3%，略低于上年的99.2%的水平。在轻工业质量方面，根据国家质检总局2013年4—7月的监测公布，家用电动洗衣机（包括了波轮式全自动洗衣机、滚筒式洗衣机和双桶洗衣机）和房间空气调节器的产品抽样合格率为90.5%和92.9%，而储水式电热水器的产品抽样合格率仅为85.0%。

（2）品牌战略发展初见成效

品牌的概念本源于国外产品，但随着产业链和价值链的日益完善，我国也愈来愈重视产品的品牌价值，尤其在消费品行业，培育知名品牌的价值意义更加重大。国内众多企业已经将品牌战略付诸实践，并取得了初步成效。

轻工业方面，企业越来越重视培育自主品牌、提高品牌附加值，进而进一步提高产品利润率。部分骨干企业的品牌意识和品牌经营管理能力明显增强，涌现出了格力、美的、海尔、海信、奥克斯、长虹、志高、格兰仕、TCL、容声、美菱、万宝等一批自主品牌。自主品牌占据了国内 80% 左右的空调和冰箱市场。其中有一批品牌已经享誉国内外。例如，根据排行榜公布，2013 全球十大冰箱品牌质量排行中，海尔位居榜首，还有海信、美的及容声等均榜上有名，特别是海尔被认为是中国企业海外品牌建设的典范，为中国品牌建设树立了学习的榜样。

医药工业方面，我国的医药品牌价值相比家电行业要稍逊一些，一些洋品牌药品在我国仍占据很大市场份额。据统计，洋品牌药品占我国医药市场份额的 24% 左右，而占我国大城市医药市场的份额高达 60%—65%，占我国医疗器械市场份额的近 70%，外来公司占据了我国胰岛素市场 99% 的份额。尽管如此，我国医药工业仍在努力培育自己的品牌，目前形成了同仁堂、太极、三精、修正、敖东、21 金维他、云南白药、神奇、养生堂、九芝堂等知名自主品牌，并逐步向国外市场发展。

（三）重要数据

1. 知识产权

表 6—1　2012 年按行业分规上工业企业专利情况　　　（单位：件）

	纺织工业[1]	轻工业[2]	食品工业[3]	医药制造业
专利申请数	22280	27715	14342	14976
授权专利数	3164	6699	5201	9050
有效发明专利	3819	9936	5926	15058

资料来源：《中国科技统计年鉴（2013）》。

[1] 纺织工业统计按纺织业与纺织服装、鞋、帽制造业之和计算。
[2] 轻工业统计按酒、饮料和精制茶制造业、烟草制品业、木材加工和木、竹、藤、棕、草制品业、家具制造业、造纸和纸制品业、橡胶和塑料制品业之和计算。
[3] 食品工业统计按农副食品加工业、食品制造业、酒、饮料和精制茶制造业。

2.研发投入

表6—2　2012年按行业分规上工业企业R&D人员及企业R&D经费内部支出

	纺织工业[1]	轻工业[2]	食品工业[3]	医药制造业
R&D投入人员（人年）	130614	137082	113955	141545
R&D投入经费（万元）	2210594	3017248	3026306	2833055

资料来源：《中国科技统计年鉴（2013）》。

3.新产品产值

表6—3　2012年按行业分大中型工业企业新产品开发经费支出与销售收入（单位：万元）

	纺织工业	轻工业	食品工业	医药制造业
新产品开发经费支出	2839308	3654415	3334896	3082347
新产品销售收入	52505722	58321051	39172765	29286009

资料来源：《中国科技统计年鉴（2013）》。

二、主要问题

（一）国内外经济不景气

一是国际市场需求疲软，轻纺等外向型产业出口增速明显下滑，企业生产经营陷入困境，亏损加剧；二是国内经济下行压力较大，内需不足。尽管国家致力于扩内需，但因流通体制等方面的改革配套乏力，内需增长的机制尚未真正确立。此外，国内正处于经济结构转型发展过渡的关键时期，消费品行业企业面临着新的挑战；三是欧美发达国家量化宽松政策的负面效应已经集中爆发，国内面临着明显的输入性通胀压力，消费品企业面临的发展环境不断恶化。

（二）企业内在创新缺乏动力

一是消费品工业领域90%以上为中小企业、特别是小微型企业，这些企业普遍存在资金实力匮乏、人才缺乏等问题。特别是在2013年以来央行紧缩银根的政策导向下，企业难以获得发展所需的信贷支持；二是创新平台滞后。尽管近年来国家通过相关政策加大了对消费品工业创新平台建设的支持和投入，但推进缓慢，平台服务功能还没有得到体系化；三是创新配套服务水平亟待提高。受多种因素的制约，与中小消费品工业企业创新相关的金融、信贷、人才、产业化等方面的服务体系建设严重滞后，制约了创新平台作用的发挥和消费品工业创新能力的提升。

（三）缺乏自主品牌

自主品牌发展消费环境待完善。一是我国消费者品牌忠诚度极低。据统计，欧美成熟市场的消费者品牌忠诚度为 87%，我国为 26%。二是品牌消费特别是奢侈品消费外流严重。据统计，2012 年我国消费者在境外的奢侈品消费支出增长 31%，我国消费者 60% 的奢侈品是在境外购买的。三是我国消费者不喜欢"中国制造"品牌。据调查，86% 的我国消费者不愿意购买在本国制造的产品，主要原因是产品所用材料质量较差和我国消费者喜欢用西方元素展现自我。

（四）知识产权保护不力

尽管我国的知识产权制度在不断完善，但在运用方面存在诸多不足。一是企业对知识产权运用的认识严重不足，政府对知识产权产业化扶持力度明显不够，缺乏合理的考核指标体系和激励机制，企业提高知识产权运用能力的动力不足。二是绝大多数企业缺乏应对知识产权纠纷的经验和应用型知识产权人才，既不能运用知识产权有效防卫自身，更没有能力将知识产权作为竞争工具占据有利竞争优势，这也导致山寨、假冒伪劣产品源源不断。

三、对策建议

（一）发挥政府的引导作用，营造良好的创新环境

消费品工业以中小企业居多，同时又具有关系国民生命安全与健康的重要意义，所以需要政府加以引导支持。一是完善支持消费品工业的政策体系，从财政、税收等方面给予支持，尤其要支持带有自主品牌孵化的培育中心、公共服务平台

等;二是引导企业增加 R&D 投入,向国外企业学习,提高产品的科技含量和质量,走高科技发展道路。如乳品、药品等行业;三是加强监督管理,运用奖惩分明的管理手段,强化企业的荣誉感和责任感,进而规范企业发展。

(二)发挥企业的主体作用,增强企业自主品牌培育发展能力

引导企业牢固树立"品牌第一"、"质量第一"、"效益第一"理念,形成新的发展方式。鼓励企业坚持持久的品牌投入,建立自主可控的品牌经营管理体系,加强诚信体系和社会责任体系建设。支持企业建设自主可控的多渠道、多业态、多模式的国际化品牌营销网络。鼓励企业建立或依托技术中心,创新产学研合作模式,借鉴跨国公司经验,利用两个市场、两种资源,积极布局并做大做强研发设计中心(机构)。促进校企人才培养培训合作,建设以企业家为核心的品牌人才队伍,建立实施品牌战略的人才保障体系。支持企业提炼、赋予品牌以特定的中国文化内涵,增强品牌的文化差异和特质。

(三)发挥知识产权保护作用,规范企业发展环境

一是要深入开展整顿和规范市场经济秩序工作,完善统一协调的打假工作机制,严厉打击生产、经销假冒产品和侵犯专利、版权、商业秘密等违法侵权行为,尤其要加大对自主品牌的保护力度,营造优胜劣汰、公平竞争的法律环境;二是积极引导企业不断提高知识产权质量,重视知识产权价值实现。选择示范企业建立知识产权能力培育和提升试点,加强宣传培训,推广工业企业知识产权管理体系建设,增强企业获取、运用知识产权和应对知识产权纠纷的能力。

第七章 电子信息产业

一、发展回顾

电子信息产业是国民经济的战略性、基础性和先导性支柱产业，在国民经济和社会生活中的地位十分重要。我国电子信息产业在过去三十年间得到空前的发展，已成为全球电子信息产品制造大国。

2013 年 11 月，规模以上制造业增加值、销售产值、内销产值分别增长 11.3%、10.1% 和 18.2%，其中增加值连续 3 个月增速超过 11%；内销增速比 9 月提高 4.2 个百分点。2013 年 1—11 月，规模以上制造业增加值增长 11.2%，连续 9 个月增速保持在 11%—11.5% 区间，保持平稳增长。2013 年以来，规模以上制造业增加值增速始终快于工业平均水平，但二者差距逐步缩小，截至 11 月底

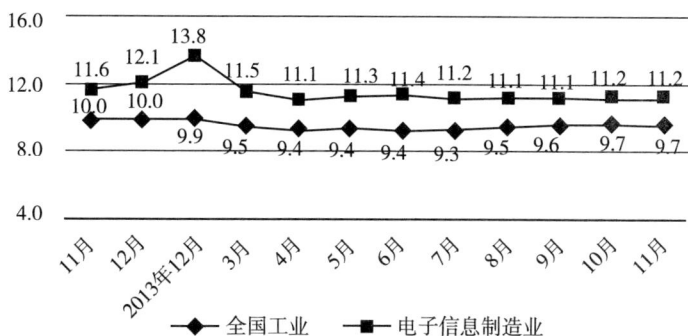

图7-1　2012年—2013年11月电子信息制造业增速对比情况

仅高出工业平均水平 1.5 个百分点。1—11 月，全行业实现销售产值 84313 亿元，同比增长 10.9%；出口交货值 43897 亿元，同比增长 5.0%，比同期分别下降 0.9 和 4.8 个百分点。

（一）重点领域技术发展、创新及产业化情况

1. 电子元器件制造业

2013 年作为我国"实施十二五"规划的重要一年，在我国大力发展战略性新兴产业的政策推动下，电子元器件行业紧跟电子信息产业创新步伐，行业增势表现明显。

2013 年，电子元器件行业实现销售产值和出口交货值 12852 亿元和 7897 亿元，分别增长 11.3% 和 5.0%。其中，光电子器件行业销售产值、出口交货值分别增长 13.0% 和 5.8%，高出行业平均水平 2.1 和 0.8 个百分点。电子元件行业实现销售产值和出口交货值分别为 14226 亿元和 6494 亿元，占行业比重分别为 16.9% 和 14.8%，比 2012 年同期下降 0.7 和 0.6 个百分点。

（1）集成电路

2013 年前三季度，中国集成电路产业销售额 1813.78 亿元，同比增长 15.7%。其中，设计业 574.23 亿，同比增长 31.8%；制造业 450.4 亿元，同比增长 16.1%；封测业 789.15 亿元，同比增长 6%。2013 年前三季度，中国集成电路进口量 1990.3 亿块，同比增长 13.5%，进口金额 1752.7 亿美元，同比增长 27.9%；2013 年前三季度，中国集成电路出口量 1071.6 亿块，同比增长 30.6%，出口金额 707.4 亿美元，同比增长 105.1%。[1]

我国集成电路产品门类较多，从最简单的三端电源稳压电路到复杂的 CPU 芯片。国内集成电路生产厂商很多，主要包括设计、制造、封装三大类厂商。工艺制程是衡量集成电路产品技术和集成度的重要指标。从目前国内厂商产品的工艺水平来说，0.18um 及以上的工艺仍然是采用最多的工艺，其次是采用 0.13μm 和 90nm 工艺，采用相对较先进的 65nm 工艺的企业逐步增加。并且有企业已经开始使用最先进的 28nm 工艺，其开发的平板电脑主控芯片完成流片，已经能达到国际先进水平。

---

[1] 《2013年前三季度中国集成电路产业运行情况》，2013年11月5日。

在企业方面，全球半导体芯片巨头 Intel 在大连和成都分别设立了晶圆制造和封装测试工厂，三星选择在西安布局其存储芯片项目。面对这样的机遇和挑战，国内不少地方开始筹备建设集成电路产业园带动行业发展，企业研发活跃。联芯科技推出了其首款 TD-SCDMA 四核智能手机芯片 LC1813 以及首款四核平板电脑芯片 LC1913，其研发的 4G 五模芯片有望亮相 2014 年市场。华为海思也推出了让人期待已久的 K3V2+，K3V3 八核处理器因被传说具有热能自发电的概念而备受瞩目。

（2）锂离子电池

锂离子电池大致可划分为能量型和功率型两大类。便携式锂电池属于能量型，包括手机、笔记本电脑、数码相机和摄像机用锂离子电池；电动工具、电动自行车和电动汽车用锂离子电池为功率型。2013 年 1—10 月，中国锂离子电池总产量为 37.46 亿只，同比增长 14.02%。主要生产商是力神、比亚迪等公司。

中国在尖晶石型锰酸锂及橄榄石型磷酸铁锂正极材料和石墨类负极材料等关键原材料方面掌握核心技术并具备产业化制造技术能力。在动力电池制造技术方面，逐步从半自动制造技术尝试向全自动大规模制造技术过渡，已掌握动力电池的配方设计、结构设计和制造工艺技术，在系统集成技术和能力方面取得较大进展和突破。锂离子动力电池技术水平已经具备支撑电动汽车开展大规模商业化示范运行的技术和产业条件。

国内锂离子电池企业技术水平已取得一定进步，尤其是安全性指标进步明显。但企业技术水平参差不齐，产品一致性较差，总体与国际先进水平存在一定差距。

（3）LED 器件

2013 年中国 LED 器件行业总产值达 2638 亿元，同比增长 28%。其中，LED 上游外延芯片产值分别为 84 亿元、中游封装产值为 473 亿元、下游应用产值 2081 亿元。总体来看，2013 年 LED 产业虽面临产能过剩、恶性竞争的严峻考验，但行业产值依然保持快速增长的态势。

2013 年，LED 标准仍是行业争论的热点。由于 LED 行业缺乏被业界认可的国家标准，检测体系也尚未建立，导致 LED 产品质量的良莠不齐、以假乱真的广告宣传等众多不正当竞争现象的出现。LED 在产业规模化的推广和持续发展的路径上，必须首先确立自身的标准，包括国家标准、技术标准、检测标准等。只有确立了各类行业标准，才能引导企业健康发展。

（4）半导体分立器件

半导体分立器件应用领域包括消费电子、计算机及外设、通讯电信、电源电器等行业，伴随着新技术新工艺的发展，新兴的光伏、汽车电子以及 LED 照明等热点应用领域逐渐成长为半导体分立器件的新兴市场。

近年来，由于"十二五"规划将节能环保、新能源、新能源汽车等产业列为先导性、支柱性产业，与之相关的下游新兴行业发展和传统行业技术升级使得半导体分立器件得到快速发展。2013 年 1—11 月，我国出口二极管及类似半导体器件 3204 亿个，较上年同期增长 8.4%。

从国内半导体分立器件产业链分布来看，下游器件封装行业厂商较多，产业规模发展迅速。而上游原晶片、分立器件芯片等涉足企业较少，导致分立器件芯片尤其是高端芯片仍需依赖进口。

2. 通信设备制造业

2013 年，通信设备行业增速较高。1—8 月，通信设备全行业销售产值为 10160 亿元，出口交货值为 4902 亿元，分别增长 26.3% 和 18.5%。1—8 月手机生产量为 91187.2 万部，同比增长 23.0%。2012 年，我国通信设备行业增速在 25% 左右，高出上年同期平均水平 8—10 个百分点。

（1）移动通信基站

因为基站产品是移动通信系统中数量最多、技术更新最频繁的设备，因此运营商和设备厂商都普遍重视其技术的更新和产品的质量。随着 4G 网络的逐步部署，基站的产量巨大。各运营商对于 4G 即支持 LTE 技术的产品的采购都呈上升趋势。

在 TD-LTE 研发方面，发展速度呈加快趋势，根据 Akamai 发布的 2012 年第二季度互联网现状报告，当年中国平均连网速度仅达到 1.5Mbps。数据说明中国移动互联网需求潜力极大，有充分的发展和成长空间，推动 TD-LTE 建设是促进通信行业发展的有效途径。

（2）手机产品

我国手机产业的发展迅速，总体上我国手机产业保持了良好的发展态势。国内品牌在近两年取得了较大的进步，手机生产企业已掌握手机的结构外观设计、应用层软件开发、射频模块设计技术，配套元器件方面也实现了许多突破，片式元器件、锂电池和多层印刷板等关键配套元器件等均有了自主知识产权。一些在市场竞争中崛起的大企业抽出资金进行产品的质保工作使产品向标准化、正规化方向发展。

2013 年是国内企业在智能手机产品领域高速发展的一年，自 2013 年年底 4G 牌照发放后，国内厂商纷纷筹划向中高端定位转型。

小米公司坚持其为世界而生的品牌定位，推出小米 3 冲击高端智能手机国际市场。小米手机 3 采用了全球首发的 NVIDIA Tegra 4 和高通骁龙 800 最新版 8974AB 系列中的 8274AB 顶级四核处理器，被称为全球最快的智能手机，综合各方面都有不俗表现。

以华为为代表的传统生产商也积极抢占智能手机市场，2013 年 6 月推出了 Ascend P6，机身厚度仅 6.18mm，是当时全球最薄的智能手机。中兴不断坚持技术创新意识，注重研发投入，瞄准高端用户群发布了 nubia Z5S，更针对年轻时尚用户推出 Z5S mini。nubia Z5S 搭载高通骁龙 800 四核处理器，配合 5 英寸 1080p 全高清屏幕和 7.6 毫米机身，在 2013 年手机市场取得良好成绩。酷派、OPPO 也推出各具特色的新产品，满足不同客户的需求，在 3G 智能手机市场中占据重要的份额。

（3）计算机产品

据工信部数据，2013 年计算机行业出口交货值、内销产值增速均为个位数增长。1—11 月，计算机行业实现出口交货值和内销产值分别为 15713 亿元和 4607 亿元，同比分别增长 5.0% 和 5.7%。2013 年是国产电脑品牌在转型中崛起的一年，国内生产者不再一味进行贴牌、挂牌生产，是进而转向技术创新、商业模式创新等方式提升自身的市场占有额。2013 年，海尔电脑通过坚持差异化策略，不断将创新的应用体验融入到产品之中，开发了智能云电脑、体感笔记本、智能钢琴一体机等一系列具有独特体验的新锐产品。海尔 7G-5S 满足了年轻用户群体对轻薄多彩、时尚玩法等多重需求，除了性能出色，还拥有杜比先进音响认证，内置的体感功能使体感游戏成为可能。海尔电脑凭借出色的市场表现获得 2012—2013 年度"年轻人最关注品牌"和"中国好产品"两项大奖。

（4）光通信产品

2013 年,光通信领域取得一系列突破。首先在光纤光缆领域，随着"宽带中国"战略的部署实施，该类产品市场需求量大增，企业方面也有不俗表现。江苏亨通光电股份有限公司通过整合光纤、铜缆两大主营产业集群，兼并两家 ODN 企业，推出了 FTTH 整体解决方案，进入了一个快速发展阶段。烽火通信结合自主知识产权的 PCVD 芯棒技术与沉积工艺技术，开创性完成了"三步法"预制棒工艺技术研究，为光纤预制棒新产品技术打下基础。

其次，在光器件方面，伴随"宽带中国"上升到国家战略高度，以及运营商对新技术的测试与引入，光器件厂商参与度很高，实现了技术层面的整体跃迁。NGPON 方面，海信宽带推出下一代 SFR+LR 光模块产品；易飞扬重点研发 10GXFP120km 长距离光模块；索尔思光电（SourcePhotonics）重点展示 10GEPON 及 XG-PONN1/N2 等解决方案。光迅科技作为国内最大的光器件厂商先后建立了高端芯片平台和高端无源芯片平台，为企业技术创新和进行新产品研发打造了良好的平台。

100G 高带宽光芯片技术是 2013 年我国光通信领域最新热点，随着主流厂商的加入，技术日渐成熟。中国电信科技委主任韦乐平指出，未来 5 年网络容量的年增长近 40%，传输网将以 100G 系统为主导。在国外，美国 AT&T、日本 NTT Communications、澳大利亚电信 Telstra、巴西 TIM 等多家运营商都已经开展 100G 网络布局。在国内，三大运营商也纷纷试水 100G 部署。在 100G 网络技术和产业生态日趋优化的背景下，2013 年思科在美国光纤通讯展上展出了 CPAK 100G 光模块。2013 年 2 月，华为推出基于第二代 SD-FEC 技术的新 100Gbps 光模块。

（5）RFID 产品

近年来国家成立 RFID 产业联盟和工信部电子标签标准工作组，支持我国 RFID 产业的发展，建立示范工程，我国的 RFID 产业初步建立了较完善的产业链。目前随着 RFID 技术的迅速发展，RFID 标签天线的发展朝着绿色环保、防伪防转移和原材料的多样化三个方向发展。中科纳通的绿色印刷一体式天线，采用自主研发的纳米导电银浆，通过直接打印加成法取代传统蚀刻工艺，取得了技术上的突破。厦门英诺尔的蚀刻铝易碎天线精度公差在 ±0.02mm，最大特点是标签被贴使用后无法完整揭起，以达到毁坏标签的效果，使标签不易被再次复制使用，是该领域产品的革新。

3. 软件行业

软件收入增速稳中有落。[1]2013 年 1—11 月，我国软件产业共实现软件业务

---

[1] 数据来源：运行监测协调局：《2013年1—11月电子信息制造业保持平稳增长》，2013年12月26日。

收入 2.84 万亿元,同比增长 24.8%,增速低于上年同期 2.5 个百分点,低于年初 0.6 个百分点。受年底翘尾因素影响,10、11 两月增速连续回升,其中 11 月同比增长 30.7%,增速比 10 月继续提高 2 个百分点。嵌入式系统软件明显波动,其他领域增速回升。11 月份,嵌入式系统软件自下半年以来增长逐步加快的局面有所变化,受去年同期增幅提高、基数增大等因素影响,1—11 月同比增长 18%,比 1—10 月下降 8.2 个百分点,比上年同期低 17.5 个百分点。同时,其他五个领域的收入增速都有所回升,其中软件产品增速比 1—10 月回升 3.5 个百分点,数据处理和存储服务回升 2.4 个百分点,1—11 月增速均达到 26.8%,成为增长最快的领域;系统集成、信息技术咨询服务和 IC 设计服务分别比 1—10 月回升 1.7、1.8 和 1.7 个百分点,同比分别增长 25.8%、26.3% 和 20.2%。

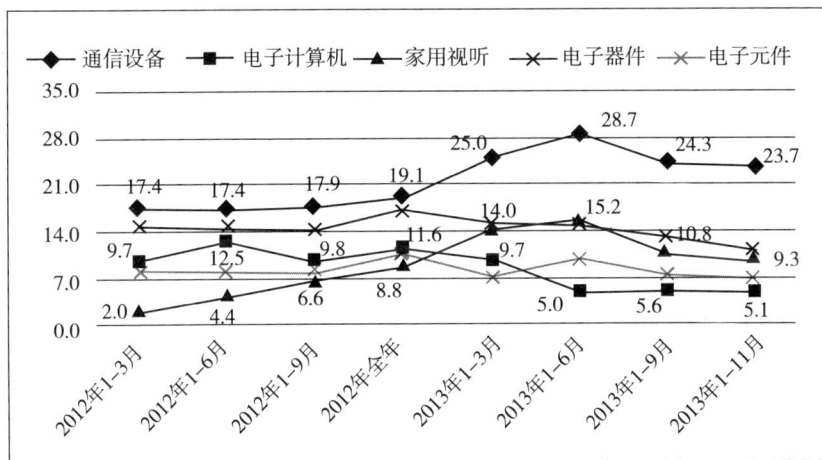

图7-2　2012年—2013年11月主要行业销售产值增速对比

（1）基础软件

国产操作系统目前主要是基于 Linux 开发的, 主要的产品有红旗 Linux(Redflag Linux)、银河麒麟 (Kylin OS)、中标普华 Linux、凝思磐石安全操作系统。主要研发生产者是北京中科红旗软件技术有限公司、湖南麒麟信息工程技术有限公司、中标软件有限公司、北京共创开源软件有限公司等。

在安全性方面, 国产的麒麟系统采用层次式内核、能支持多种微处理器和多种计算机体系结构的系统, 其安全等级达到结构化保护级。从国家安全和信息安全的角度来看, 麒麟系统是首家通过公安部计算机信息系统安全产品质量监督检查中心第四级结构化保护级检测和中国人民解放军信息安全测评中心军用 B+ 级安全认证，是目前国内安全等级最高的操作系统。

在稳定性方面，中标普华和共创操作系统都基于当前最新的 Linux 内核（Kernel 2.6），具有高度的稳定性。麒麟系统服务器操作系统是一个支持 64 位的，与 Linux 在应用上二进制兼容的拥有完全自主版权的内核，该内核与 FreeBSD 5.3 内核的相似性较高。

（2）工业嵌入式软件

近年来，随着我国软件产业的迅速发展，工业嵌入式软件虽然起步较晚但发展势头较好，在 2008 年国内在嵌入式软件的规模占全球的七分之一达到 599.8 亿元后，仍呈现快速发展趋势。2013 年 1—11 月，嵌入式系统软件呈现明显波动趋势。11 月份，嵌入式系统软件自下半年以来增长逐步加快的局面有所变化，受去年同期增幅提高、基数增大等因素影响，1—11 月同比增长 18%，比 1—10 月下降 8.2 个百分点，比上年同期低 17.5 个百分点。[1]

物联网、云计算、智慧地球等市场也进一步扩大了对嵌入式系统的需求。除了高可靠性和可用性，嵌入式系统小型化、智能化、模块化、低功耗等发展趋势更加明显。另一方面，行业进一步走向开放、融合、标准化的进程，企业也进行再创新的发展历程。2012 年，北京和上海举行的第二届 QNX 中国技术创新年会(CTIC) 上，深圳先进技术研究院与互联嵌入式系统软件平台厂商 QNX 达成战略合作协议，共同建立"QNX-SIAT 嵌入式软件系统联合创新中心"，为促进嵌入式系统的自主研发搭建了良好平台。

（3）应用软件

近年来，我国软件行业应用软件的质量取得大幅提升，如金融行业应用软件的易用性和安全性已取得长足进步；交通行业应用软件在功能和性能方面不断升级，满足了现代公共交通快速发展的信息化需求。针对金融、电信、交通、电力、电子政务、医药等行业软件，从软件有效性、性价比、可接受度、改进建议等方面进行软件使用质量评估中反映良好。在工信部《软件和信息技术服务业"十二五"发展规划》的指导下，各省企业贯彻"市场驱动、应用牵引、创新支撑、融合扩展"的发展路径，以创新为行业带来新增长。2013 年 1—11 月，全国 31866 家企业软件业务收入达 283932208 万元，同比增长 24.8%；信息系统集成服务收入达 58779820 万元，同比增长 25.8%。

---

[1] 来源：《2013年前三季度中国集成电路产业运行情况》，2013年11月5日。

泛微发布了新版移动 OA，新版移动 OA 可将公文、流程、通讯录、日程、文件管理、通知公告等内容在手机移动终端呈现；并且在语音输入、智能换屏、流程图、流程状态、日程、会议等方面有不同程度创新。该产品能实现与 CRM、ERP、HRM 等主流企业管理应用软件的整合。

2013 年企业在自主创新方面取得一系列成绩。用友致力于云战略并取得了创新性进展，面向大型企业与公共组织的基于新技术的 UAP 统一应用平台，拥有适配 IaaS（云的基础设施即服务），专注 PaaS（平台即服务），支撑 SaaS（软件即服务）的服务模型，为企业提供私有云、混合云、社区云等多种模式，可谓云计算领域的创新之笔。云计算可以全程覆盖企业周期管理，为企业提供优质的云平台建设，帮助企业在统一高效的平台中实现信息资源的整合与共享。用友因此获得"2013 年中国软件行业最佳技术创新奖"。

（4）信息安全产品

当前国内主要的信息安全产品包括防火墙、网络安全隔离卡与线路选择器、安全隔离与信息交换产品、安全路由器、智能卡 COS 等产品。在防火墙产品方面，行业企业取得一系列成绩。如网康凭借多年在应用层领域的技术积累和技术创新能力，发布的下一代防火墙。华为推出的 T 级 USG9500 防火墙，其吞吐能力是此前同类产品的两倍，性能更加优越，为云计算时代的企业信息安全防护需求提供了有效的解决方案。USG9500 同时支持大规模 DDoS 攻击防护，为数据中心业务运行提供可靠的环境。

在智能卡产品方面同样硕果累累。由于本土企业及时对接市场需求变化，注重自主创新，推动技术进步，竞争实力不断提升，电信卡、二代身份证、社保卡、金融卡、移动支付卡等产品得到快速发展和应用。龙杰智能卡有限公司的 ACR1222U–J4 Web–To 读写器广泛应用的非接触技术形式，通过向带有移动 Felica 芯片的手机发送定制的促销资料（如产品宣传单和优惠券）URL，从而进行方便快捷的移动式营销。

4. 物联网和云计算等新兴行业

以物联网、云计算等为代表的新一代信息技术被确立为"十二五"期间我国重点培育的七大战略性新兴产业之一。2013 年，云计算、物联网试点示范工作步伐加快，全国各地有二十个以上省份都投建了基建性质的云计算数据处理中心。物联网、云计算都是新一代信息技术的重要组成部分。物联网是网络应用工程，应用领域十分广泛。云计算是典型的网络运算工程，是对现有资源的充分组合与应用，也对信息服务模式的创新。云端概念与物联网是密切相关的，因为要运行物联网大量资料，成熟的云端技术可以将这些资料完善储存、处理，以便供应至应用层。

2013年，物联网和云计算在电子信息产业的创新表现逐渐应用到各个领域，比如应用物联网、云计算解决智能交通和车联网问题，智能电网问题，构建铁路信息化系统分析等，特别是物联网在溯源业务方面表现突出，食品安全流通领域的溯源，以及资产管理、电子商务、物流等溯源业务不断扩大。

2013年2月，国务院发布《关于推进物联网有序健康发展的指导意见》，提出了推动我国物联网有序健康发展的总体思路，即："以市场为导向，以企业为主体，以突破关键技术为核心，以推动需求应用为抓手，以培育产业为重点，以保障安全为前提，营造发展环境，创新服务模式，强化标准规范，合理规划布局，加强资源共享，深化军民融合，打造具有国际竞争力的物联网产业体系"。 2013年3月4日正式发布的《国家重大科技基础设施建设中长期规划（2012—2030年）》，明确将云计算服务、物联网应用纳入未来网络试验设施建设。巨大市场商机引起企业的高度重视，国内阿里云、百度云、盛大云等公司竞争日趋激烈，加之微软、亚马逊、IBM等借道国内优秀的IDC和CDN等基础设施提供商进入中国，势必继续激发国内市场活力。

（二）质量品牌建设情况

2013年，工业和信息化部发布了《关于加强2013年工业质量品牌建设工作的通知》，指出了重点工作内容，包括：实施工业质量品牌能力提升专项行动，落实企业质量主体责任，深化推广先进质量管理方法，工业标准建设和贯彻实施，促进工业产品实物质量提升，深化工业品牌培育，完善质量诚信体系，继续改善质量政策、社会和市场环境。为各地工业转型升级，提高经济增长质量和效益，增加了政策支持正能量。

另外，国家重大专项实施从技术创新方面对工业企业质量品牌建设起到巨大推动作用，如我国"十一五"期间16个科技重大专项取得了突出成绩。其中正在实施的"极大规模集成电路制造装备及成套工艺"重大专项从2008年启动至今，已有58个项目立项，参与企业多达80余家。在取得的实效方面，该专项各单位已累计申请专利 4248 件，研发成果实现销售收入超过 100 亿元，创造相关产业增长值近 1000 亿元。在成套工艺技术方面，"65 纳米成套产品工艺"整体研发完成并进入批量生产，使我国集成电路制造首次达到国际先进水平。在装备整机方面，多台 12 英寸关键整机产品及关键零部件实现突破，改变了长期被国外企业垄断的被动局面。[1]

检测技术水平的提升，帮助电子信息产品建立了良好品牌信誉。如电子电气产品中铅、汞、镉、六价铬、多溴联苯、多溴二苯醚等有害物质，如不进行控制使用，产品废弃后将对环境造成严重影响，因此国内外纷纷出台相关法规限制这些有害物质使用在电子电气产品中，在这方面，全球具有代表性的当属欧盟的 REACH 法规、RoHS 指令。自从我国颁布并实施《电子信息产品污染控制管理办法》以来，国内电子电气产品制造企业积极开展有害物质替代技术及减量化的研究，开发出对应的替代生产工艺，如无铅焊接工艺，三价铬电镀工艺等，使得我国市场销售的电子电气产品，特别是品牌消费类电子信息产品中有害物质含量大大降低，基本已经符合法规控制的含量指标。

电子信息产业企业也意识到质量品牌建设的重要性，将打造品牌内涵价值作为占据国际国内市场的重要手段。在品牌价值方面，2013 年海尔以 992.29 亿元排名第一。国美和五粮液分别以 716.02 亿元、701.58 亿元居于其后。电子品牌价值 300 强的品牌价值总和为 21242.89 亿元，比 2010 年的 18635.69 亿元增长了 14%，体现了电子信息行业产品质量品牌建设的较快发展。从行业视角来看，互联网持续强劲发展势头。2007 年至今，百度、腾讯等几大互联网品牌收入总增长 7.13 倍，利润总增长 8.54 倍。物联网品牌"日日顺"榜上有名，一定程度上反映了物联网迅猛发展。

---

[1] 《我国集成电路制造达国际先进水平》，《中国高新技术产业导报》。

（三）重要数据

1.知识产权

表7-1　2011年基本电器元件专利申请统计表　　　（单位：件）

	发明专利	使用新型	外观设计
基本电器元件	13388	25167	38555

数据来源：《国家知识产权局统计年报2011》。

表7-2　2011年基本电子电路专利申请统计表　　　（单位：件）

	发明专利	使用新型	外观设计
基本电子电路	1522	1170	2692

数据来源：《国家知识产权局统计年报2011》。

表7-3　2011年电信技术专利申请统计表　　　（单位：件）

	发明专利	使用新型	外观设计
电信技术	20205	9208	29413

数据来源：《国家知识产权局统计年报2011》。

2.研发情况

表7-4　2012年电子信息行业R&D研发活动统计表　　　（单位：件）

行业	研发人员	研发经费（万元）
电子器件制造	69266	1709306
电子元件制造	71897	1316139
广播电视制造	9681	172585
其他电子设备制造	12949	306579

数据来源：《中国科技统计年鉴与中国统计年鉴（2013）》。

3. 新产品产值

表 7-5   2012 年电子信息行业新产品开发统计表

行业	新产品项目	新产品产值（万元）
电子器件制造	7528	26458667
电子元件制造	12571	21428663
广播电视制造	1421	2908053
其他电子设备制造	2176	2481642

数据来源：中国科技统计年鉴（2013）

二、主要问题

（一）电子元器件制造业存在的问题

我国电子元器件部分领域存在如下问题：一是部分领域创新能力弱。在关键元器件的研制方面，有的处于模仿研制阶段，100G 系统的光调制模块，还是 EPON、GPON 中的关键芯片，几乎都控制在国外企业手中。同时，提升产品质量和服务水平有一定差距。我国电子元件产品的产量占世界的 30%，而产值仅占 15%。由于新产品研发力度不够，因而，不能适应整机产品更新换代的要求。目前，国内很多整机厂所使用的元件产品部分依赖进口，这与我国世界电子元件生产大国的地位极不相称。

二是有的产品质量水平在世界上属中低档。如虽然镍电极多层陶瓷电容器 (MLCC) 的太阳诱电，目前 MLCC 的最高容量已达 100μF，出货量为 170 亿个 / 月。但生产一颗高品质的高容值电容需要 600 多个制造工序，目前具备这种技术实力的厂家还很少。

（二）通信设备制造业存在的问题

我国通信设备制造业最突出的问题是我国在核心技术和关键装备研发方面缺乏整体性的突破，通信设备的关键元器件存在短板，半导体及集成电路制造设备等基本上从国外进口，这些都使我国通信设备制造企业形成质的突破受到限制。

其次，用于新产品、新工艺和新技术研发的投入不足。如我国通信设备制造业在 R&D 方面投入还有很大差距，尤其是通信终端设备制造业在 R&D 投入方面明显薄弱，导致通信终端制造业长期以来处于产业价值链低端，只能通过价格战取胜，无法造就可持续的竞争力。由于产、学、研、用结合不紧密，共性应用技术研发不足，行业原创性技术成果少，更缺乏具有自主知识产权的产品。而公共试验检测平台缺乏，社会科技成果转化、运用不积极，也加剧了这一困境。

第三，部分关键工序制约产品的整体性。在制造技术方面，受基础制造水平不高影响，铸造、焊接、锻造、热处理、表面处理等基础工艺专业化程度低，落后于国际先进水平，限制了装备制造业的长期、可持续发展。

（三） 软件业存在的问题

由于起步较晚等原因，我国在软件产业的很多方面缺少自主产权的关键技术和核心技术，缺少核心竞争力。在操作系统、数据库、嵌入式软件、应用软件、工程软件以及开发工具等方面，国外品牌占据了绝对优势；在软件应用的各个领域，凡是量大面广的行业，如汽车工业，其中的软件产品由于技术含量高，美国、日本、德国等少数几个发达国家垄断着全球 90% 以上的市场。

在检测方面也缺乏统一的质量评价标准。我国大多数软件产品缺乏统一的质量评价和测试标准，也缺少有效的研发过程改进方法和测试手段，造成了产品质量水平较低。如在工业嵌入式软件产业中，在航空航天、国防军事领域，嵌入式软件的微小缺陷就能威胁到生命和国家安全，可能造成巨额损失；在消费电子领域，产品更新换代较快，复杂度不断提升，检测对于保证产品质量问题至关重要。

（四） 物联网和云计算行业存在的问题

物联网和云计算两者发展是互相关联的。云计算是实现物联网的核心。物联网通过将射频识别技术、传感器技术、纳米技术等新技术充分运用在各行各业之中，将各种物体充分连接，并通过无线等网络将采集到的各种实时动态信息送达计算处理中心，进行汇总、分析和处理。

云计算产业目前存在以下问题：第一，我国云计算领域安全可控能力差。我国行业总体上以国外产品技术为主，软、硬件产品基本被国外生产厂商垄断，安全可控的产品所占的比例不大。第二，我国企业加速产业布局，但技术创新不足。

虽然国内的华为、中兴等企业也都在云计算相关领域开展了很多工作，但绝大部分企业创新不足。第三是国家部委加强规划引导，但应警惕产能过剩。"十二五"规划里也提出了建设可控的平台，进一步鼓励软软件产业等政策里面，均强调了云计算的发展。第四，建立标准的问题。我国目前已建立很多数据中心，但没有统一标准，互联和互通会遇到很大的问题。

物联网发展仍在培育和发展期，不可避免存在一些问题：第一，尚未形成统一技术标准，物联网发展中有关传感、传输、应用各个层面出现大量新技术，如这些技术没有统一标准规范，则大量小而专的网络则无法连接，不能形成规模经济效果。第二，安全问题应值得重视，物联网离不开射频识别技术。在射频识别技术中，标签可能预先嵌入任何物品，这样就存在被跟踪、定位的可能，因此这不仅是一个技术层面问题，更是安全方面的问题。

三、对策建议

（一）用国际竞争锤炼我国电子信息产业

鼓励企业加快"走出去"步伐。我国企业已处于全新的国际和国内环境。要鼓励企业积极参与国际分工，推动企业产品与国际同行业竞争。要支持实力强、资本雄厚的大企业通过跨国并购，在国外设立研发中心、制造工厂和市场营销。要推动国内各类企业建立战略联盟，强强联合"走出去"，积极开展对外投资。

（二）政府统筹规划，引导促进共性技术研发

共性技术的研发往往不能依靠一家企业或者几家企业，同时共性技术研发又具备投入大、技术难的特点，因此个别企业也往往不愿开展共性技术研究。政府在共性技术研发领域应起到统筹和规划的作用，确定行业关键共性技术研发路线，依靠国家重大科技专项等鼓励和扶持行业龙头企业，推进企业、高等院校、科研机构深入合作，打造以行业龙头企业为主导，产、学、研、用高度融合的创新体系，合力实现关键共性技术和核心功能部件产品的突破。同时，注重将自主研发成果专利化、产业化，并利用公共服务平台推广。

（三）加快人才培养，完善人才支撑体系

电子信息产业知识更新是非常迅速的，人才在电子信息产业发展中起着至关重要的作用。企业应加大对在职人员的培训以增加人力资本对电子信息产业的拉动，如采取推广企业内训、社区大学、非正式学历教育、远程教育等不同的教育培训方式。加大高校和企业接轨紧密度，使高校培养出的人才能更快地适应企业，服务于企业。

（四）引导资本投资中小企业发展

电子信息产业是一个高投入、高风险的行业，以科研和开发为先导，需要大量资金。中小企业面临着融资难的问题，往往因为缺乏必要资金支持而无法开展创新和产品研发。鼓励民间资本通过借贷、股权投资等多种方式进入电子信息行业企业，尤其是处于创业初期和产业化初始阶段的中小企业，将极大有助于中小企业的创新和后续发展。

（五）进一步完善法律法规，营造以产品质量为核心的市场氛围

建议有关部门进一步完善相关法律法规和政策，对扰乱市场行为予以坚决查处。为了规范市场秩序，保证消费者利益，就有必要加强对伪劣产品容易泛滥行业的进网检测，加大工商部门的质量监测等环节的监管力度。

区 域 篇

第八章　北京市工业技术创新发展状况

　　2013 年，北京市进入建设中国特色世界城市的关键时期，特别是在世界经济复苏缓慢、全国经济增长下行压力不断增大的环境下，首都经济能否实现中央反复强调的稳中求进，在实施创新驱动发展战略、加快创新型国家建设中发挥先导示范作用备受瞩目。总体上，近年来北京经济发展高端化格局初步形成，以服务经济、总部经济、知识经济、绿色经济为特征的首都经济进一步凸显，"北京创造"品牌及其国内外影响力显著增强。据统计，2013 年上半年，北京地区生产总值增速为 7.7%，略高于中国上半年 7.6% 的 GDP 增速；全市规模以上工业企业增加值同比增长 8.5%；中关村国家自主创新示范区科技创新继续保持活跃，企业内部科技活动经费支出、专利申请同比增长分别达到了 27.7%、27.2%。[1]

一、发展回顾

　　从增速来看，近年来，北京经济增长呈现逐步放缓但稳中有升趋势。在 2007—2012 年期间，2007 年北京地区生产总值、工业增加值同比增长幅度相对较高，分别是 14.5%、13.1%，随后逐渐回落。2012 年两项指标增速基本稳定在 7% 左右，分别为 7.7%、7.0%，2013 年上半年，北京地区生产总值达到 9112.8 亿元，同比增长 7.7%，与上年同期水平持平。

---

[1]　数据来源：北京市统计局网站统计资料。

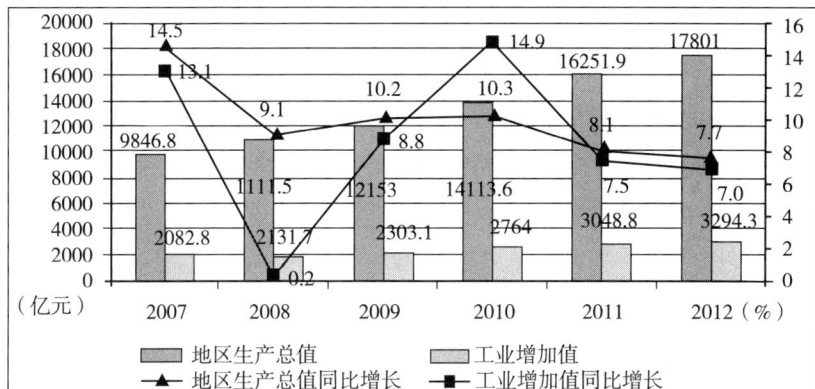

图8-1 2007—2012年北京地区生产总值、工业增加值及其增长速度

数据来源：《北京市2012年国民经济和社会发展统计公报》

从重点行业来看，高新技术产业和现代制造业成为推动北京工业增长的主要动力。2013年1—3月，规模以上工业企业利润比上年同期增长5.3%，39个工业行业分类中有12个行业利润实现同比增长，而汽车、医药制造业利润比上年同期增长幅度分别达到了19.4%、48.3%。2013年上半年，汽车、电子、医药行业增加值比上年同期分别增长了38.3%、22.8%、15.3%，大大高于全市规模以上工业增加值同期增长速度（8.5%），有效拉动全市工业提高了7.7%。[1]

从产业空间布局来看，"十二五"期间，北京除积极提升包含中关村等在内的传统高端产业聚集区的辐射力和品牌影响力外，不断拓展新产业空间，积极打造"两城两带、六高四新"的创新和高端产业发展的空间格局，促进产业功能区域化。2013年1—2月份，六大高端产业功能区总收入增长幅度高达19.9%，稳固支撑了全市经济实现平稳较快增长。

（一）技术创新发展情况

1.总体情况

北京作为首都，创新资源十分丰富，拥有大批国家重点高等院校、科研机构和技术研发中心，总部型研究院和各类型企业研发中心，同时还能充分享受靠近中央科技资源所带来的政策红利。这使得北京工业技术创新能力非常强大，每年

---

[1] 数据来源：北京市发展和改革委员会网站统计资料。

涌现出大量科技创新成果，综合科技实力一直位居全国榜首。据统计，2012 年北京研发投入强度为 5.95%，远远高于全国 1.98% 的平均水平，继续在国内遥遥领先。截至 2011 年年底，北京市汇集的国家级重点实验室、国家工程实验室、工程（技术）研究中心等科技创新平台数量占全国总数的 30% 以上。

（1）科技型中小企业自主创新能力不断提升，创新成果不断涌现

中关村高新技术企业利亚德光电股份有限公司于 2011 年成功研制出全球第一台 108 英寸 LED 电视；华锐风电成功研制出我国第一台拥有完全自主知识产权的发电网友好型 6 兆瓦风力发电机组，令中国风电技术达到国际领先水平；创毅讯联公司研发的全国首枚 4G 基带处理芯片进入市场；曙光公司基于国产龙芯处理器成功开发出具备完全自主知识产权的曙光龙腾服务器；北京金自天正智能控制股份有限公司开发的"7500 千伏安大功率 IGCT 交直交变频系统"获得 2010 年国家科技进步二等奖。

（2）重大科技成果转化及产业化取得新进展，对产业促进作用显著增强

中国首条自主建设的最高世代液晶面板生产线——京东方北京第 8.5 代 TFT-LCD 生产线实现满产，扭转了大尺寸液晶屏只能依靠进口的局面；中芯国际集成电路制造有限公司开发的 65 纳米集成电路制造工艺实现量产；全球第一颗高性能 TD-LTD 基带芯片和通信协议栈软件系统开发成功；全球首款商用 40 纳米 TD 手机芯片面世。

（3）中关村国家自主创新示范区创新活动活跃，示范引领和辐射带动作用增强

中关村对提升北京市工业技术创新能力的带动力及影响力已经凸显。据统计，2013 年 1—3 月，中关村规模以上企业总收入同比增长 21%，其中，当年度新认定高新技术企业对收入增长贡献率达到 9.4%；技术收入、专利申请数同比增长分别为 22.1%、19.6%；中关村企业内部科技活动经费支出达 201.8 亿元，同比增长 30.3%。2013 年上半年，中关村战略新兴产业产业规模不断扩大，其中，新材料及应用技术领域、先进制造领域、生物工程和新医药领域、电子与信息领域、新能源与高效节能领域总收入同比增长分别为 36%、30.6%、30.2%、22.6%、12.5%。

2. 主要措施

（1）完善创新政策体系，努力营造鼓励自主创新的产业发展环境

近年来，北京先后印发了《北京市"十二五"时期"科技北京"发展建设规划》、《中关村战略性新兴产业集群创新引领工程（2013—2015）》、《关于增强自主创新

能力建设创新型城市的意见》《中关村股权激励改革试点单位试点工作指导意见》和《北京市高新技术成果转化项目认定办法》等文件，细化和完善了《北京市中长期科学和技术发展规划纲要（2008—2020）》《"科技北京"行动计划（2009—2012）》《关于建设中关村国家自主创新示范区的若干意见》等，促进形成政府引导，企业、高校、院所、社会组织及政府协同创新的产业发展政策环境。

同时，北京市积极实施"千人计划"、"海聚工程"、"科技北京百名领军人才培养工程"和"科技新星计划"等人才专项计划，加强创新型人才队伍建设；建立首都科技条件平台研发实验服务基地，探索促进首都科技资源实现共享的"北京模式"，加快新一代科技园区建设；优化产业发展空间布局，提高区域竞争力，鼓励专业园区和骨干企业对接全球产业与创新资源；推动科技服务业发展，实施了全国首个科技服务业地方标准——《技术转移服务规范》。

（2）实施"全面对接工程"，促进重大科技成果落地转化

为充分吸收利用中央在京科技资源，北京不断优化中央与地方之间科研和产业资源的对接机制，推动重大科技成果顺利在京实现产业化。根据《北京市"十二五"时期科技北京发展建设规划》，"十一五"期间，京属单位承担的重大专项项目（1200个）在全国总量中所占比重达到40%，申请的中央财政经费为全国的45%。目前，北京建立的对接机制主要包括：第一，深化北京与中央单位合作，鼓励市属企业、科研院所、高等院校等与中央单位开展长期、广泛、灵活的产学研创新合作模式。例如，仅就北京怀柔科教产业园而言，2011年，园区与15家中央单位签订了战略合作协议，与中科院建立"院市合作"机制，中科院17个研究所、26项重大科技项目入驻。第二，完善北京市与各部委等中央部门的"部市会商"工作机制。第三，探索央地科技和产业人才联合培养的新机制。

（3）围绕八大战略性新兴产业推进"科技振兴产业工程"，促进产业结构优化升级

2011年以来，4G工程、精机工程、G20工程等科技振兴产业工程取得阶段性进展，加快了北京市培育和发展战略性新兴产业的进程。例如，成功开发出具有完全自主知识产权的千万亿次超级计算机等产品，中低速磁悬浮列车和自主品牌纯电动轿车等一批新产品打破了国际技术垄断。[1]北汽福田、长安汽车、北汽公司等新能源汽车基地建设进展顺利，自主开发的轨道交通列车控制系统产品标

---

[1]　《北京市"十二五"时期科技北京发展建设规划》。

准制定完成。

（4）全面落实中关村"1+6"先试先行改革政策

中关村自主示范区是我国最大的科技创新高端资源集聚区域，是落实"科技北京"、加快我国创新型国家建设的重大引擎，也是全国深化重点领域体制机制改革与创新的先行区。2011年以来，北京市一直加快开展中关村"1+6"系列先行先试新政策试点，探索建立了跨层级、跨部门的协同创新组织模式。同时，启动中关村人才特区建设，创建高层次人才创业支持体系，将人才作为引领中关村示范区创新能力建设的重要抓手，先后发布实施《关于中关村国家自主创新示范区建设人才特区的若干意见》、《加快建设中关村人才特区行动计划（2011—2015年）》等一系列专项文件。

3. 重点领域

2013年，北京继续坚持北京市产业发展和布局引导原则，遵循大力支持发展电子信息、光机电、生物医药、汽车制造、新材料等高新技术产业和现代制造业，鼓励发展服装、食品、印刷、包装等都市型工业，限制和转移无资源条件的高消耗、重污染产业的战略路线，推动工业实现转型升级。据统计，2013年1—11月，北京市规模以上工业增加值比上年同期增长8.2%（按可比价格计算），工业企业产品销售率98.93%，同比提高0.07个百分点，规模以上工业企业实现利润1102.1亿元，比上年同期增长5.4%。

（1）电子信息产业快速发展

北京电子信息产业在移动通信、数字电视、集成电路、计算机等方面已形成了良好的产业基础，拥有京东方、中芯国际、联想、北方微电子、同方、曙光等一批行业龙头企业，其手机、集成电路、光电子器件、液晶面板等关键产品产量连续多年位居全国第一。根据工信部发布的2013年（27届）电子信息百强企业名单，北京10家企业入围，分别是：联想（第2名）、中国电子信息产业集团（第3名）、北大方正（第9名），京东方科技（第12名），同方股份（第15名），航天信息（第23名），紫光股份（第58名），华胜天成（第63名），大唐电信（第74名），大恒新纪元（第90名）。

总体上，北京电子信息产业发展较为快速，主要体现在两个方面：一是重点项目有序开展，2011年实施的电子信息产业重点项目64项，合计总投资达2000亿元。二是大量自主创新成果不断涌现。2012年，"纳米级"超大规模集成电路项目、刻蚀机和离子注入机等集成电路关键装备取得技术突破，TD-SCDMA、移动多媒体广播、数字音视频编解码标准等多个具有自主知识产权的产品标准进入产业化应用[1]，建立了全球首个云计算产业基地。

（2）装备制造产业重点布局

目前，北京已经成为国内重要的高端装备产业研发中心与总部基地，聚集了北一机床、北二机床、北京机床所、北京机电院、凯恩帝数控、北京电加工研究所、中国北车、北控磁浮等领军企业，在新能源装备、节能环保装备、仪控系统、数控机床等方面初步形成了先发竞争优势。北京正在着力打造新能源装备、节能环保装备、高端制造装备三大重点版块，并取得一系列重大突破。例如，自主研发出国内首台5轴全地面起重机，重型制造、精密加工技术、磨削技术等在国内处领先水平，涌现出兆瓦级永磁直驱风电机组、晶硅和非晶硅薄膜太阳能电池成套生产线等一批高端技术产品。[2]

（3）新能源汽车

汽车制造业一直是北京经济的主要支柱产业，形成了以轻型商用车为龙头，新能源汽车、轿车、重型车和多功能运动车型全面跟进的产品格局。[3] 近年来，随着资源、环境等约束的不断增强，工业结构调整、转型升级的节奏不断加快，北京把加快发展新能源汽车特别是电动汽车，作为推动北京汽车产业实现跨越式发展的关键环节。根据北京市科委的数据显示，2009 年以来，北京市在新能源汽车方面累计科技经费投入达到 5 亿元，共计 34 款纯电动车进入国家车辆产品公告目录，初步形成了包含整车、电机、电池、充电系统、配套系统等在内的完整的新能源汽车产业链条。2012 年 4 月 19 日，北京举办了国内最大规模的纯电动出租车示范运营交付仪式。

（二）质量品牌发展情况

1. 总体情况

根据世界品牌实验室（World Brand Lab）发布的"中国 500 最具价值品牌排行榜"显示，2012 和 2013 年北京分别有 92、98 个品牌入榜，入选总量连续多

---

[1] 《北京市"十二五"时期电子信息产业发展规划》。
[2] 《北京市"十二五"时期装备产业发展规划》。
[3] 游达明、赖流滨：《我国制造区域竞争力综合评价体系研究》，《决策参考》总第207期。

年名列全国第一。2012 年，北京市海淀区、中关村国家自主创新示范区分别进入全国首批"全国质量强市示范城市"、首批"全国知名品牌创建示范区"名单。北京拥有一批"老字号"品牌，通过技术创新和商业模式创新，品牌价值不断提升。例如，燕京啤酒集团在 2011 年第五届中国品牌节上荣获了品牌中国华谱奖、品牌中国金谱奖及品牌中国奖三个奖项。北汽福田汽车股份有限公司于 2011 年推出的福田拓陆者，是中国自主品牌汽车企业首款面向全球市场的产品。牛栏山酒厂在 2010 年中国品牌年度大奖评选中获的"中国最具影响力品牌"，同时被授予"绿色品牌特别大奖"殊荣。

2. 主要做法

为实现"到 2020 年质量首善之区建设取得明显成效"[1] 的目标，北京始终坚持质量第一，把全面推进产品质量工作，不断提高产品品牌影响力放在首都经济建设首要位置。据统计，2012 年产品质量抽查平均合格率为 90.8%，相比 2011 年提高了 1.2 个百分点，高于同期国家监督抽查合格率 1 个百分点。[2] 从做法来看，北京市在质量品牌建设方面开展的工作主要包含以下内容。

（1）完善配套政策，优化质量品牌发展环境

近年来，北京市先后出台了《北京市人民政府关于贯彻国务院质量发展纲要(2011—2020 年) 的实施意见》、《加强北京工业品牌建设的措施》、《首都标准化战略纲要》、《北京市关于加强工业产品质量工作的指导意见》、《北京市 2012 年推进食品工业企业诚信体系建设工作实施方案》等一系列文件，充分显示了政府对于质量品牌工作的高度重视，为切实落实北京市质量和品牌发展目标和任务，引导企业加大对质量和品牌的投入提供了政策保障。

此外，2012 年，北京市还开展了一系列质量品牌活动，包括：开展北京市工业产品生产企业质量分类试点工作、北京市企业品牌建设推进、质量专家进社区等；完成 2012 年度生产领域工业产品质量监督抽查；推荐 2 家企业成为全国"质量标杆"，30 家企业成为行业"质量标杆"；成立工业产品质量安全风险评估专家工作组，加强工业产品质量监督风险管理工作；举办重点工业产品质量安全风险监测建议评审会；召开工业产品质量指标统计培训会，提高企业统计工业产品质量指标的准确性；建设北京市企业品牌建设服务平台，提供专业的品牌培育、

---

[1] 《北京市人民政府关于贯彻国务院质量发展纲要(2011—2020年)的实施意见》。

[2] 数据来源：北京市质量技术监督局网站资料 http://www.bjtsb.gov.cn/infoview.asp?ViewID=40553。

展示、研究等服务。

（2）加大技术改造力度，把技术创新作为企业提高工业产品质量的抓手

一是通过政府资金支持引导企业积极实施技术改造项目。北京市每年安排10亿元的工业发展资金，以固定资产贴息、拨款、入股三种方式资助企业开展旨在提高工业产品质量、优化产业结构的技术改造活动，2012年，市政府在此基础上又增加了5亿元资金投入。二是鼓励企业加大技术创新投入，应用新技术、新工艺、新材料，改善品种质量、提升产品档次。对于有条件的企业，通过税收优惠、吸引人才等各项政策措施，支持企业建立各类研发中心、技术中心、实验室、工程中心、产业化基地等，提高自主创新能力。

（3）深入实施品牌战略，培育自主品牌梯队建设

北京市现已基本形成"政府支持、企业自愿、民间推动、社会监督"的名牌机制。一是建立了"北京工业品牌建设联席会"制度和基层推进品牌建设的组织网络，定期组织开展品牌培训及交流活动，协调推进品牌建设。二是积极发挥品牌优势企业引领作用。以中关村国家自主创新示范区为重点，推广质量品牌管理的成功做法和先进经验，利用品牌优势企业的示范带动作用，提升中小企业的品牌创建、培育等能力。三是积极布局以三类梯队企业[1]为重点的自主品牌梯队建设，对不同层次企业实施分类指导和服务。四是强化企业的品牌主体地位，引导企业重视品牌培育，建立以企业为主体的质量和品牌保障体系。

3. 重点领域

2012年，北京市汽车工业自主品牌建设取得显著成绩，其中，北汽集团推出的自主品牌轿车E系列和威旺306,成为同类产品市场增长率最快的车型。汽车、机床、轨道交通、工程机械、元器件与基础件等重点行业积极推进可靠性提升工程，促进重点工业产品质量可靠性指标达到或接近国际水平。将产品质量纳入企业评奖、相关政策支持的绩效考核中，并建立质量信用"黑名单"制度。在电子信息、汽车、装备制造、生物医药等行业制修订相关标准，对食品、服装、通信、家电、汽车等关乎民生的主要产品实施质量分析和技术评价，帮助企业提升质量管理和控制水平。在工业生产资料、电气及电子信息产品领域实施工业产品质量风险评估和管理，完善质量监管制度，及时处理可能发生的工业产品质量风险隐患。

---

[1] 第一、二、三梯队分别是以获得中国名牌或中国驰名商标称号企业，获得北京名牌、北京市著名商标和老字号企业，有一定的地区品牌竞争力和知名度的成长中企业为重点。

（三）知识产权发展情况

1. 总体情况

专利一直是体现一个国家或地区自主创新成果的重要指标，也逐渐成为企业增强竞争优势，赶超竞争对手的重要战略资源及手段。近年来，北京市专利量呈现快速增长态势，知识产权在首都经济发展中的战略地位日益凸显。2013 年 1—3 月份，北京市发明专利申请量与授权量比去年同期分别增长了 21.8%、35.4%。2012 年，专利申请量、专利授权量分别达到 9.23 万件、5.05 万件，连续 5 年实现两位数的增速，每万人发明专利拥有量达到 33.6 件，名列全国第一，远远高于 3.26 件的全国平均水平。[1]

企业对知识产权的重视程度越来越高。2012 年，全年专利申请量过千件的企业增加至 10 家，截至 2012 年年底，北京市拥有的专利试点单位和专利示范单位数量分别达到了 3139 家、160 家，高居全国首位。中关村自主示范区成为北京市知识产权创造与运用的强大引擎。2012 年，中关村自主示范区企业专利申请量接近 3 万件，占全市专利申请总量的三分之一；中关村企业获得四项 2012 年中国专利金奖，占全国专利金奖总量的五分之一，位居国内科技园区榜首。专利代理机构规模迅速扩大，首都知识产权专业服务机构建设不断加快。截至 2012 年年底，北京市专利代理机构数量达到 251 家，在全国总量中所占比重为 27.5%；创建了全国第一个北京知识产权代理行业协会、北京市专利代理人协会等专业性行业组织；启动首都知识产权"百千对接工程"，打造首都知识产权公共信息服务平台。

2. 主要做法

（1）齐头推进首都知识产权产业和知识产权服务业并行发展

为贯彻落实首都知识产权战略，提高知识产权对经济增长的贡献率，北京将加快发展知识产权业和知识产权服务业作为全市知识产权建设的两大重点内容予以推进。2012 年，北京市在推动知识产权发展方面进行的工作主要有：开展企业知识产权年度统计，依据统计结果对相关企业实施奖惩；继续推进知识产权海外预警与应急救援专项；率先形成知识产权质押贷款模式，全市中小企业通过该模式实现融资金额达到 4.47 亿元。在加快知识产权服务业建设方面的工作主要

---

[1] 数据来源：北京市统计局网站资料。

包括：大力发展知识产权服务机构，启动央企领先工程，为 20 家央企向海外发展提供知识产权服务；建立市级知识产权公共信息服务体系和知识产权专题数据库，整合优化知识产权信息资源，推进专利保险试点等中介服务。

（2）在中关村自主示范区率先开展多项先行先试业务，引领首都知识产权建设

先试先行主要体现在以下几个方面：一是政策先行，制定了《中关村科技园区申请国外专利资助办法》《中关村国家知识产权制度示范园区知识产权专项资金使用管理办法》等；二是资金、项目予以倾斜，先后实施了"中关村重点产业联盟知识产权推进计划"、中关村知识产权"引优扶强"计划等。据统计，北京市知识产权局在 2011—2012 年期间对于知识产权工作的资金投入共计 1.33 亿元，而多达 80% 的资金是用来支持中关村示范区内企业，2012 年度中关村专利促进资金已达三千多万元；三是创新业务模式，包括探索建立知识产权银行，推动中关村专利商用化，深化知识产权融资、保险、质押、评议等改革试点，启动建设北京中关村专利审查员基地等。

3. 重点领域

2012 年，北京市新增加的注册商标数量为 6.7 万件，注册商标总数达到 41 万件，软件著作权登记 3.7 万件，远远高于上海、天津、重庆其他三个直辖市。其中，中国驰名商标 157 件，北京著名商标 559 件。这与北京市高度重视知识产权工作，积极推进知识产权产业和知识产权服务业发展密切相关。例如，在电子信息、生物医药、新材料、节能环保、光机电和精密仪器制造等六个重点行业创建知识产权联盟；与国家知识产权局共同建立中关村国家自主创新示范区知识产权制度示范区，成立战略新兴产业知识产权集群试点和审查员实践基地；对物联网、云计算等重点产业实施专利跟踪与分析并发布相应的专利分析报告；成立全国首家政府主导的知识产权商用化公司。

二、发展特点

（一）汇集总部型研究机构，有力推动自主创新能力提升

近年来，北京经济总部化特征日益显现，聚集了中国建材集团研究院、联想、

方正、用友等一大批中央级市属企业和民营企业集团研究院，以及三星电子、飞利浦、NEC、IONA、AMD、西门子等一批世界 500 强企业的研究中心。据统计，2012 年北京总部经济占全市经济的 45%。研发总部的大量汇集，一是加快产业链形成。总部研究机构落户后，其周围就会聚集一批上下游企业，据 IDC 统计，微软在华每赚 1 美元，就会给其合作伙伴带来 16.45 美元的收益。二是产生技术外溢效应。总部研究机构多与本土产学研单位合作，从而实现技术外溢。三是创新成果公开对本土企业开展技术创新发挥示范效果。四是成为促进国内外创新资源交流、提升北京自主创新能力的重要平台。

（二）高端产业集聚，集群优势与创新引领凸显

目前，北京市高技术产业和战略新兴产业等高端产业呈现集聚发展态势，主要体现在以下两个方面。第一，产业空间布局不断优化和完善，"两城两带、六高四新"新格局正在形成，初步实现了产业定位明确、功能协同、转移合理有序的空间体系。第二，中关村六大优势产业集群[1]的创新引领作用持续加强，在移动互联网、第四代移动通信领域及卫星应用领域拥有的龙头企业均占全国的80%，在下一代互联网领域创建了30多项国际标准，建成全世界最大的 IPv6 认证测试与服务中心。

（三）创新、标准、品牌协同，促进产品质量整体水平提升

在创新方面，强化企业创新主体地位，鼓励企业运用新技术、新工艺、新材料提高产品技术水平，减少质量损失率。在标准方面，实施首都标准化战略，优先发展战略性新兴产业标准化，在电子信息、汽车、生物医药、装备制造等重点行业组织达标对标试点工作。在品牌方面，实施品牌战略，发挥品牌示范效应，依靠品牌产品实现产业链的聚集和延伸，促进工业品牌和产品质量同步升级。

（四）围绕重点领域，大力推动知识产权创造运用

北京市知识产权数量和质量优势显著，专利综合实力较强，但还存在知识产

---

[1]　六大优势产业集群主要指：下一代互联网、移动互联网和新一代移动通信、卫星应用、生物和健康、节能环保和轨道交通等。

权商用化程度不高、知识产权对经济社会发展的引领渗透效应还不强[1]等问题。对此，北京市以中关村国家自主创新示范区、中央在京单位、中小企业为突破口，开展专利试点示范培育、知识产权联盟、专利代理、专利托管工程、全面对接、培训、咨询服务等工作，加强对上述三大重点对象的知识产权服务能力。据统计，2012年，北京市共建立了六个央企知识产权教育基地，助力20家在京央企成为全国央企在知识产权领域的领头羊，实施中小型企业聚集区知识产权战略推进工程，加大对中小企业利用专利质押融资的支持力度。

三、典型案例

（一）北京汽车集团有限公司

1958年，北京汽车集团有限公司（简称"北汽集团"）前身"北京汽车制造厂"成立，2010年9月28日正式更为现名。北汽集团为北京市国有独资大型企业，目前是中国五大汽车集团之一，主要从事整车制造、零部件制造、汽车服务贸易、研发、教育和投融资等业务。2012年，北汽集团累计销售汽车170.1万辆，同比增长10.3%；生产汽车167.3万辆，同比增长10.5%；营业收入2100亿元，利润170亿元，综合经营指标排名行业第四。

北汽集团先后自主研制、生产了北京牌BJ210、BJ212等系列越野车，北京牌勇士系列军用越野车（其中，"北京·勇士"获得国家知识产权局颁发的"最佳功能设计奖"），北京牌BJ130、BJ122系列轻型载货汽车，"北京牌"纯电动轿车以及欧曼重卡、欧V大客车等著名品牌产品，合资生产了"北京Jeep"切诺基、现代品牌、奔驰品牌产品。2010年，北汽集团被评为年度最具影响力企业之一；2011年获得品牌中国华谱奖，在2011年中国企业500强排行榜中，北汽集团位居中国企业500强第50位、中国制造企业500强第18位、中国企业效益200佳第39位；2013年，首次入围美国《财富》杂志评选的世界500强名单。旗下自主品牌产品中，中高级轿车代表基于萨博技术的"绅宝"系列轿车，短时间内凭借较高的销售量迅速跻身自主品牌B级车主流行列；经济型轿车"E系列"，先后获得了"CCTV年度自主品牌乘用车"在内的20余项大奖；微车板块的"威旺"

---

[1] 《北京市人民政府关于实施首都知识产权战略的意见》。

系列销量已突破十万台，累计荣获"2012 中国年度微车"等 18 项媒体殊荣，稳居业内总体销量第四名，成为新晋品牌领头羊。

总结北汽集团的自主创新经验，主要有以下特点：一是不断融合行业先进经验技术，整合优势资源。早在 1984 年，北汽集团开启了整车合资企业的先河，中国第一家整车合资企业"北京吉普汽车有限公司"挂牌成立；1996 年，北汽福田汽车股份有限公司成立；2002 年，我国汽车工业第一家中外合资企业"北京现代汽车有限公司"开业；2003 年，与戴姆勒·克莱斯勒公司签订战略合作框架协议；2005 年，国产梅赛德斯 – 奔驰 E 级轿车首款新车上市。2009 年，在国内首开先河成功收购萨博汽车相关知识产权。多年来，北汽集团与江森、德尔福、天纳克等 30 多家世界一流的零部件企业合资合作。二是不断完善自主创新体系，成立了北汽股份公司作为自主品牌平台，在全国各地建设了北汽股份工程研究院、北汽福田汽车工程研究院、新能源汽车研发中心、动力总成研发中心等研发研发中心，以及整车生产基地等。三是积极推进商业模式创新，北汽集团成为全国首家实施"三包"政策的汽车企业，首个成功利用新媒体资源成为官方微博粉丝量最高的汽车企业。[1]

（二）北京京东世纪贸易有限公司

北京京东世纪贸易有限公司（简称"京东商城"），1998 年成立，2004 年正式进军电子商务领域，建立 B2C 市场 3C 网购专业平台，2010 年率先成为国内第一家规模超百亿的网络零售企业。京东商城先后在上海、广州设立全资子公司，建成北京、上海及广州三大物流网络，配送网覆盖了全国大部分地区。2012 年，京东商城总收入达到 510 多亿元人民币，连续第八年增长率均超过 200%。

据京东宣布，截至 2013 年 4 月 23 日上午，网站注册用户正式突破 1 亿。此外，国际著名风险投资基金，如今日资本、雄牛资本、DST、老虎基金、安大略教师退休基金等，也十分看好京东市场潜力，轮番对京东进行注资。

京东品牌能够在较短时间内迅速成长起来，与以下因素密不可分。一是产品门类齐全，早期京东在线经营范围以 3c 产品（Computer、Communication、ConsumerElectronics）为主，后期逐渐扩充至家电、日用百货、图书、服饰、汽

---

[1] 资料来源：北汽集团官方网站。

车用品、医药保健等综合性平台。2013 年 5 月京东商城超市业务正式上线。二是服务不断创新，不断探索出 POS 上门刷卡服务、家电以旧换新业务、全国上门取件服务、上线包裹跟踪（GIS）系统、酒店预订业务、电脑产品售后服务等特色业务。三是供应链效率高，送货速度快。京东商城平均库存周转周期为 12 天，而传统零售业通常为 30 天，库存周转快意味着其资金利用率也会提高。为减少库存占用，加速供应链，京东商城开发出依据点击量预测销售的信息化系统，指导库存风向，同时还开设厂商直送平台。此外，京东的 IT 运营技术支持比较强大，根据报道，京东商城 IT 系统日订单处理能力能够达到 10 万单。四是消费者口碑较高，京东商城在日常经营中的确做到了所宣传的"价格低廉，正品保障"，这是京东商城市场份额能够不断扩大的重要原因。

第九章　上海市工业技术创新发展状况

上海地处我国长三角经济圈核心，是中国乃至世界经济的重要增长极。根据中国社会科学院发布的《中国城市竞争力蓝皮书》显示，上海在 2012 年度中国城市综合经济竞争力排名中位居第三位，仅次于香港、深圳；按照"新华—道琼斯国际金融中心发展指数"统计，上海在全球十大金融中心城市排名中继续保持第六，为新兴经济体国家金融中心领军者。过去一年里，上海积极推动工业转型升级，调整优化工业结构，增强工业企业技术创新能力及盈利能力，树立"上海创造"品牌形象，着力提高知识产权对经济增长的贡献程度，经济总量与质量效益显著提升。

一、发展回顾

2012 年，上海市经济发展实现了平稳有序增长。据统计，2012 年，上海市全年地区生产总值首次突破 2 万亿元，达到 20101 亿元，比 2011 年增长 7.5%。[1]2013 年上半年，上海经济延续了 2012 年的运行增长水平，GDP 为 10169 亿元，比上年同期增长 7.7%。

工业继续发挥着对全市经济的重要支撑作用。2012 年，工业增加值 7159 亿元，同期增长 2.8%，规模以上工业产品销售率达到 99.3%，重点工业产品产量明显提升，例如，集成电路全年产量达到 160.3 亿块，比上年增加 5.7%。[2]战略性新兴产业规模不断扩大。据统计，2012 年上海市战略性新兴产业规模达到 1.12 万亿

---

[1]　数据来源：《2012年上海市国民经济和社会发展统计公报》。
[2]　数据来源：《2012年上海市国民经济和社会发展统计公报》。

元，其中，新能源汽车和生物医药是同期增速最快的两个行业，分别比上年增长了17.3%、10.3%。战略性新兴产业投资在工业投资总额中所占比重达到40%左右。

从增长趋势来看，近年来上海呈现出经济放缓、工业生产波动较大的特点。如下图所示：2006—2012年期间，上海市GDP绝对值逐年上升，但同期增速基本处于不断下降状态，其中，2012年是2006年以来GDP增长（较上年）最少的一年。工业生产的波动性主要体现在工业总产值这一指标上。2006—2010年，规模以上工业总产值同期增长速度为"V"字形，2009年增速最低（3.2%），随后反弹上升，2010年达到最高（23.1%）；2011年和2012年，规模以上工业总产值同期增速再次降落下来，2012年出现负增长（−0.4%）。上海市经济与工业增长之所以表现出上述特点，既与2008年爆发的全球金融危机，及其随后的国际经济复苏乏力有关，更是中国国家层面与上海市政府主动进行稳增长、调结构、促转型等调控措施的结果。

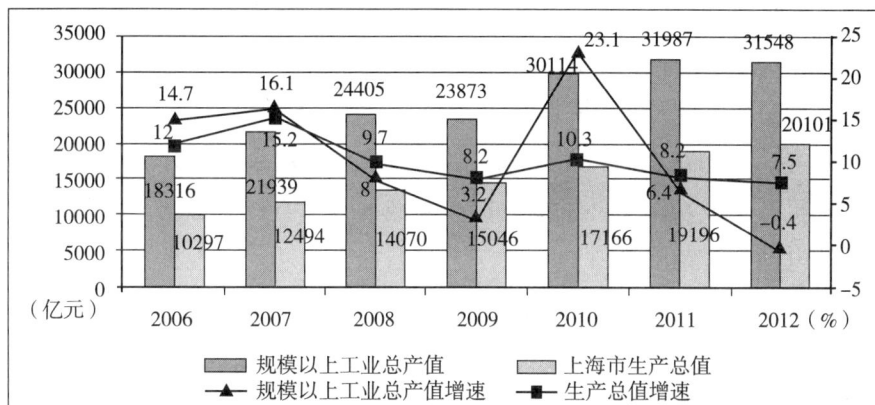

图9-1　2006—2012年上海市生产总值和规模以上工业总产值及其增速情况

数据来源：根据2006—2012年上海市国民经济和社会发展统计公报汇总。

（一）技术创新发展情况

1.总体情况

近年来，上海积极构建以企业为主体、市场为导向、产学研相结合的技术创新体系，并通过引导企业加大对核心关键技术及共性技术的投入，完善技术创新成果转化机制，缩短科技成果产业化周期，深化产学研合作模式等措施，上海市技术创新综合实力已经稳居全国前列。

（1）汇集各类技术创新资源

目前，上海拥有国家重点实验室 41 家、国家工程技术研究中心 17 家，国家能源研发中心、国家质量监督检验中心等 20 家国家级创新平台，聚集 66 所高等院校、350 家跨国公司研发中心，在沪两院院士人数占全国院士总数的 11% 以上，累计完成国家重大专项任务达 677 项。

（2）企业创新主体地位显著增强

第一，在投入上，上海市工业企业研发经费支出在全市研发投入的比重已经连续 7 年超过 67%（2006—2012 年），基本稳定在 2/3 左右。第二，在创新能力上，由大中型企业设立的研发机构共计 638 家，市级以上企业技术中心 403 家，其中国家级 43 家。第三，在创新成果上，2012 年全市 322 个获奖项目中，由企业牵头独立完成的成果占总数的一半以上。中小企业正在成为上海自主创新发展的重要力量。目前，上海市"专精新特"中小企业达 1008 家，小巨人企业累计达 878 家，涉及制造、软件、通信等各个领域。

（3）高端产品自主创新成果不断涌现

2012 年，上海市在高技术领域实现的自主创新成果主要有：50 千瓦超高速永磁发电机开发成功，填补了国内在该领域的技术空白；推出国内首款完全意义上的纯电动汽车荣威 E50；40nm 工艺的智能手机芯片实现批量生产；AP1000 核电压力容器、等离子刻蚀机、海洋工程设备、3.6 兆瓦海上风电机组、大型盾构、IGCC 气化炉、120 万千瓦超超临界机组等大批关键装备实现首台业绩突破；3000 米深水半潜式钻井平台、16500 吨油压机等工程装备研制成功；TD-LTE、LED 照明等一批新兴技术成功示范应用。据统计，上海市获得的国家科技奖在全国总数中所占比重连续 11 年保持 10% 以上。

2. 主要做法

（1）建立全方位、多层次的创新合作模式并不断深化

一是全面推进部市合作。2008—2012 年，上海在部市合作框架体系下，获得国家经费支持 255 亿元，973 计划和国家重大科学研究计划项目 121 项，占全国的 15.4%[1]，完成国家科技重大专项 677 项。二是深化产学研合作。近年来，上

---

[1] 数据来源：《部市合作五年工作总结》。

海通过机制创新和政策引导，积极鼓励高校、科研院所在开展创新活动时，紧密围绕企业需求，促进创新要素和创新成果在企业、高校、科研机构之间双向流动。2012年，上海产业技术研究院正式成立，"上海产学研合作优秀项目奖"表彰大会召开；2006—2011年期间，宝钢与国内科研院所签订的产学研合同350项；上海电气设备有限公司与高校及科研院所共同成立风电产业技术创新战略联盟；上海电气电站集团与中科院电工所签订超导电机合作研发协议。

（2）积极推进更加市场化的高新技术产业化推进机制

第一，强化基地集聚效应，推动高新技术产业化基地建设，张江、电动汽车国际示范区、临港装备、民用航空、化工区、长兴岛、国际汽车城等示范基地稳步推进。第二，实行高新技术成果转化项目认定制度。2012年，上海共认定714项高新技术成果转化项目，其销售额在全市工业总产值的比重达到3.89%。[1] 第三，组建战略新兴产业科技创新推进工作组，着力推进重大项目对接工作。先后实施了硅基高速光电、高温超导电缆等多个战略性新兴产业重大科研项目。第四，加强高新技术产业化人才队伍建设，启动"1+X"人才规划。第五，通过政策倾斜扶持高新技术企业。例如，2011年3206家企业享受了研发费用加计扣除政策，金额达198亿元左右；调整"上海市科学技术奖"评价指标，提高成果转化和经济效益指标权重，使得获奖结果向经济效益和产业化方面成绩突出的项目倾斜。

（3）科技体制改革先行先试

2012年9月，国务院印发了《关于深化科技体制改革加快国家创新体系建设的意见》，上海作为国内及国际重要的经济金融中心，义不容辞地担当起了科技体制改革先行先试践行者的角色。上海颁布了《中共上海市委上海市人民政府关于贯彻〈中共中央国务院关于深化科技体制改革加快国家创新体系建设的意见〉的实施意见》，明确提出"要全面推进张江国家自主创新示范区先行先试。加快推进张江示范区股权激励、人才特区、科技金融、财税改革和管理创新等方面的先行先试"；制订了《关于促进改革创新的决定（草案）》，为改革创新提供法律保障。

实践中，张江示范区先行先试的一批重大政策措施已经取得实质性成效，主要体现在以下几个方面：第一，在股权激励方面，形成了市级统筹协调推进工作机制，36家股权激励试点企业运行平稳，设立了资金规模高达5亿元的"代持

---

[1]　数据来源：《2012上海高新技术成果转化年度报告》。

股专项资金"。第二，在财税改革方面，上海市先后开展了集成电路全程报税监管政策试点、入境特殊生物材料检验检疫改革试点、生物医药企业便捷通关试点等，启动30亿元的科技信贷风险补偿、融资担保和投资等专项资金，在全国范围内率先试点增值税扩围。第三，在科技金融方面，推进科技金融产品创新和服务创新，创建"张江模式"，促进科技与金融结合。

3. 重点领域

上海市在推进工业化进程中，先后确立了六个重点发展工业行业和八个高新技术产业化重点领域。其中，六个重点行业是指：电子信息产品制造业、汽车制造业、石油化工及精细化工制造业、精品钢材制造业、成套设备制造业、生物医药制造业等。据统计，2012年，六个重点发展工业行业完成工业总产值21593亿元，占全市规模以上工业总产值的66.6%。八个高新技术产业化重点领域分别是：新能源产业、新能源汽车产业、民用航空制造业、新材料产业、电子信息制造业、生物医药、先进重大装备产业、海洋工程装备产业等。本小节将选取生物医药、集成电路两个领域，重点阐述其在过去一年里的主要发展特点及重点技术创新成果。

（1）生物医药行业持续快速增长，产业集中度显著提高

近年来，生物医药行业作为上海市重点培育和发展的战略性新兴产业之一，呈现出平稳持续增长态势，2012年，全市生物医药行业经济总量达2084.75亿元，同期增幅连续6年保持在15%以上，100多个生物医药产品销售额过亿元。目前，基本确立了浦东、闵行、徐汇、奉贤、金山、青浦六大生物医药产业基，产业集中度明显提升。据统计，2012年，仅浦东和闵行两大基地的生物医药制造业工业总产值在全市生物医药制造业总产值中所占比例已经达到1/2强。

上海拥有上药集团、扬子江药业、上海生物制品所、复星医药集团、康德莱集团、药明康德、创诺医药、海利生物、宝凯药业等一批生物医药龙头企业。据统计，2012年，上海市生物医药企业中，分别有3家、15家和98家企业销售收入超过30亿元、10亿元和2亿元。生物医药领域研发实力雄厚，聚集了5所医科大学和医学院，以及包含中科院上海药物所等在内的一批具备高水平研发能力的生物医药研究机构。[1]

---

[1] 《近年来上海生物医药产业发展情况》上海市人民政府新闻办公室网站资料。

（2）集成电路产业集群初步形成，正在成为国际集成电路行业竞争新高地

为加快集成电路产业结构调整，提升其行业技术创新能力，上海先后出台了《关于本市进一步鼓励软件产业和集成电路产业发展的若干政策》、《上海市软件和集成电路企业设计人员专项奖励办法》等一系列政策。同时，还实施多项保障措施，激发企业自主创新活力，加强产业集聚效应。包括安排产业发展专项资金，高额奖励业绩突出的研发团队和人员，建立集成电路产品"保税仓库"，推动上海硅知识产权交易中心建设，搭建上海集成电路研发中心等公共服务平台等。

目前，上海是国内首个国家级的集成电路产业基地，也是唯一一个被认定为国家级别的集成电路研发中心，基本形成了包含高端装备、高端制造工艺、关键材料等在内的完整的产业链条，拥有中芯国际、宏力、华虹 NEC 等一批行业龙头企业。其产业规模也逐年扩大，据统计，2013 年上半年，集成电路产业销售收入 330 亿元，比上年同期增长 10.3%。其中，设计业、芯片制造业、设备材料业同期增幅分别达到了 28.7%、16.4% 和 30.5%。[1]

（二）质量品牌发展情况

1. 总体情况

（1）工业产品结构优化升级进程不断加快

主要体现在两个方面：一是能够充分体现"上海创造"水平的中高端产品越来越多，ARJ 支线飞机、8500TEU 集装箱船、百万千瓦级核电设备等一批具备国际技术水平的产品接连实现突破。二是大批高污染、高耗能、低附加值的产品逐渐被转移、淘汰或产量大幅下降。铁合金、平板玻璃等先后实现了全行业退出，小水泥、小化工、小化肥、四大工艺行业产品（铸造、锻造、电镀、热处理）产量有序下降，2012 年能源消耗量较上年减少了 66.5 万吨标准煤。

（2）企业现代化质量管理意识较强，制造业质量竞争优势比较明显

根据《全国制造业质量竞争力指数公报》显示，2009 与 2010 年，上海市制造业质量竞争力指数分别为 89.06、90.95，远远高于全国水平（全国制造业竞争力指数分别是 82.14、82.57），连续两年位居全国榜首。

---

[1] 《上半年本市集成电路产业实现销售收入同比增长10.3%》上海市经信委网站资料。

（3）工业品牌的竞争力与影响力在国内各省市中处于前列

振华重工、沪东中华造船、上海电气、宝钢、上汽等一系列重化工企业品牌已在全球竞争中牢牢占据强势地位，光明、红双喜、老凤祥、携程、恒源祥、立邦等诸多消费品的品牌知名度及市场占有率均较高。申能集团所属外高桥第三发电公司凭借其在技术创新和节能环保方面所取得了突出成就，获得 2012 年"全国质量奖"，成为该年度上海市唯一获奖企业。目前，全市拥有的中国驰名商标 134 件、上海市著名商标 1038 件。截至 2010 年年底，上海市名牌产品、中国名牌产品、中国世界名牌产品数量分别达到 1787 个、88 个、1 个。除拥有一批优势较强的企业品牌外，上海还形成了张江示范区、紫竹科学园、漕河泾等工业园区品牌，成为上海经济增长及城市品牌建设的重要支撑。

2. 主要做法

（1）完善质量管理制度，提高企业质量意识及能力

第一，成立"上海市质量安全工作领导小组"、"上海市行业质量工作促进会"和"大中型国有企业质量工作网络"等，形成由政府、行业、企业共同推进的质量工作机制，强化全市对质量工作的统筹协调能力和管理水平。第二，通过开展质量提升、质量奖、质量标杆、质量兴区（县）、质量月和质量诚信体系建设，以及"二千一百工程"、重点产品质量振兴攻关等活动，加强对质量工作的宣传力度，强化企业质量意识，提升行业质量水平。第三，建立质量状况分析报告制度，定期发布《上海市质量状况分析报告》，为政府决策、企业提升质量管理与竞争能力提供参考。第四，成立产品质量安全评估研究中心、特种设备事故处理小组及研发中心，健全产品质量风险预警及突发状况应急反应机制。

（2）实施名牌战略，稳步推进自主品牌建设

第一，出台《上海名牌管理办法》、《自主品牌培育目录》、《加快自主品牌建设专项资金管理暂行办法》《上海市著名商标认定与保护条例》等文件，创建"上海市品牌建设工作联席会议"，定期发布年度"十大品牌新闻事件"，完善上海名牌战略推进制度体系，鼓励、引导各行业企业强化自主品牌建设。第二，加强标准化管理工作，制修订各行业与地方标准，有序推进张江高技术产业发展标准化示范园工作，启动汽车用超级电容器等多个标准化示范试点项目，积极推动标准与国际先进标准接轨，从而为提升品牌竞争能力提供支撑。第三，加强对上海名牌标志使用与管理的规范性，例如上海市质量技术监督局印发了《关于加强上海

名牌标志推广使用与规范管理的意见》，提高上海名牌的含金量和权威性。第四，积极发展新兴品牌与老品牌、自主品牌与外来品牌相结合，全方位、多层次提高产品知名度，快速推进自主品牌建设。

3. 重点领域

近年来，上海制造业质量竞争力指数稳步上升。根据每年公布的制造业竞争力指数公布，2005—2010 年，上海市制造业质量竞争力指数均明显高于全国数值，在全国各省（区、市）排名中始终保持领先位置。其中，核心技术能力市场适应能力优势明显，2010 年，上海市这两项指标得分分别是 88.60、97.42，比全国平均水平高出 12.39%、16.34%。

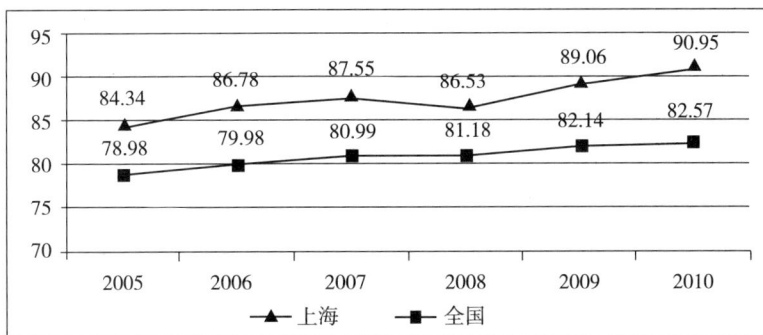

图9-2　2005—2010年上海及全国制造业质量竞争力指数比较

数据来源：《2005—2010 年全国制造业质量竞争力指数公报》。

（1）汽车制造业

上海市聚集了以上海大众、上海通用、上汽股份、上海华普等为代表的品牌优势明显的汽车生产企业，沪产汽车品牌和整车及零部件产品质量在全国范围内领先。一是产品系列日益丰富，低耗油的 1.0—1.6 升经济型轿车、中高级轿车、多功能乘用车、运动型多用途乘用车、客车、载货汽车等产品产量和市场占有率逐年扩大。二是汽车品牌建设成绩显著，上海市拥有上海通用凯迪拉克、别克、雪佛兰，上海大众斯柯达、VW 大众等合资品牌，以及上汽荣威、上海华普英伦汽车系列等自主品牌。

（2）精品钢材制造业

精品钢材制造业是上海市传统优势产业，依托宝钢集团、宝山钢铁等行业骨干企业，产品质量持续提升，目前，上海精品钢材行业共拥有 14 项上海名牌，攻克了有取向硅钢、顶级强度超高强汽车板等核心关键技术，具有自主知识产权的节镍奥氏体不锈钢 BN 系列实现批量生产，冷轧汽车板、硅钢、高等级管线钢、水电用钢等高端重点产品发展成绩突出。

（三）知识产权发展情况

1. 总体情况

早在 2004 年，上海市率先颁布了国内首个由地方政府制定的地区知识产权纲要《上海知识产权战略纲要（2004—2010 年）》; 2012 年，上海再次颁布了《上海知识产权战略纲要（2011—2020 年）》，提出"到 2020 年，把上海建设成为亚洲太平洋地区知识产权中心城市"的总目标。从全国来看，上海属于较早重视知识产权工作的省市，因而其知识产权体系建设不断取得阶段性成果。

（1）知识产权政策体系不断完善

为加强知识产权顶层战略设计，营造有利于知识产权发展的政策环境，2012 年，上海制修订了一系列政策文件，覆盖知识产权创造、运用、管理及保护各个方面。具体而言，主要包括：通过《上海市推进国际贸易中心建设条例》，建立贸易知识产权保护相关机制；公布《上海市著名商标认定和保护办法》、《上海市实施商标战略中长期规划纲要 (2011—2020 年)》等，推进著名商标保护与培育制度建设；出台《上海市专利一般资助申请指南（试行）》、《上海市专利资助资金管理办法》和《上海市企事业专利工作试点示范单位认定和管理暂行办法（试行）》等，鼓励和引导企业提升专利质量及知识产权综合能力；制订《上海市战略性新兴产业发展专项资金管理办法》、《上海市战略性新兴产业发展专项资金高技术服务业专项工程实施管理细则》等，强化战略性新兴产业知识产权工作；公布《关于开展上海高校技术转移中心试点建设工作的通知》、《关于加强上海市服务外包产业知识产权工作的若干意见》等文件，促进知识产权转化。

（2）知识产权创造实现了数量和质量双提升

据统计，2012 年上海专利申请量、授权量分别为 82682 件、51508 件，分别比上年增长 3.07%、7.40%。其中，发明专利申请量、授权量同期增速分别达到 15.5% 和 24.2%。专利合作条约（PCT）国际专利新申请量 1024 件，同比增长 20.9%；[1] 全年商标申请量 9.19 万件，商标注册件数达 5.97 万件，商标有效注册

---

[1] 数据来源：《2012年上海知识产权白皮书》。

量达 31.64 万件；[1] 一般作品登记量、计算机软件著作权登记量和集成电路布图设计登记量分别比 2011 年增长 19.5 倍、22.9%、34.89%。[2] 截至 2012 年年底，上海每万人口发明专利拥有量 17.2 件，明显高于 2011 年的 13.4 件，更超额完成了政府提出的"到 2012 年，每万人口发明专利拥有量达 16 件"目标。根据《2012亚太知识竞争力指数报告》显示，上海第一次成为亚太地区第一梯队成员，名列第十一位。

（3）知识产权人才培养工作初见成效

随着苹果与三星的专利之争、与唯冠的 iPad 商标权案等一系列具有较大国际影响力的知识产权纠纷案件呈井喷式爆发，越来越多的国内企业纷纷意识到了知识产权的经济价值，开始尝试运用知识产权巩固自身竞争优势、赶超竞争对手。然而，知识产权专业人才，特别是应对涉外知识产权纠纷与诉讼的相关人才匮乏，已经成为影响我国知识产权事业发展的一个重大现实问题。上海作为我国国际经济中心，对外贸易是其经济增长的重要组成部分，因而建设自己的知识产权专业人才队伍尤为重要。总体来看，2012 年，上海的知识产权人才培养工作取得了一些实质性成效。

一是一批高层次领军人才脱颖而出。11 人入选首批国家知识产权专家库，9人入选首批全国知识产权领军人才，占全国的 1/9。二是实务型人才数量明显提升。全年新增"专利管理工程师"、"上海市专利工作者"分别为 96 人、654 人，近 1.69 万人参加了知识产权公需科目继续教育。[3] 三是各类知识产权专题培训有序开展，受训人员涵盖各领域。2012 年，上海相关部门先后开展了医学专利信息运用、《上海市著名商标认定和保护办法》操作、企业信息化战略与版权保护、推进专利技术转化等各种形式的培训工作，旨在提升有关人员的知识产权意识与实际运用能力。

2. 主要做法

（1）以提升企业知识产权综合能力为核心，全面推进企业知识产权工作

第一，开展 2012 年上海知识产权宣传周、2012 年上海知识产权十大典型案件、知识产权状况领馆通报会等多项全市性活动，增强企业知识产权意识，提高企业对知识产权工作的重视程度。第二，启动企业知识产权创优活动，认定振华重工

---

[1] 数据来源：《上海品牌发展报告（2012）》。
[2] 数据来源：《2012年上海知识产权白皮书》。
[3] 数量来源：《2012年上海知识产权白皮书》。

等 25 家企业为 2012 年上海市知识产权优势企业并给予专项资金支持，充分发挥标杆的示范带头效用。第三，继续开展版权示范单位（园区）、上海市知识产权示范、试点企业及园区等工作。第四，先行先试，启动知识产权托管试点、知识产权质押融资试点等工作，仅 2011 年享受到知识产权质押贷款政策的企业达 97 家，贷款额度 2.2 亿元。第五，积极推荐企业申报国家知识产权项目及奖项，上海专利商标事务所、上海盛知华知识产权服务等 5 家机构成为首批"全国知识产权服务品牌机构培育单位"，上海微电子装备公司"一种投影物镜光学系统"项目的五项专利获得第十三届中国专利优秀奖。

（2）突出重点，增强知识产权信息服务能力

上海市工商局、版权局、知识产权局等有关部门围绕生物医药、新能源、新材料等战略性新兴产业，张江、虹桥、青浦、陆家嘴、漕河泾等重点园区，以及知识产权试点、示范等重点单位，不断增强知识产权管理与服务，特别是注重提升信息服务能力。上海市工商局对商标信息实施了动态的信息化监管手段；市知识产权局建立的"上海知识产权（专利信息）公共服务平台"在 2012 年又新增了 886 家企业用户；上海市版权局的"作品版权登记保护应用平台"正式上线使用，有效解决了数字作品确权、示权及维权难等问题。

3. 重点领域

（1）产业技术创新战略联盟成为战略性新兴产业知识产权培育与发展的着力点

上海在新一代信息技术、生物医药、节能环保与新材料、高端装备制造等领域创建了"上海市产业技术创新战略联盟"，整合企业、高校、科研结构、行业协会等各方力量。据统计，2012 年，在该联盟带动下，开发出 76 种新产品，分别获得了 4148 项和 7 项授权发明专利与实用新型专利，取得软件著作权 64 项，集成电路布图设计 15 项。此外，还积极加强标准建设，分别形成了 20 项国家标准及 62 项行业标准。

（2）第二，战略性新兴产业专利新产品认定、重大科研项目等专项工程成绩显著

2012 年，45 个产品被认定为上海专利新产品，完成对"大型客机总体气动技术"、"基于物联网的汽车智能化信息系统"等重大科研项目的专利战略研究，启动"叠层太阳能电池"等大项目知识产权评议试点，并且将知识产权相关指标

纳入战略性新兴产业重大项目考核体系中。

（3）战略性新兴产业知识产权服务体系不断完善

上海市建立了国家十大重点产业专题数据库与上海市知识产权（专利信息）公共服务平台，对高端医疗器械、射频识别（RFID）、下一代宽带无线通信、薄膜太阳能电池、超级电容器等行业实施专利分析与预警，全面启动战略性新兴产业企业知识产权培训活动，通过组织第五届中国上海专利周活动，促进专利项目交易。

二、发展特点

（一）科技金融服务不断创新，深化金融与产业对接

2012年，上海市科技金融服务创新不断取得突破性进展，形成了"4+1+1"[1]科技金融服务体系，这是上海工业自主创新能力显著提升的一个重要保障因素。该体系主要体现在以下方面：第一，政府改革科技经费资金投入方式，如通过创建"拨改投"、"拨改补"、"拨改奖"等方式，引导和支持金融资本向科技型企业倾斜。第二，完善中小企业融资市场，推出"融信树"、"上海市科技型中小企业履约保证保险贷款"试点、科技型中小企业履约保证保险贷款，以及为科技小巨人（培育）企业与创新型企业量身定制的信贷产品等，解决中小企业融资难问题。据统计，2012年1—11月，近百家企业通过中小企业融资市场成功申请融资总额达到7.6亿元。第三，创新金融业务模式，实施知识产权质押、股权质押、科技保险试点等一系列新型金融业务，为科技型企业研发、成果转化、经营等提供资金支撑。第四，正在建设综合性"一站式"科技金融信息服务平台，2013年上半年成立了上海市金融创新研究院。

（二）创新服务体系日益完善，有效提升技术创新效率

近年来，上海市积极围绕科技金融服务、研发公共服务平台、人才服务、政策体系和协同创新以及优先区域等方面，全面推进创新服务体系，有效促进了科技成果转化和科技型企业成长。一方面积极利用张江国家自主创新示范区建设这

---

[1] 科技信贷、股权投资、资本市场和科技保险+科技金融支撑条件保障平台+科技金融保障机制。

一重要发展契机，实施多项先行先试政策，促进科技成果转化和科技金融结合，以及区域协调创新。另一方面，通过整合资源、设备共享等方式，完善研发公共服务平台服务功能，在技术创新、创建质量品牌、知识产权保护等方面出台了一系列支持政策，优化创新服务环境。同时，还不断强化"高层次创新型科技人才队伍"、"战略性新兴产业科技人才队伍"、"青年科技人才队伍"、"科技保障人才队伍"等创新人才队伍建设。

（三）强化关键共性质量技术攻关，促进产品质量提升

上海采用多种手段，促进关键共性质量技术发展。第一，政府出台的旨在鼓励企业自主创新的人才、财税、土地和政府采购等各项优惠政策中，均涵盖了对共性技术的支持。例如，在土地政策上格外对共性技术研发服务平台用地予以倾斜。第二，通过设立专门的技术转移机构，如上海技术交易所、上海联合产权交易所等，促进共性技术成果转让、扩散等。第三，鼓励企业开展重点项目攻关，解决制约产业发展的关键共性质量技术瓶颈。例如，上海外高桥第三发电有限公司利用"1000MW超临界机组系统综合优化和节能减排关键技术研究及应用"项目，攻克大型汽动给水泵组低速启动及全程调速运行技术。

（四）多方联动，营造良好的知识产权保护氛围

上海市主要从司法、行政、仲裁与调节等多个方面，优化知识产权保护环境。第一，在司法保护方面，在全国率先建立了"三合一"审判机制，提升知识产权案件审判质量及效率。第二，在行政保护方面，完善各行政执法部门执法机制，启动"销售真牌真品，保护知识产权"承诺、"质检利剑打假"等活动。第三，充分发挥上海知识产权仲裁院、上海版权纠纷调解中心、浦东新区知识产权人民调解委员会等专业机构的仲裁与调解功能，拓展知识产权纠纷解决机制，降低当事人时间与经济成本。

三、典型案例

（一）上海电气集团股份有限公司

上海电气集团股份有限公司是中国装备制造业最大的企业集团之一，具有设备总成套、工程总承包和提供现代装备综合服务的优势，自 20 世纪 90 年代以来，销售收入一直居于机械行业前三位。目前，集团聚焦高效清洁能源、新能源和环保、工业装备、现代服务业四大板块。

在"亚洲品牌 500 强"评选中，上海电气为亚洲机械类品牌排名第五名，中国机械类品牌第一名。中国机械行业许多"第一台"相继诞生于上海电气，如中国第一台汽轮发电机组（6000 千瓦）、1.2 万吨自由锻造水压机、30 万千瓦核电机组和百万千瓦超超临界火电机组，世界第一台双水内冷机组与镜面磨床，世界最大万吨油压机等。

集团技术创新能力较强。上海电气拥有 4 家国家级和 14 家市级企业技术中心，2 个国家认可实验室，2 个行业重点实验室，4 家市工程技术研究中心以及 39 家"上海市高新技术企业"。与清华大学、上海交大、中科院有关院所、上海发电成套设备研究院、华能集团等，建立了多家产学研用联合体，合作开发研究项目 200 余项，建立了 5 个"上海电气院士工作室"和 6 个研究生工作室。基本形成了三种技术创新模式：一是通过技术引进消化吸收再创新，如火电、电梯等产业已经具备了自主创新能力，拥有一批自主知识产权；二是通过自主开发实现自主创新，如大型铸锻件等；三是目前正处于技术引进、消化、吸收过程中，提高集成创新能力，如风电、IGCC 等产业。[1]

（二）恒源祥（集团）有限公司

恒源祥（集团）有限公司于 1927 年成立，是一家以毛纺织品为主，生产绒线、羊毛衫、家用纺织品和服装等大类产品的国内大型纺织品企业。目前，公司拥有 12 家子公司，40 多家核心加盟工厂，600 多家加盟经销商、分销商以及 9000 多个加盟销售网点。

恒源祥为典型的老字号品牌。1999 年，恒源祥获得"中国驰名商标"称号；

---

[1] 资料全部来源于上海电气集团股份有限公司官方网站。

2002—2003年连续两年获得"中国十大公众喜爱商标"称号；2006年，恒源祥获得行业首家全国质量奖；2008年，"亚洲品牌500强"，恒源祥位列336位；2010年，恒源祥进入十大创新贡献品牌、十大顾客最信赖品牌和十大最佳美誉度品牌名单。

恒源祥能够持续保持品牌影响力稳步提升，关键在于：第一，产业延伸，在绒线生产取得成功后，把产品延伸至针织、服装、家纺、羊毛洗涤剂等。第二，借助参与重大活动营销提高品牌竞争力，如申请成为2008年北京奥运会赞助商。第三，轻资产，只专注于品牌运营，恒源祥无厂房，不直接生产、销售产品，主要负责无形资产的运营，通过特许经营战略发展加盟工厂及经销网点。[1]

---

[1]　资料全部来源于恒源祥（集团）有限公司官方网站。

第十章 广东省工业技术创新发展状况

2013 年上半年，广东实现国内生产总值 28465.92 亿元，同比增长 8.5%，高于全国 0.9 个百分点，经济总量继续高居全国榜首。广佛肇、深莞惠、珠中江三大经济圈的蓬勃发展，有力带动了全省创新实力的显著增强，根据《中国区域创新能力报告 2012》显示，广东省区域创新能力综合排名已经连续第五年稳居全国第二位。目前，广东省正在凭借与粤港澳之间的高端合作优势，积极推进"形成以广州—深圳—香港为主轴的区域创新布局"。[1] 总体上，2012 年，广东省在关键重点领域核心技术突破、技术创新及重大技术装备等方面成绩显著，自主创新对高技术产业与战略性新兴产业支撑推动作用大幅提升，工业质量竞争力仍处于国内前列，拥有中国驰名商标数量继续居全国首位，积极建设知识产权强省工作稳步开展。

一、发展回顾

近年来，广东省地区生产总值和工业增加值都呈现出逐渐回落的趋势，2012 年，GDP 与工业增加值增幅分别是 8.2%、8.0%，明显低于前几年发展速度，但高于全国同期平均水平（2012 年全国 GDP 和工业增加值增速分别是 7.8%，7.9%）。珠三角地区仍是广东经济的强大引擎，2012 年，珠三角地区生产总值为 4.8 万亿元，占全省总量的比重达 79.1%。

---

[1] 《珠江三角洲地区改革发展规划纲要》。

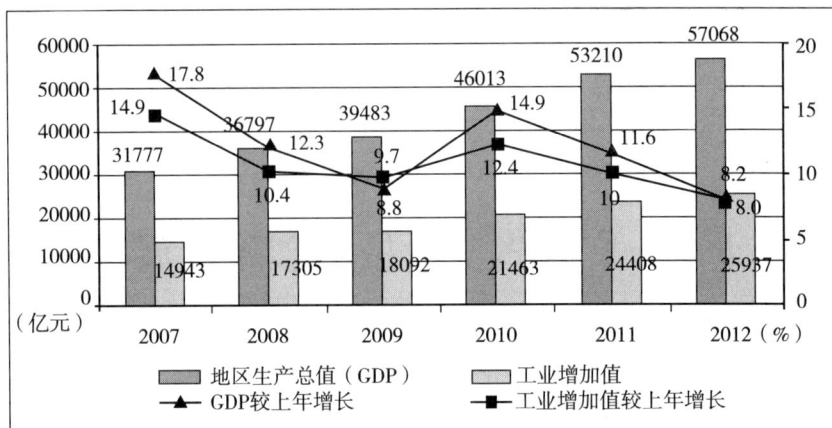

图10-1 2007—2012年广东省地区生产总值与工业增加值及其同期增速

数据来源：根据《2007—2012年广东省国民经济和社会发展统计公报》汇总。

广东省产业结构不断优化，产业高端化特征持续增强。2012年，先进制造业增加值占规模以上工业的47.9%，比上年增加2.8%。高技术制造业增加值占规模以上工业的23.3%。电子信息、新能源汽车、半导体照明、生物医药等战略性新兴产业增加值为2651.4亿元，比上年增长12%，在规模以上工业中所占比重提升至12.1%，形成了新型显示、软件、生物医药、新材料、新一代通信和LED等6个年产值超千亿元的新兴产业群。[1]

（一）技术创新发展情况

1.总体情况

（1）勇于探索，创新政策体系相对完善，企业创新环境不断优化

对全国而言，广东属于较早就开始重视创新对经济增长贡献的省份，因此，在建立健全创新政策体系过程中的很多方面走在了全国的前沿，如积极推进科技立法，广东省于2012年3月1日正式实施了我国首部自主创新地方性法规——《广东省自主创新促进条例》；成立国内首个由省级政府落实促进企业自主创新政策联席会议制度，强化企业创新主体地位；建立了百余家科技企业孵化器，培育和扶持中小型科技企业快速成长，以及创立广东省工业技术研究院等。广东省出

---

[1] 数据来源：《广东省省长朱小丹在广东省第十二届人民代表大会第一次会议上作政府工作报告》。

台的战略性创新政策文件还包括《广东自主创新规划纲要》、《广东省建设创新型广东行动纲要》等。据统计，2010—2012 年期间，仅通过落实企业研发费用税前加计扣除一项创新优惠政策，就为全省企业减免了近 174 亿元的税款。

（2）研发投入持续增强，创新成果大量涌现

从研发经费投入总量、研发强度、研发人员和技术自给率等指标看，均体现了广东省对科技创新工作的重视与高投入。2012 年，广东省研发经费投入 1250 亿元，比上年增长 28.3%；全省研发经费投入强度（研发经费占 GDP 比重）2.17%，明显高于全国的 1.98%，与 2008 年的 1.41% 相比，年均增长率达到 25%，其中，珠三角地区研发投入强度达 2.5%；每万人口中有 42 人从事 R&D 活动；技术自给率由 2008 年的 53.9% 提高至 68%，接近创新型国家 70% 的水平。

高水平的投入，带动了大批高质量的产出。2012 年，广东省获得 973 首席科学家项目 37 项，34 个项目获国家科技奖，其中 5 项获国家自然科学奖。深圳光启超材料、大亚湾中微子、华大基因组、华为、中兴的第四代移动通信技术、干细胞等重大创新成果领域跻身国际领先水平；[1] 曙光 6000 超级计算机研发成功，被列入"国家云计算产业示范试点城市"建设的主要载体；制订了数字音视频、数字高清互动接口等国际性标准，显著增强了我国在国际电子领域的标准话语权。

（3）龙头企业技术创新优势显著，企业创新主体地位进一步强化

截至 2012 年年底，广东省高新企业数量达到 5151 家，由大中型工业企业设立的研发机构近 2274 家，聚集了华为、中兴、TCL、美的、广晟、广汽、比亚迪、格力、康佳、宝洁、格兰仕、海信科龙、金发科技、广药、三九医药等一大批行业龙头企业。按照《中国区域创新能力报告》每年公布的企业创新能力指标排名，广东省已经连续多年高居榜首。

企业创新主体地位强化主要体现在以下方面：一是企业研发投入经费支出持续增加，其中，华为、中兴、美的、珠海格力、TCL 在 2012 年中国企业研发费用 TOP100 排名中的名次分别上升至第 2、11、22、50 和 62 位。二是企业独立开展项目的能力大幅增强。2012 年，194 项省科技进步奖获奖项目是由企业独立承担或参与完成，占获奖总数的 71%，累计实现经济效益 910 亿元。[2] 三是大中型企业接连实现关键技术突破，国际竞争力稳步提升。如华为、中兴在全球新一

---

[1]　来源：同上
[2]　数据来源：广东省人民政府网站。

代移动通讯领域已经成为龙头企业，成功制订出具有自主知识产权的 4G 国际标准，广晟自主研发的数字音频编解码技术（DRA），被批准成为国家数字音频编解码技术标准等。

2. 主要做法

（1）推进"三部两院一省"产学研合作新模式，聚集国家创新资源

广东省自 2005 年开始尝试并建立起了"两部一省"（科技部、教育部和广东省）新型产学研合作模式。随着该模式的全面开展及逐步取得显著成效，广东省在"两部一省"基础上进一步探索出更大格局的产学研合作方式："三部两院一省"（工信部、科技部、教育部、中国科学院、中国工程院、广东省）。目前，"三部两院一省"模式已经成为广东省汇集国家创新资源，促进协同创新，建设创新型省份的重大战略任务。据统计，"三部两院一省"产学研合作模式实施以来，累计吸引近 320 所高等院校、330 多个重点科研院所、2.5 万余名专家及学者与 2 万多家粤企实施了多样化的产学研合作，实现产值共计 1.2 万亿元，专利授权量达 2.8 万多件。[1]

实践中，广东省先后实施了省部企业科技特派员创新工程、综合性创新平台建设工程、产学研创新联盟建设工程和产学研结合区域示范基地等一系列措施，全面推进"三步两院一省"产学研合作。据统计，截至 2012 年年底，累计实现 6200 名企业科技特派员成功入驻企业；组建产业技术创新联盟数量 103 个，突破产业核心关键共性技术共 800 多项。

（2）首创"以团队引团队、以人才引人才"模式，充分发挥高层次创新人才的倍增效应

2009 年，广东省首创了"以团队引团队、以人才引人才"的人才引进模式。2012 年，广东省除继续通过团队方式规模化引入高端创新人才，还将配套实验设备纳入引进范畴。广东省实施了多项保障措施引进人才团队，激发其创新活力，发挥人才的倍增效应，带动全省工业技术创新能力提升。包括有针对性的提出一次性拨付资助经费、人员费用占经费比重最高可达 30% 等多项鼓励创新政策，建立"广东省引进创新科研团队信息化综合管理系统"等。

据统计，截至 2012 年年底，广东省共计引入 57 个创新科研团队、49 名科

---

[1] 《"三部两院一省"产学研合作助力广东科技结硕果》，《南方日报》。

技创新领军人才、1620 人高层次人才，创新科研团队项目获得发明专利 377 件，累计实现数千亿产值。其中，"宽禁带半导体研究团队"自主开发出全球首台纯固体微区激光剥离设备并实现市场化；"低成本健康技术创新团队"研制的超声瞬时弹性成像系统，填补了国内技术空白；"光启理工研究院团队"先后开发出国际第一款"超材料电磁薄膜"、"车载终端系统"等多项自主创新产品；"高通量基因测序系统团队"自主研制的 PSTAR 系列高通量基因测序设备，已在中国科学院等国内多家科研机构获得使用。

（3）实施创新型产业集群专业镇建设工程，完善多层次技术创新体系

专业镇建设是广东省构建多层次技术创新体系、推动企业转型和产业优化升级的重要环节，是广东省实施"双转移、双提升"战略的重要途径，也是广东省加快转方式、调结构进程的一个重要特色工程。据统计，2012 年，广东省共拥有 342 个专业镇，其中工业总产值超过千亿元、百亿元的专业镇分别为 6 个、108 个；专业镇全年创造的 GDP 总额 1.8 万亿元，接近全省 GDP 总量的三分之一；[1] 专业镇专利申请量、授权量分别为 9.30 万件、7.02 万件，分别占全省的 40.5%、45.6%。

为强化专业镇在产业优化升级中的地位和作用，广东省采取的措施主要有：第一，实施创新型产业集群专业镇建设工程、专业镇技术创新计划等，出台《广东创新型产业集群专业镇建设的指导意见》，对传统优势产业专业镇开展示范试点，发挥标杆带头作用。第二，搭建科技创新服务平台、组建专业镇特色产业技术创新联盟，为企业提供技术创新、检验检测等服务，设立专业镇发展基金方式支持专业镇骨干企业建立研发中心或实验室等，强化企业技术创新能力。第三，鼓励、引导创新资源向专业镇集聚，包括实施"一镇一策"和"一校（院）一镇"，将"三部两院"科技资源引至专业镇；引入国家重点实验室并在专业镇设立分支机构；支持专业镇积极开展国际交流，引入国际先进技术。第四，建立健全专业镇科技金融服务体系，加强风险投资、担保公司各类金融机构入驻，着力解决中小企业融资难问题。

3. 重点领域

目前，广东省现代产业体系建设成效显著，初步形成了以装备制造、钢铁冶

---

[1]　《"三部两院一省"产学研合作助力广东科技结硕果》，《南方日报》。

炼及加工、汽车、石油及化学等为主的先进制造业体系，以医药制造、电子及通信设备制造、医疗设备及仪器仪表制造、办公设备制造为主的高技术制造业体系，以及高端新型电子信息、生物医药、节能环保、半导体照明、高端装备制造等八大战略性新兴产业。根据《广东省国民经济和社会发展报告（2013）》显示，2012年，广东省装备制造业发展势头良好，中科炼化、中委炼油、湛江钢铁、一汽大众（南海）、江门南车轨道交通装备等重点项目工程进展顺利；战略性新兴产业较快发展，实现工业增加值2651亿元，较2011年增加了12%，高于全省规模以上工业增加值同期增速3.6%，15000多辆新能源汽车得以推广应用。

（1）高端新型电子信息产业率先突破

电子信息产业一直是广东省重点支柱产业，产业规模连续20年高居全国首位，总产值接近全国的三分之一，是全球重要电子产业基地。为推动电子信息产业向高端化、新型化发展，广东省将高端新型电子信息产业确立为近期要率先突破的三大战略性新兴产业之一。据统计，2012年，规模以上电子信息制造业销售产值2.35万亿元，增幅为9.7%，占全国该领域销售总值的27.6%。其中，高端新型电子信息产业实现产值近5000亿元，占广东省战略性新兴产业全年总产值的46%以上。近年来，广东省提出了"优新高基"（优势产业、新型业态、高端环节、基础产品）战略，全面部署高端新型电子信息产业重点发展领域，推动产业核心竞争力提升。

"优"主要是指新型显示和新一代通信两大传统优势产业，目前广东已经是全球最大的液晶电视模组制造基地，同时正在积极推进广州乐金、深圳华星8.5代液晶平板显示，佛山彩虹、广州创维、惠州TCL、汕尾信利、佛山中显、东莞宏威和南海奇美等OLED面板项目，以及中兴通讯与中国移动南方研发基地建设等。"新"主要指包含云计算、物联网、下一代互联网等在内的新型业态。互联网方面，先后成立了广东省物联网应用产业基地、广东省华南物联网应用研究院和广东省物联网产业联盟，拥有广东省物联网公共支持中心和RFID公共支持中心等，自主创新产品RFID·CPU卡芯片、高功率超窄线宽单频光纤激光器等接连实现突破。云计算方面，广东省建成了中国电信数据中心"亚太信息引擎"，搭建了国家超级计算深圳中心、广州超级计算中心、东莞和佛山南海云计算中心等公共服务平台。"高"主要指软件与集成电路设计、数字家庭、高端消费电子产品等高端产品，2012年，华为继续位居中国软件企业排行榜榜首，同时，中芯国际超大规模集成电路芯片和广联数字家庭研究院高清互动数字家庭网络等自主产品成为广东高端产品的典型代表。"基"主要指关键元器件和专用电子设备等，已实施了投资额近 1500 亿元、125 个重大项目。

（2）节能环保产业规模迅速扩张

一是产业发展较为快速，产业规模不断扩大。"十一五"期间，广东省环保产业年均增速高于 20%。2011 年，全省环保产业实现产值 2000 亿元，继续保持在 20% 以上的增长水平，占全国节能环保总产值的 15% 以上，规模位居全国第四位。目前，广东省节能环保领域共拥有 2000 多家企业，主要集中于广州、深圳、佛山等珠三角地位，产生了一批年产值超 10 亿元的大中型企业。二是产业技术水平不断提升。广东省建立了较为完善的废水处理与危险废物处理处置技术体系，具备污（废）水处理、垃圾焚烧发电和噪声治理及监测等成套设备设计与制造能力。废塑料深加工、粉煤灰、煤矸石等固废资源利用技术在国内处于先进水平。LED 系列高效节能照明、智能电网等节能装备在国内市场占据较大市场份额。

（二）质量品牌发展情况

1. 总体情况

（1）质量强省建设取得新进展

近年来，广东省积极贯彻落实国家《质量发展纲要》，率先实施质量强省战略和名牌带动战略，先后出台《关于建设质量强省的决定》、《关于实施质量发展纲要（2011—2020 年）的意见》、《关于实施商标品牌战略的指导意见》等文件，质量品牌建设工作不断取得新突破。目前，全省 21 个地级以上市、120 个县（区）、121 个镇、73 个行业开展了质量强市、强县、强镇、强业活动；2012 年，全省新增中国驰名商标 102 件，拥有的中国驰名商标总数（445 件）连续多年高居国内第一；深圳率先通过"全国质量强市示范城市"验收，深圳罗湖区和佛山南海区成为全国知名品牌创建示范区。

（2）平台建设成绩显著，为产品质量提升提供了重要支撑和保障作用

目前，广东省拥有 51 个国家质检中心，159 个省级授权质检机构，光伏、LED、新能源汽车等公共检测平台 47 个。2012 年，广东省新增国家级创新平台、省级工程中心分别为 16 家、76 家。截至 2012 年年底，广东省共建省级以上创新平台 1368 家，其中，国家重点实验室、省级重点实验室分别为 12 家、181 家，

国家企业重点实验室、省级企业重点实验室分别为 7 家、37 家，国家重点实验室培训基地、省级重点科研基地分别为 6 家、27 家，省级公共实验室 18 家。[1]

（3）夯实质量基础，标准化工作不断实现新突破

2012 年，广东省 5 项标准获得中国标准创新贡献奖奖项，其中，一、二、三等奖分别为 2 项、2 项、1 项，是全国获奖最多的省份；2011—2012 年，广东省企事业单位制修订国际标准、国家标准分别是 304 项、1000 项，领先于其他各省市；全省主要工业品平均采标率高于 80%，处于国内先进水平。华为、中兴参与制定的第四代移动通信、家用和类似用途电器的安全液体加热器的特殊要求等一系列优势产业标准顺利成为国际标准，广晟数码自主研发的数字音频技术标准成功转化为国家标准与国际标准，广东省 LED 综合标准化示范区率先成为国内第一个战略性新兴产业综合标准化试点项目。近期，广东省在推动标准化战略实施中，着力推动战略性新兴产业标准体系建设工作，率先制定并发布了半导体照明、高端新型电子信息、电动汽车三大新兴产业的标准体系规划及路线图，促进创新与标准相融合，提升产业与中高端产品竞争力。

2. 主要做法

（1）优化质量发展环境，强化质量意识

第一，建立健全政府质量奖励制度，广东省政府质量奖及市质量奖等活动继续开展，其中，省政府质量奖奖金由 50 万元增为 100 万元，获奖企业数量也扩充至 10 家（原来 5 家），广州、珠海、汕头、深圳、惠州、东莞、佛山、顺德等16 个地级市均设立了政府或市长质量奖。第二，对重点领域建立产品质量状况分析与通报制度，开展实时追踪并定期公布结果，加强对产品质量的宏观监测与分析。第三，开展"卓越企业之路"、"质量专家义诊"、"企业质量首负责任制"等活动，推广先进质量管理经验，提升企业质量主体责任意识。第四，对食品、药品等重点行业加大"三打两建"力度，加强质量安全监管。

（2）全面推进名牌带动战略，树立"广货"品牌形象

名牌带动战略是加快广东省由"广东制造"向"广东创造"转变，提升广东省在全球价值链中地位的重要举措。自实施以来，对于广东省名牌创建、培育、管理、保护，树立广东企业和产品品牌形象等均发挥了重要作用。为全面推进名

---

[1] 数据来源：《广东省国民经济和社会发展报告（2013）》。

牌带动战略，广东省实施了一系列保障措施。一是加强顶层设计，建立名牌带动战略联席会议工作机制，促进部门统筹协调与组织推进；二是开展千百亿名牌培育工程，有重点的培育大企业集团，特别是千亿规模品牌企业；三是将名牌工作纳入地方经济发展规划中，建立省、市、县等不同层次政府落实制度，深化名牌带动战略，各级政府对于荣获中国和省名牌的单位授予重奖；四是开展工业企业品牌培育试点、品牌带动提升工程等活动，提升品牌经济效益；五是加大品牌保护力度，健全品牌保护机制。六是推动商业模式创新，各级政府纷纷牵头举办"广货北上"、"广货西行"等活动，并在腾讯等数十家电子商务平台上实施"广货网上行"等，为"广货"拓宽销售渠道，树立良好品牌形象。

（三）知识产权发展情况

1. 总体情况

广东省知识产权整体水平在国内处于领先水平，根据《2012 年全国知识产权发展状况报告》显示，广东省知识产权综合发展指数位列全国榜首，领先于上海、北京。

（1）广东省专利数量连续多年高居全国榜首

2012 年，广东省专利申请量 22.95 万件，比上年增长 16.9%；专利授权量 15.36 万件，其中，发明专利授权量已连续五年高居全国榜首，2012 年达 2.22 万件，比上年增加 21.4%；有效发明专利 7.89 万件，继续居全国首位；每百万人口发明专利拥有量 751 件，是全国平均水平的 2.33 倍；在第十四届中国专利奖中获得金奖 2 项，优秀奖 53 项。[1]

（2）知识产权政策法规体系日益完善

近年来，广东省率先出台实施专利条例《广东省专利条例》，先后颁布了《关于加快建设知识产权强省的决定》、《广东省知识产权事业发展"十二五"规划》、《2013 年实施广东省知识产权战略纲要工作方案》等指导性文件，以及《广东省专利申请资助专项经费管理办法》、《关于加快推进广东省知识产权质押融资工作的若干意见》、《广东省著名商标认定和管理规定》、《广东省知识产权示范企业认定办法（暂行）》、《著作权侵权投诉管理办法》、《广东省著名商标认定和管理的

---

[1] 数据来源：《广东省国民经济和社会发展报告（2013）》。

实施细则》等一系列细则文件。这些文件的公布及实施，为全省推动知识产业事业发展营造了良好的政策环境，标志着广东省知识产权政策法规体系初步形成。

2. 主要做法

（1）建立健全知识产权公共服务平台，增强知识产权服务水平

一是以园区为突破点，带动区域知识产权服务水平提升。深圳市高新区、广州开发区、肇庆高新区先后成为国家知识产权试点园区，深圳高新区和佛山高新区分别积极建设知识产权服务平台和辅导站、中德知识产权保护和服务试验区。二是提升知识产权投融资服务水平，南海成为国家知识产权投融资综合试验区，广州、东莞顺利通过全国知识产权质押融资试点验收，截至 2012 年年底，共为 200 家企业提供了近 9.85 亿元质押贷款。三是加强知识产权信息化服务水平，广东省知识产权公共信息综合服务平台、国家知识产权局区域专利信息服务中心（广州中心）等信息平台先后正式运行。四是积极推动专利代理、代办等中介服务机构发展，2012 年，广东省专利代理机构电子申请率 99.3%，共拥有 133 家专利代理机构、109 家专利分支机构。

（2）激励与保护并行，共同营造良好的知识产权氛围

一方面不断加大专利奖奖励额度，发挥其激励作用，2012 年，广东省共投入 2350 万元用于奖励广东省第十三届专利奖获奖单位。另一方面，积极加强知识产权保护工作。推进"三打两建"专项行动，受理专利纠纷，查处假冒等专利案件，强化市场监管体系与社会信用体系建设。建立打击侵权假冒工作机制，成立由省知识产权局牵头的领导小组，加强统筹协调与推进工作等。不断完善行政执法与刑事司法的协作机制，增强知识产权保护的法制环境。

（3）加强知识产权人才队伍建设

截至 2012 年年底，广东省共拥有国家知识产权局培训基地 2 家（2012 年新增 1 家），省级培训基地 6 家；11 名知识产权人才获得全国领军人才称号，占全国的 13.6%；加强对知识产权高端人才培养工作的落实，"十百千工程"顺利进行；积极开展知识产权人才培训工作，全年共举行了 111 期培训班，受训人数近 20000 人次。

二、发展特点

（一）探索开放式创新模式，提升自主创新能力

优越的地理位置，令开放对于广东经济发展而言一直处于非常重要的位置。同样，广东省在推进技术创新体系建设时，也提倡"大科技、大开放、大合作"概念，所谓"大"即体现了开放特点。广东的开放式创新模式，主要包含国内与国际两个层面。对于国内而言，主要是指广东省善于集聚利用国内优质的创新资源为己所用，包括：促成"三步两院一省"合作格局形成；与周边省市形成合作关系，助力产业转移，实现"双转移、双提升"和"腾笼换鸟"效果；创新科研机构管理模式，通过"民办官助"方式引入和培育新型技术创新机构，如深圳光启高等理工研究院、华大基因研究院等。对于国际而言，一是提出并创建了"哑铃型"国际科技合作模式，建立了广东—独联体国际科技合作联盟、中国—乌克兰巴顿焊接研究院等。二是引入国际优秀的创新团队，包括多名诺贝尔奖获得者等优秀人才等。

（二）构建全方位质量振兴模式，促进大质量格局形成

广东主要从平台建设、品牌带动、技术标准战略等维度着力，促进质量强省战略目标的实现。目前，"政府推动＋部门联动＋行业自律＋龙头企业带动"[1]的大质量工作局面正在初步形成。一方面，通过实施"省长＋市长"政府一把手工程，质量工作被提升至全省战略性层面，将质量指标纳入政绩考核系统。另一方面，政府各级部门、行业协会等多方共同参与，积极构建产品质量安全风险防范工作机制及风险分析制度，保障质量强省顺利实施。此外，2012年，广东本土企业，如华为、中兴、广晟等，在标准制定、新产品研发以及创新成果保护、品牌建设等方面所取得的成就，不仅为广东的质量振兴工作作出了突出贡献，甚至对于全国企业贯彻落实国家的质量发展战略树立了良好的标杆。

（三）有效发挥知识产权对产业发展的保驾护航作用

知识产权对产业发展的保驾护航作用初步显现。主要体现在以下三个方面：

---

[1] 《大转变——广东实施质量强省活动两年观察》，《中国质量新闻》2012年9月12日。

一是推动战略性新兴产业发展。通过省专利技术实施计划和战略性新兴产业专利信息资源开发利用计划等，重点扶持新一代通信、物联网、数字家庭等新兴产业。建立 24 个知识产权（专利）联盟。发布半导体产业、生物医药产业及物联网产业专利分析及预警报告。二是利用专利联盟提升国际标准话语权，如顺德电压力锅专利联盟提出的国际标准被 IEC（国际电工委员会）审议通过，并于 2012 年 11 月发布。三是引导企业提升知识产权运用能力。2012 年，全省新增省级知识产权示范企业 20 家，优势企业 50 家，截至 2012 年年底，累计培育认定省知识产权示范企业 100 家，优势企业 453 家。

（四）大中型企业成为知识产权创建与运用排头兵

2012 年，我国大陆发明专利授权量排名前十位企业中，广东省 5 家企业入榜，分别是华为（第 1 位）、中兴（第 2 位）、鸿富锦精密工业（深圳）（第 3 位）、比亚迪（第 6 位）、华为终端（第 7 位）。中兴、华为在 2011 年全球专利申请量排名中分别位居第一、第三。华为、中兴等企业不仅体现了广东省企业知识产权综合能力水平，更是助推我国贯彻落实知识产权战略的重要动力。

三、典型案例

（一）广晟数码技术有限公司

广州广晟数码技术有限公司（简称"广晟数码"）于 2004 年成立，主要从事数字音频编解码技术研发工作。2010 年，广晟数码自主研发的拥有完全自主知识产权的 DRA 多声道数字音频编解码技术，荣获工信部信息产业重大技术发明奖；2011 年，获得广东省科学技术奖一等奖、广州市专利金奖、广东省标准创新贡献奖及广州市标准化创新贡献奖一等奖；2012 年，在第七届国际发明展览会上荣获国际发明展览会金奖及中科招商优秀发明奖。

DRA 技术成熟后，广晟数码积极推进标准战略，2009 年，以 DRA 技术为基础起草的《多声道数字音频编解码技术规范》被批准颁布为国家标准。2010 年，DRA 技术被 IEC 正式发布成为 IEC61937-12 音频接口国际标准。2011 年，国家标准化管理委员会批准颁布《地面数字电视接收机通用规范》为国家标准（国标号：GB/T26686-2011），其中规定 DRA 音频标准为必选音频标准。

　　广晟数码 DRA 技术在研发之初就同步启动了专利保护计划。到目前为止，广晟数码已经对 DRA 技术的在国内外共申请了 52 项发明专利，其中已授权专利 26 项。作为广东省自主创新型的高科技企业，广晟数码标准战略取得成功后，努力加大 DRA 技术专利的全球授权力度，现已对国内外 33 家知名终端厂商和芯片制造商进行了 DRA 知识产权的授权许可使用，进而扩大了 DRA 技术在国内外的影响力，加快了 DRA 技术标准的产业化推广力度。2007 年，广晟数码入选第一批广东省创新型试点企业，2013 年，广晟数码被广东省经济和信息化委员会授予广东省战略性新兴产业培育企业称号。[1]

（二）广州例外服饰公司

　　回顾 2012 全年，能够迅速实现品牌知名度显著提升、品牌影响力与品牌价值大幅增强，非"例外"和"无用"两个自主品牌莫属。"例外"和"无用"是广州例外服饰公司创立的两个自主品牌，公司于 1996 年创立。"例外"与"无用"长期持续推进自主品牌战略，逐步构建起完整的品牌运营模式，特别是高度重视品牌设计环节，切实提高顾客忠诚度，有效发挥品牌协同效应，是其成功关键。

　　1. 以把控设计环节为龙头，提升产品附加值。"例外"与"无用"坚持走原创品牌路线，以设计环节为龙头，自主设计款式、自主研发服装面料、与大学合作成立研究所培养自己的设计人才队伍，凭借对设计的严格要求和精准把控，创造出独特的品牌风格。

　　2. 以提高顾客忠诚度为核心，构建品牌管理模式。"例外"与"无用"将目标消费者定位在具有一定文化品味的知识女性，优雅的产品设计及浓厚的文化品味使得它们的消费群体相对固定并忠实度较高。

　　3. 以发挥品牌协同效应为依托，增强国际竞争力。"例外"与"无用"是两个相互独立的品牌，"例外"用于商用，"无用"为艺术品牌，只供展示与收藏。但二者之间品牌协同效应充分显现，"无用"在国际上所获得的认同感，特别是以"无用"为原型的纪录片《无用》在威尼斯电影节获奖，极大提升了"例外"品牌的国际影响力。

---

[1]　资料全部来源于公司官方网站。

第十一章　四川省工业技术创新发展状况

四川省位于我国西部，是我国重要的工业基地之一。近几年来，四川省始终坚持实施工业强省战略，不断提升创新能力，加强产品质量和品牌建设，推动产业转型升级。根据《四川省工业"7+3"产业发展规划（2008—2020年）》要求，四川省正逐步建成绵乐广隧电子信息、成德资自宜泸装备制造、成德绵南资汽车、成乐眉雅绵硅产业、川南沿江重化工、成遂南达纺织服装鞋业、川东北天然气化工和攀西钒钛稀土等八大特色产业带，同时依靠长虹集团、九洲集团、攀钢集团、新希望集团等重点企业发展，有效带动了四川经济发展，多项经济指标位居西部第一。2012年，四川省实现地区生产总值23849.8亿元，比2007年的10369.4亿元增长近130%，年均增长18.1%。

一、发展回顾

总体来看，四川省工业发展规模较大，发展速度较快，对当地经济发展支撑作用较大。2012年，全省生产总值达到23849.8亿元，经济总量列全国第8位，实现工业增加值10800.5亿元，比上年增长15.6%，对经济增长的贡献率为56.9%。其中，规模以上工业增加值10026.5亿元，同比增长16.1%，比全国增速高6.1%。

从产业结构来看，四川省已经建立了较为完整的工业体系，把发展"7+3"特色优势产业和6大战略性新兴产业作为主攻方向。[1]2012年，"7+3"产业工业增加值占规模以上工业增加值的比重达到79%，增长13.3%。战略性新兴产业

---

[1]　"7+3"产业包括电子信息、装备制造、能源电力、油气化工、钒钛钢铁、饮料食品、现代中药等优势产业和航空航天、汽车制造、生物工程以及新材料等潜力产业，6大战略性新兴产包括新一代信息技术、新能源、高端装备制造、新材料、生物、节能环保等产业。

占工业总产值的比重达到 11.8%。[1]

表 11—1　2012 年四川省特色优势产业增长率

特色优势产业	增长率
电子信息产业	32.9%
装备制造产业	12.7%
能源电力产业	9.2%
油气化工产业	14.7%
钒钛钢铁产业	10.1%
饮料食品产业	16.8%
现代中药产业	18.0%

数据来源：《四川省国民经济和社会发展统计公报》。

（一）技术创新发展情况

1. 总体情况

四川省始终坚持实施创新驱动发展战略，在研发投入、科技金融、创新人才、体制机制等方面全力打造科技创新环境，目前是西部地区唯一的国家技术创新工程试点省，具有较强的技术创新能力。2007—2012 年，全社会研发投入累计约 1300 亿元，地方公共财政科技投入累计 193 亿元，实施重大科技成果转化项目 457 个，带动实现产值 5200 亿元以上。[2]截至 2012 年年底，四川省共申请专利 66312 件，专利授权 42220 件，其中新增专利实施项目 5487 项，新增产值 866.49 亿元。[3]

2. 主要做法

（1）构建产业技术创新联盟，深化产学研合作

四川省陆续出台了《四川省产业技术创新战略联盟备案、试点实施办法》《关于推动四川省产学研创新联盟构建的指导意见》等政策，推动产业技术创新联盟的建设。截至 2012 年年底，全省围绕"7+3"特色优势产业和战略性新兴产业，共成立产业技术创新联盟 101 家，包括国内领先水平的多晶硅联盟、绝缘材料产

---

[1]　数据来源：四川省2012年国民经济和社会发展统计公报。
[2]　数据来源：2013年四川省人民政府工作报告。
[3]　数据来源：四川省人民政府网站。

业技术创新联盟、卫星通信技术创新联盟、数控机床产学研创新联盟等。对其中77家产业技术创新联盟统计，参加联盟企业达479家、高校和科研机构200多个，累计研发投入47.7亿元，20个联盟销售收入占同行业的比重超过50%。[1]

（2）加大科技投入力度，培育创新型企业

四川省政府在相关科技创新政策的指导下，R&D经费投入不断加大，R&D投入强度持续增加。2012年，四川省规模以上工业企业R&D经费投入达到了350.8亿元，R&D项目45991项。R&D投入强度从2006年的1.24%增长到2012年的1.47%，年均增长近3%。科技投入力度的加大，培育了一批创新型企业，包括四川长虹、成都国腾电子、攀钢集团、东方电气、新希望、科伦等。2012年，四川省拥有国家创新型试点企业26家，其研发投入达78.97亿元，研发投入比为3.52%，申请发明专利1105件，授权专利417件。[2]四川省拥有省级创新型企业累计1154家，其企业新产品收入占主营业务收比为60%，创新型企业自主创新成效显著，主体地位明显提升。

（3）加强科技人才队伍建设，打造西部人才高地

一是通过与高校合作，建立"海外高层次人才创新创业基地"，实施"四川百人计划"、省青年科技基金、"国家千人计划"等，培养、引进了一批科技创新领军人才和创新团队。二是加大了对人才队伍建设的政策支持力度，出台《四川省专业技术人才队伍建设中长期规划（2011—2020年）》《关于在实施西部大开发战略中进一步加强科技人才培养使用引进工作的意见》等一系列政策，完善了专业人才培养、使用、激励机制等方面的政策措施。三是以高新区为载体，加快人才集聚。以成都高新区为例，高新区采取了设立人才专项基金，在海外设立人才工作站等做法，吸引人才。据统计，2012年四川省累计引进高层次创新创业人才超过1000人，其中海归博士超过500人，入选中组部"千人计划"13人，入选四川省"百人计划"56人。[3]

3. 重点领域

（1）电子信息产业

近10年来，四川省电子信息产业飞速发展，年均增长20%以上，产业规模位居全国电子信息产业第9位、中西部第1位，已成为全国四大区域性电子信息

---

[1] 数据来源：四川省科学技术厅网站。
[2] 数据来源：四川省人民政府网站。
[3] 数据来源：四川省人民政府网站。

产业基地之一。四川省内现有电子企业 17000 多家，包括四川长虹、柏狮光电、深天马、三零集团等知名企业。2012 年主营业务收入达到 2710 亿元，产品出口额 150 亿元。

电子信息产业是四川省的支柱产业，具有很强的自主创新能力，实现了多项核心技术的突破。新一代移动通信产业技术创新联盟制定了《智能城市光纤入户规范》，是四川首个光纤入户技术标准。四川长虹投产了国内唯一一条 PDP（等离子体显示）器件和模组量产生产线。柏狮光电十分重视对 LED 产品的技术创新，目前已成功申请专利超过 50 件，国家重点新产品 2 项、省级自主创新产品 5 项。成都中光电公司 TFT-LCD 0.5mm 液晶玻璃基板项目已成功量产。四川九洲电子公司的三网融合解决方案、家庭智能终端等技术，已在行业内处于领先地位。

（2）装备制造产业

目前，四川省已经形成较为完善的装备制造产业体系，建立了 29 家省级以上技术中心，拥有了一批中国二重、东方锅炉、资阳机车等重点企业，企业通过技术创新，研发了一批具有自主知识产权和世界领先地位的产品。

东方锅炉研制的 350MW—1300MW 等级超临界、超超临界直流锅炉、600MW 等级超临界锅炉、600MW 等级亚临界自然循环锅炉、1000MW 等级核电站核承压设备以及大型电站烟气脱硫脱硝装置设计、制造技术等方面居世界先进水平。[1] 中国二重自主研发和安装的 8 万吨大型模锻压机，是目前世界规模最大的顶级装备制造；"钢卷无芯移送式热卷箱"科研项目成功将设备价格降低了 30%—40%；首件第三代核电 AP1000 主管道热段 B 弯管弯制成功标志二重集团已掌握弯制成型的核心技术，在市场上处于核心领先地位；600—1000MW 超超临界火电机组大型关键铸件国产化研究、160MN 自由锻造水压机研制获"四川省科技进步一等奖"；高效燃气大型合车式全自动控制加热炉的研究与制造、CPR1000 蒸汽发生器用 18MND5 管板锻件研制获"四川省科技进步二等奖"。

（二）质量品牌总体情况

1. 总体情况

四川省十分重视质量品牌建设工作，一直推进"质量兴川"战略，依靠科技

---

[1] 数据来源：四川重大技术装备制造业网。

创新、标准化建设与政策支持等做法提升工业产品质量，树立企业良好品牌形象，形成了一批驰名商标。2012年，四川省中国驰名商标累计达117件，居西部第一，其中新增26件，省著名商标累计达963件，其中新增174件。同时四川省大力推广"质量兴市（县）"活动，全省累计培育了1276个具有自主知识产权和市场竞争力的名牌产品，例如新希望、长虹电器、九洲电器、五粮液、东方电气、雅安三九药业、科伦药业等。

2. 主要做法

（1）推进标准化建设，提升产品质量

近年来，四川省坚持把推进标准化建设作为提高企业自主创新能力和产品质量的重要途径，并采取了多项措施。

加强标准体系建设。首先，四川省着力推进标准体系建设工作，在资金、技术、人才等多方面给予支持。同时鼓励省内各类组织参与制修订国际、国家及行业标准，加大企业在标准化领域的话语权和掌控力。其次，围绕"7+3"产业和优势产业建设标准体系。目前，四川省已在电子信息产业、新材料产业、装备制造产业、现代服务业、农业等方面，建设工业产品标准体系325个、专项农产品标准体系549个、服务业标准体系16个、企业标准体系752个。

打造标准化示范区。四川省一直推进标准化示范试点工作，2013年新建5个国家级和5个省级标准化服务试点项目，并批准省级标准化良好企业28个。同时，以高新区、工业园为载体，建设高质量示范区，发挥辐射带动作用。截至2012年年底，已经打造900多家国家级、省级标准化示范园区。

（2）优化质量品牌发展环境，推进质量发展

四川省为加强质量品牌建设工作，在优化发展环境上做了多方面工作。一是加大政策支持力度。如在推进标准化工作方面，出台了《关于加快先进标准体系建设工作的指导意见》、《2013年标准化工作要点》和《支持多点多极支撑战略实施意见的标准化工作方案》等政策。在推动名牌战略工作方面，2007年、2010年分别出台了《四川省强力推进工业品牌战略实施意见》、《四川省人民政府关于全面推进质量兴川战略的若干意见》，2011年制定了《四川名牌复核工作方案》等一系列政策措施。二是加快建设公共技术服务平台。如推进建设电子信息产业安全质量监督检验中心，食品行业产品质量监督检验中心和高新技术开发区质量技术支持中心。目前，四川省已经拥有国家级检验检测中心22个，省级

质检中心 43 个。

（3）推进品牌建设，发挥品牌的引领作用

为有效提升四川省工业产品质量水平，四川省政府实施品牌发展战略，不断加快品牌的培育，通过发挥品牌标杆引领作用，将成功经验向产业链两端延伸推广，带动上下产业加快发展，提升了工业产品质量的整体水平。2011 年，四川省名牌企业数量占规模以上工业企业的 13.2%，销售收入、工业值和税收分别占规模以上工业企业的 29.80%、22.47% 和 33.26%，名牌企业已经成为四川省经济发展的重要增长点和加速器。到 2012 年，四川省已拥有 45 个中国名牌产品，1276 个四川名牌，6 家国家质量管理奖企业，12 家省政府质量管理奖企业，124 个国家地理标志保护产品，2 个全国有机产品示范县[1]，品牌队伍已经形成规模。

3. 重点领域

在工业食品领域，四川省高度重视标准化制定和技术服务平台的建设，在白酒和茶叶等领域，制定了国家标准，例如五粮液、蒙山茶和安岳柠檬等企业都实施了国家强制性标准；在乳业、肉制品、饮料等领域，政府引领企业建设高水平检验检测服务平台。例如，新希望集团建设的物联网技术检测数据监测平台和五粮液集团新建的质量技术检测中心，极大提升了质量安全水平。

在装备制造领域，四川省建立了一批名牌企业，例如东方锅炉股份有限公司、中国二重集团、空分集团、南车资阳机车、攀钢集团、成都神钢等。立足科技，将科技创新作为提升产品质量，树立企业品牌的抓手，是四川省在质量品牌建设方面的突出特点。以东方锅炉股份有限公司为例，公司将技术创新放在首位，建立了博士后科研工作站和集产品研发、设计于一体的技术中心，创造出具有质量竞争力的产品。目前产品在国内占有率达 30%，并出口到巴基斯坦、印度、越南、伊朗、印度尼西亚等 23 个国家和地区。2012 年，公司上榜"中国锅炉十大品牌"。

（三）知识产权总体情况

1. 总体情况

近五年，四川省通过不断加强公共技术服务平台和专业人才队伍建设，完善法规政策，深入实施知识产权战略，知识产权工作进入快速发展时期，并取得显

---

[1]　数据来源：四川省质量技术监督局网站。

著成绩。2012年，全省专利申请66312件，获得专利授权42220件，发明专利申请16368件，发明专利授权4460件，PCT专利申请231件。截至2012年12月底，全省有效发明专利13003件，同比增长40.40%，有效发明专利密度为1.615件/万人，同比增长40.19%。[1]

表11-2　2012年四川省专利申请与授权情况

	数量（件）	同比增长	国内排名	与2007年对比(倍)
专利申请	66312	33.33%	8	3.5
发明专利申请	16368	38.62%	10	4.8
专利授权	42220	48.42%	7	4.2
发明专利授权	4460	36.39%	8	5.4
PCT专利申请	231	16.67%	11	—

数据来源：根据国家知识产权网站相关数据整理。

2. 主要做法

（1）完善法规政策，深入实施知识产权战略

"十一五"期间，四川省政府出台了《四川省知识产权战略纲要》等一系列政策，推动了知识产权工作。2012年，四川省政府为深入推进知识产权战略，进一步加强法规政策建设，印发了《2012年四川省知识产权战略纲要实施推进计划》，提出了加强知识产权管理能力，提高知识产权质量，培育知识产权文化、服务业，以知识产权促进优势产业发展的具体措施。为推进知识产权试点示范高新区的发展建设，四川政府出台了《百亿园区知识产权示范工程实施方案》，进一步完善了高新区试点的法规政策，加强了高新区的知识产权工作。

（2）加强公共服务平台建设，提升知识产权服务能力水平

四川省一直着力打造集政务信息、专利交易、知识产权维权等多功能的服务平台。建设了知识产权信息港、四川知识产权维权援助举报投诉中心和开通"12330"知识产权维权服务电话等服务平台，实现知识产权全方位服务。同时，建立优势产业和重点企业专利文献信息数据库。例如，通过建立四川省专利信息服务中心和四川专利信息传播与利用基地，促进了专利信息的传播和提升了专利

---

[1]　数据来源：国家知识产权局网站。

信息运用能力。此外，四川省还重视加快专利代理机构发展。四川省开展全国专利代理行业试点，不断拓展新业务，提高服务能力和水平。

（3）深化宣传培训，培育知识产权人才队伍

四川省一直加大对知识产权工作的宣传力度，努力打造一支熟悉专利信息和代理，知识产权保护、评估和维权的高素质人才队伍。2012年，四川省发布了知识产权保护状况的白皮书，开展了大量知识产权专利巡讲活动，对企业和高新园区进行知识产权培训。四川省不仅对专业人员进行培训，还充分利用电视、报纸、期刊、网络等媒体，加强日常普及宣传，促进社会公众了解知识产权。同时加强与大学、科研院所合作，在大学内建立国家知识产权人才培训基地，加强对知识产权理论型人才的培养。2012年，四川省入选国家知识产权专家人才库专家1人，国家知识产权领军人才6人，国家局专利信息领军人才和专利信息师资人才各2人。

3. 重点领域

在公共服务平台建设方面，四川省加强多功能的知识产权服务平台，并在成都、绵阳等城市建立成果转化服务平台和知识产权综合服务平台。同时围绕"7+3"特色优势产业建造了专利数据库。到2012年，四川省拥有行业专利数据库和企业专利数据库分别累计18个和90个，比2011年分别新增3个和15个，专利代理机构新增2家，拥有执业专利代理人189人。

在专利实施和产业化方面，四川省建立专利实施与产业化激励机制，开展了知识产权质押融资试点以及专利保险试点，并修订《四川省专利质押贷款办法》等政策，加快了专利实施项目和产值增速。2012年，四川省新增专利实施项目5487项、新增产值1077.48亿元、新增利税134.49亿元，同比分别增长28.95%、24.35%、27.66%。

二、发展特点

（一）强化企业主体地位，提升企业技术创新能力

四川省在工业发展过程中，始终坚持强化企业主体，提升企业自主创新能力的原则。一是深化产学研合作。四川省鼓励不同行业与高校、科研院所成立产业

技术创新联盟，整合产学研资源，实现上下游企业的集聚和共同发展，推动产业升级，同时利用产业技术创新联盟在不同领域具备的技术和服务等方面的优势，承接国家重大科技专项。根据"7+3"特色优势产业和战略性新兴产业特点，建立公共技术服务平台和科研实验室，加强企业研发能力和对专业技术人才的培养。二是提升企业自主创新能力。四川省政府从税收、财政、金融等方面出台了一系列政策措施来加大对创新型企业的支持，如研发费用加计扣除、营业税减免等。同时推进创新型企业的试点、示范、培育工作，研究制定创新型企业的标准和规划方案，以创新型企业为依托，推动核心技术的研发和创新，提升企业自主创新能力。三是建设创新型人才队伍。通过出台培养高层次专业技术人才的政策、建设培训基地、设立专项资金和不断完善人才使用机制，吸引科技创新领军人才和创新团队，打造西部人才高地，为企业提升技术创新能力提供保障。

（二）大力推进科技成果转化，促进科技与经济结合

四川省政府十分重视科技成果转化工作，将成果转化工程列为科技工作"一号工程"，制定了《四川省重大科技成果转化工程实施方案（2011—2015年）》等文件，实施专项补贴，支持和加快成果转化。同时，加强转化平台建设。全省现在有国家级、省级工程技术研究中心分别达14个、122个，国家级及省级专业孵化器25个，国家级、省部级重点实验室12个、148个[1]，并由四川大学、西南交通大学、西南科技大学等10所高校建立了四川省高校技术转移协同创新联盟。四川省政府不断完善省技术转移中心网等网上平台，设立成果转移中介组织，加大宣传，推进科技成果展示交易对接活动。如德阳、南充举办的科技成果转化对接推进会，转化签约196项。攀枝花市举办的产学研合作对接会，签约金额2.5亿元。此外，实施省内企业、高校和科研院所成果转化工程。通过完善省内企业与科研机构合作机制，在已有平台基础上，建设高层次、广领域、产业链互动的成果转化平台，推进科技成果转化，加速科技与经济结合。

（三）加快中小企业发展，推动工业经济增长

截至2012年年底，四川省中小企业对全省生产总值贡献率达60%，创造了

---

[1] 数据来源：四川省统计局网站。

全省 60% 以上的财政收入、70% 以上的工业增加值和 60% 以上的外贸出口。中小企业成为四川经济主体中重要部分，四川省将加快中小企业发展作为推动工业经济再上台阶的重要举措。一是省政府出台了《四川省关于进一步支持中小企业加快发展的意见》、《关于进一步推进全省中小企业公共服务平台建设的指导意见》和《关于大力扶持小型、微型企业发展的若干意见》等一系列政策，大力支持中小企业发展。二是加强服务体系建设。四川省编制的中小企业公共服务平台网络总体方案，位居全国之首。为加强对中小企业发展提供服务，建立了中小企业服务联盟，26 家省级中小企业公共服务示范平台，国家级、省级中小企业技术中心分别为 7 个、288 个。三是推进中小企业集聚发展。四川省依托"7+3"优势产业和高新技术园区，制定了四川产业集群发展规划。支持中小企业发展电子信息、新能源、生物制药等战略性新兴产业，形成特色产业带。四川省围绕"1525"工业园区政策大力建设工示范产业园区，园区加快了创业服务中心、孵化器、创新基地和公共服务平台建设，提高了产业集聚水平，延长了产业链条，推动了中小企业发展。

（四）加大质量品牌建设，助推工业转型升级

四川省积极实施"质量兴川"战略，大力实施名牌培育工程，全省质量水平不断提高，产业竞争力显著提升，促进了工业转型升级。一是加大对质量品牌建设的重视力度，政府积极引导企业实施品牌战略、扩大自主知识产权的保护力度等举措，形成了一批自主创新能力强，拥有核心竞争力和知识产权的名牌产品。目前，四川省拥有驰名商标 919 件、名牌产品 1276 个。同时加大扶持奖励政策，设立"政府质量奖"、"质量标杆"、"名牌奖"等奖项。二是搭建公共平台，通过建设质量检测技术服务中心和科研中心，有效提高了企业产品质量和技术水平，为企业品牌建设提供了技术支撑。三是以标准化战略为抓手，推动企业技术创新。四川政府出台了《关于加快先进标准体系建设工作的指导意见》等政策，加强标准体系的建设，并围绕优势特色产业和新兴战略性产业建设了大量标准体系，其中工业产品标准体系 325 个。同时省政府积极开展标准化试点示范区建设，带动质量品牌建设，加快转型升级步伐。

三、典型案例

（一）五粮液集团有限公司——质量品牌赢天下

五粮液集团有限公司（简称"五粮液"）一向重视企业的质量品牌建设，是唯一三次获得"国家质量管理奖"(1990年、2003年、2011年），唯一两度获得"中国最佳诚信企业"殊荣的白酒企业。在2012年亚洲品牌500强排行榜上，五粮液排名第15位；在2012（第18届）中国100品牌价值榜上，以659.19亿元的品牌价值名列第三名，连续18年稳居该榜单食品行业第一。

五粮液质量品牌建设能够一直领跑食品行业的原因，一是企业坚持科学发展，加强企业自主创新，用高新技术改造传统产业。公司建立有国家级企业技术中心和博士后科研工作站，数十项科研成果是行业首创，多次被评为科技创新先进企业。二是企业构建了先进的质量管理体系。公司建立了质量管理体系ISO9001、食品安全管理体系GB/T27341，并于2010年建造了"质管、计量、检测、研发"中心，提高了质量安全水平，推进了行业标准化生产。三是企业全面建立产品追溯体系。五粮液采用RFID防伪物流技术，对每一瓶酒的销售流程都可以进行追溯，提高了产品的质量安全。

（二）长虹集团——持续创新，加速发展

长虹集团始创于1958年，通过不断提升核心技术创新能力，积极推进产业结构调整，已成为集军工、消费电子、核心器件研发与制造为一体的综合型跨国企业集团。长虹集团技术创新成果显著，获"创新型企业"称号，"2011年度中国工业设计十佳创新型企业"等荣誉称号。2011年，2件作品获得德国红点产品设计奖，10件作品获得德国知名大奖"Plus X"，3件作品获得美国IDEA奖。[1]2012年，公司开展技术创新项目2496项，申请专利605件，同比增长15%，其中发明专利218件，授权专利397件，同比增长15.4%，参与制定国际标准1项、国家标准8项，公司创新能力稳步提升。

在四十多年的发展过程中，长虹集团在技术创新的道路上积累了丰富的经验，其主要做法是：一是加强产学研合作，打造技术创新网络。长虹集团通过设

---

[1]　数据来源：四川省经济和信息化委员会网站。

立创新设计中心，聚集了 110 余位设计精英，专业打造工业设计、用户界面设计、UCD 三个服务平台，并建立了用户体验实验室、色彩材料实验室、交互设计实验室等专业实验室。长虹建立了 PDP 技术创新战略联盟和四川省工业设计联盟，并与清华大学在科技、人才等方面开展系统合作，与中国电子科技大学的三个联合实验室已挂牌成立。二是持续培养核心技术能力。在产品技术方面，集团持续提升嵌入式系统、系统集成与服务的开发能力；在创新设计方面，集团通过创新设计开发明星产品或探索新的商业模式引领创新；在工程技术方面，集团不断对新工艺、新材料、个性化定制等方面展开深入研究。

第十二章　安徽省工业技术创新发展状况

近几年来，安徽省大力实施工业强省战略，以皖江城市带承接产业转移示范区、合芜蚌自主创新综合试验区和国家技术创新工程试点省建设为抓手，着力提高自主创新能力，强化科技、产业和体制创新联动，逐步形成以高新技术产业为引领，提升传统产业，区域协调互动发展的现代工业体系，加快了安徽经济发展。2012 年，安徽省全年固定资产投资 15055 亿元，同比增长 24.2%，财政收入 3026 亿元，同比增长 14.9%，全省生产总值 17212.1 亿元，较 2007 年的 7360.9 亿元增长近 1.3 倍，年均增长 18.5%。

一、发展回顾

从产业规模上看，安徽省工业经济发展保持了良好势头，对当地经济发展支撑作用明显。2012 年安徽省全年规模以上工业增加值 7550.5 亿元，比上一年多 1052 亿元，增长 16.2%，比全国平均增速高 6.2%。全省新增规模以上工业企业 2475 户，比上一年增长 82.9%。

从产业结构上看，安徽省高新技术产业发展迅速，据《2012 年安徽省高新技术产业统计公报》公布，2012 年安徽省规模以上高新技术产业实现产值 10255 亿元，比上年增长 16%，其中电子信息产业、汽车及装备制造产业、食品药品产业、材料及新材料产业、纺织服装产业、新能源产业等六大主导产业实现增加值 2624.1 亿元，比上年增长 16.5%。

表 12—1　2012 年安徽省主导产业发展情况

主导产业	增加值（亿元）	同比增长率
电子信息产业	253.6	38.7%
汽车及装备制造产业	1600.2	13.1%
食品药品产业	133.0	24.7%
材料及新材料产业	557.6	13.5%
纺织服装产业	10.7	26.6%
新能源产业	69.0	45.8%

数据来源：《2012 年安徽省高新技术产业统计公报》。

（一）技术创新发展情况

1. 总体情况

安徽省坚持实施创新驱动战略，先后启动了合芜蚌自主创新综合试验区和国家技术创新工程试点省建设，不断加强技术创新，加快科技成果转化和产业化，助推经济转型发展。2012 年安徽省区域创新能力上升 6 个位次，跃居全国第 9 名，居中部第一。[1] 安徽省全年共取得省级以上科技成果 878 项，共签订各类技术合同 6806 项，成交金额比上一年增加 21.2 亿，达到 86.2 亿元，增长 32.6%[2]。安徽省技术创新载体建设日益加速，据统计，2012 年拥有科技企业孵化器 70 个（其中国家级 11 个），省级技术创新战略试点联盟 13 家，国家级高新技术产业基地 18 家。

2. 主要做法

（1）加大培育创新型企业力度，提升企业自主创新能力

创新型企业对安徽经济具有引领和促进作用，可以带动提升企业自主创新能力。安徽省通过不断加大科技投入，2012 年研究与试验发展（R&D）经费支出 275.4 亿元，是 2007 年的 3.9 倍，培育一批优秀的创新型企业，其中奇瑞、科大讯飞、黄山永新、安徽中鼎等企业进入中国创新型企业 100 强。2012 年，新增国家级创新型试点企业、省级创新型企业分别达 7 家和 82 家，高新技术企业新认定 517 家，总数已达 1742 家。同时安徽省加快建设企业研发机构和开发新

---

[1]　数据来源：《中国区域创新能力报告2012》。
[2]　数据来源：《安徽省2012年国民经济和社会发展统计公报》。

产品，目前有省级以上工程技术研究中心 397 家，新增国家级、省级重点新产品 48 个和 168 个，其中安凯公司生产的纯电动旅游客车入选国家首批战略性创新产品。

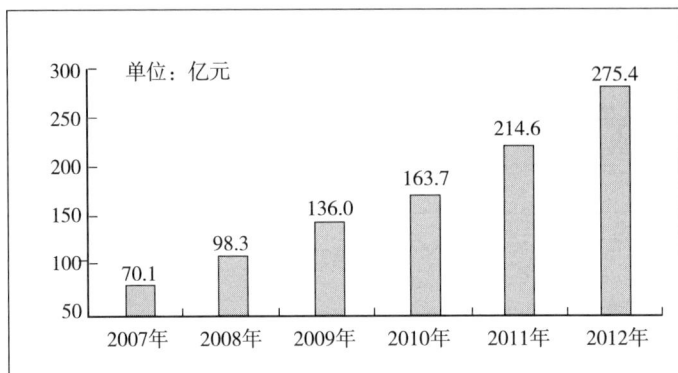

图12-1　2007—2012年安徽省研究与试验发展（R&D）经费

数据来源：安徽省宣城市人民政府网站。

（2）不断完善创新服务体系，优化技术创新环境

一是出台了《安徽省"十二五"企业技术创新发展规划》、《关于提升企业科技创新能力的若干政策规定》等一系列政策，全方位支持企业开展技术创新。二是搭建投融资平台。省政府设立了创业风险投资引导资金，资金规模达 61.9 亿元，引入了英国火花创投等一批风投机构，开展创投业务。三是加快建设服务中小科技企业的创新服务体系。2012 年安徽省已建立各类科技企业孵化器 51 个、生产力促进中心 86 家、专利代理机构 11 家、科技信息服务机构 14 家。[1]四是建立了统计评价指标体系。将研发经费投入、发明专利拥有量、取得的产业、科技、人才、改革"四大成果"作为评价自主创新成效的主要指标，并纳入省政府目标考核。

（3）加快科技创新人才队伍建设，推进技术创新

一是印发了《关于建设合芜蚌自主创新综合试验区人才特区的意见》、《安徽省专业技术人才队伍建设中长期规划（2011—2020 年）》等政策，完善了对创新人才和团队培养、使用、激励机制等方面的政策措施。二是通过实施"百人计划"、"611"人才行动计划、组建院士工作站、"115"产业创新团队建设工程等措施，加快培养和引进了一批专业技术人才和创新团队。据统计，2012 年安徽省共有

---

[1] 数据来源：科学技术部网站。

各类专业技术人员 182.8 万人，比上年增长 9.7%，新入选"千人计划"、"青年千人计划"等海外高层次人才 110 人，院士工作站 22 家，引进院士 36 人。[1] 三是优化了创新人才队伍结构，大力发展职业教育，建立职业经理人制度，同时改革人才培养模式，开展企业、高校和科研单位联合培养试点。

3. 重点领域

（1）汽车制造产业

近几年，安徽省汽车制造产业发展迅速，拥有江淮、奇瑞、安凯、华菱、合力叉车等知名企业，自主创新能力明显提升，形成一批具有知识产权的产品。

2008 年，奇瑞汽车成为我国首批创新型企业，2011 年，入围"中国十大创新型企业"、"全球最具竞争力的中国公司 TOP10"。公司通过不断技术创新，取得了一系列科技成果，如"节能环保汽车技术平台建设"获国家科技进步一等奖，"EMS（发动机管理系统）系统项目"获 2011 年度中国汽车工业科技进步二等奖，建立了国内第一个核心技术概念平台 iAuto 等。

江淮汽车积极推进企业自主创新，建有国家级企业技术中心，和高校、科研院所产学研合作，并在日本、意大利建有研发中心，被列入国家、省重点科技计划 44 项，拥有国内领先技术 43 项，参与制定国内外、行业标准 10 多项。其中 2.0TCI 发动机、1.3VVT 发动机、1.5VVT 发动机发动机和 HFC4DB1-2C 1.9CTI 柴油机分别在 2009—2012 年荣获"中国心"十佳发动机。2012 年，江淮汽车节能环保轻型卡车产品研发项目被评为"安徽省十一五技术创新优秀项目"。

（2）家电行业

2013 年前十个月，安徽省家电产业实现增加值 787.45 亿元，增长 13.7%，合计生产四大家电产品 6707.8 万台，增长 7.9%。[2] 以美菱和合肥三洋为代表的企业，通过不断积累先进技术和增强自主创新能力，取得了一系列成果。美菱荣获"国家技术创新示范企业"称号，其中 BCD-278WP3BD 无霜冰箱采用独创"双冻力风道系统"和"主动式风冷技术"两大核心技术，使冰箱更加节能和保鲜，在设计工艺上，美菱先后获"Plus?X"、"德国 IFA"、"红点"等多项国内外设计大奖。

合肥三洋建立了国家级技术中心和实验室，研发了"洗衣机用变频电机及

---

[1] 数据来源：《安徽省2012年国民经济和社会发展统计公报》。
[2] 数据来源：国家发展和改革委员会网站。

控制系统", 成为国内唯一自主研发出变频电机技术并将变频技术广泛应用的企业, 变频洗衣机可以将能效提高40%, 目前合肥三洋DD变频洗衣机市场占有率第一, XQB60-M808洗衣机获"2011中国节能产品领袖榜"洗衣机产品榜单第一。合肥三洋独创的云除菌保鲜技术和三维保鲜(贵金属抗菌保鲜、介质杀菌保鲜、系统保湿保鲜)技术, 使冰箱高效抗菌, 锁住水分, 延长保湿保鲜。BCD-326WTGER系列冰箱获得了"家电产品创新奖"和"2012—2013冰箱行业保鲜之星"。

(二)质量品牌总体情况

1. 总体情况

安徽省积极实施质量兴省战略, 以加大企业技术创新力度、完善企业政策法规、推进品牌战略为抓手, 努力提高企业的技术和质量水平, 创出一批高质量的名牌产品。如奇瑞汽车、江淮汽车、华菱汽车, 美菱电冰箱、荣事达三洋电器、海螺牌水泥、安徽淮化等。据统计, 截至2012年年底, 安徽拥有中国名牌产品37个, 安徽名牌产品1269个, 国家地理标志产品32个, 名牌产品贡献了50%以上的工业产值, 超过7000亿元。

2. 主要做法

(1)优化企业质量管理环境, 提高企业质量意识和产品质量

一是完善了企业质量发展的政策法规。安徽省陆续出台了《安徽省质量发展纲要(2012—2020)》、《关于加强安徽省工业产品质量工作的实施意见》、《关于开展安徽省自主创新品牌示范企业建设的意见(试行)》和《安徽省质量奖评审管理办法》等政策。二是建立了产品质量公共服务平台。目前安徽拥有国家级检测中心17个、产品质量检验机构785个, 累计制定国际标准3项、国家标准374项, 制定、修订地方标准1684项[1], 同时建立了具有质量管理服务能力的中介机构, 开展对中小企业质量服务试点工作。三是组织有关企业积极参加国内外的质量会议和活动, 加强了国内外质量管理工作的经验交流。

(2)加大技术创新力度, 提升企业产品质量

近年来, 安徽不断加大研发投入, 2012年研发经费支出275亿元, 比上

---

[1] 数据来源:《安徽省2012年国民经济和社会发展统计公报》。

年增长 28.1%，推进了高科技成果的产业化，特别是京东方六代线、三安光电 LED、合肥彩虹蓝光 LED、赛维太阳能电池、中光电科技 TCO 导电膜玻璃基板等一批高精装备的项目先后建成投产[1]，有力地促进了安徽省企业质量管理的整体水平。同时，安徽省加强建设技术创新联盟，国家级、省级企业技术中心，促进企业加强技术改造，增强企业制造能力和工艺水平，为企业提升产品质量和管理水平奠定了基础。

3. 重点领域

在汽车制造领域，安徽省不断加大关键技术研发和创新能力建设力度，将汽车制造产业作为主导产业，不断提升品牌形象和产品的品牌附加值，拥有了江淮、奇瑞、星马、安凯等国内著名自主汽车品牌。江淮汽车获"安徽省自主创新品牌示范企业"、"全国质量奖"；奇瑞汽车被认定为首批"国家汽车整车出口基地企业"，向全球 80 余个国家和地区出口。安徽自主品牌汽车出口量连年位居全国第一，2012 年安徽省汽车整车出口 23.27 万辆，同比增长 5.4%；出口额 17.5 亿美元，同比增长 9.8%，出口数量、金额继续保持全国第一。其中，奇瑞全年出口量达 16.67 万辆，位居我国自主品牌汽车出口企业第一位。[2]

在家电行业领域，安徽近年来加快升级步伐，目前已经成为国内外家电品牌最为集中的地区，拥有美菱、合肥三洋、索伊电器、海尔、美的、格力、扬子空调、长虹等知名品牌。2012 年四大家电总量位列全国第一位，家用电冰箱产量位列全国第一位，洗衣机、空调器位列全国第二位，全省共生产冰箱 2589.01 万台，生产房间空调 2992.9 万台，生产家用洗衣机 1499.03 万台，生产彩电 610.5 万台，全省四大家电合计生产量达 7691.8 万台。[3]

（三）知识产权总体情况

1. 总体情况

近年来，安徽省知识产权事业快速发展，根据国家知识产权局发布的《2012 年全国知识产权发展状况报告》，2007 年至 2012 年间，安徽省综合发展指数年均增长率位居全国第 3 位，2012 年知识产权综合发展指数位列全国第 9 位。安

---

[1]　数据来源：安徽省人民政府网站。
[2]　数据来源：国家商务部网站。
[3]　数据来源：国家发展和改革委员会网站。

徽省培育了一批知识产权优势企业和知名品牌，包括奇瑞汽车、科大讯飞、海螺、巨一自动化、华东光电、金星机电、合肥工大高科、鑫龙电器等，其中有 4 家企业拥有有效发明专利超过百件，分别是奇瑞汽车、马鞍山钢铁股份、丰原集团、合肥美的荣事达。安徽省的专利申请、授权量一直位居全国前列，2012 年，申请专利 74888 件，授权专利 43321 件，发明专利 19391 件，发明专利授权 3066 件，PCT 专利申请 86 件。截至 2012 年 12 月底，安徽省拥有有效发明专利 7682 件，每万人口有效发明专利拥有量 1.29 件，同比增长 60.6%。[1]

2. 主要做法

（1）探索工作新模式，加快知识产权发展

一是培育知识产权优势企业。通过推进知识产权试点企业工作，建立重点企业联系机制。二是设立知识产权激励措施，促进专利实施和产业化。推出了首届安徽专利奖，奇瑞汽车和十七冶集团有限公司共 27 个项目获安徽专利优秀奖，获奖项目新增利润 58.5 亿元。三是在高新技术开发区开展知识产权托管试点。四是通过颁布《安徽省优秀专利产业化工程项目管理办法》和建设国家专利产业化试点基地，引导和加快专利产业化。

（2）深化专利管理，完善知识产权管理体系

一是加快专利代理机构发展。安徽省政府通过提供优惠政策，加大吸引外省专利代理机构到安徽开设分支的力度。2012 年安徽省共有 20 家专利代理机构（14 家省内专利代理机构和 6 家省外分支机构）。二是完善知识产权管理机构。2012 年共有 9 个城市建立市知识产权工作领导小组或知识产权联席会议制度，67 个县（市、区）个成立了知识产权管理机构。三是加大宣传培训力度，建设知识产权人才队伍。依托"百千万知识产权人才工程"和安徽知识产权培训中心（池州）基地，开展了大量知识产权专利巡讲活动，对企业和高新区进行知识产权培训，加强对知识产权理论型人才的培养，据统计，目前 3 人入选国家知识产权专家库，通过专利高、中级专业技术资格评审人数为 10 人和 26 人。

3. 重点领域

2012 年安徽省在专利申请、发明专利申请、专利授权、发明专利授权、PCT 专利申请等方面，较 2011 年都取得了较大增长。

---

[1] 数据来源：国家知识产权局网站。

表 12-2　2012 年安徽省专利申请与授权情况

	数量（件）	同比增长	国内排名
专利申请	74888	54.2%	7
发明专利申请	19391	76.6%	8
专利授权	43321	32.4%	7
发明专利授权	3066	51.3%	4

数据来源：根据国家知识产权网站相关数据整理。

安徽省在知识产权管理与服务方面，成效显著。一是专利财政投入大幅增加，2012 年安徽省专利专项投入由 2011 年的 10247 万元增长到 16262 万元，增长 58.7%。二是知识产权保护专项行动成效显著，2012 年全省指标完成率达 134%。三是专利中介服务机构发展迅速，2012 年专利代理机构增加 2 家，达到 20 家（含引进），执业的专利代理人 75 名。

二、发展特点

（一）企业自主创新成效显著，主体地位凸显

安徽省始终坚持城市拥有更多创新型企业和自主知识产权产品为发展方向，企业主导产业技术创新能力显著提升，主体地位凸显。在研发投入方面，全省研发经费由 2008 年的 98.3 亿元增至 2012 年的 281.8 亿元，5 年增长近 3 倍。在创新载体建设方面，平均每百户企业拥有 16.8 个研发中心，拥有研发机构的企业占企业总数的比例居全国首位。在产学研合作方面，安徽省积极支持重点企业与高校、科研单位开展产学研合作，提升技术创新能力。目前，安徽省企业承担了 80% 以上的省级科技攻关项目，80% 以上工业企业与高校、科研单位建立了产学研合作关系，共建 175 个技术研究院实体、30 多个产业技术创新战略联盟和 478 个研发中心。在研发产出方面，2012 年有 4760 家企业申请专利，比 2011 年的 3500 家增长 36%，申请发明专利企业数、授权发明专利企业数、拥有有效发明专利企业数分别比上年增长 40%、62.8% 和 82.7%，企业自主创新与专利创造的主体地位日益显著。

（二）实施双轮驱动战略，构建特色区域创新体系

近几年，安徽省将技术创新作为工业转型升级的主动力，积极探索特色自主创新之路，实施双轮驱动战略，先后启动了合芜蚌自主创新综合试验区和国家技术创新工程试点省建设，打造了具有安徽特色的区域创新体系。一是先后制定出台了《关于合芜蚌自主创新综合试验区的实施意见》、《国家技术创新工程安徽省试点工作实施方案》等一系列政策性文件，明确了以芜蚌试验区为主抓手，实施创新型产业升级、创企业培育和人才集聚等六大工程，加快建设以企业为主体、市场为导向、产学研相结合的特色区域创新体系。二是建立了自主创新金融政策体系。2010 年起共设立 6 亿元专项资金，8 亿元创业风险投资引导基金，形成了对人才、核心技术、重大研发项目的资金支持，促进了科技成果产业化。

（三）发挥先进典型引领作用，提升工业产品质量水平

安徽省通过打造质量先进典型，发挥品牌标杆引领作用，将成功经验向产业链两端延伸推广，提升了工业产品质量的整体水平。通过实施品牌发展战略，组织企业争创全国质量奖、开展安徽省质量奖评审工作，培育了一批自主创新品牌示范企业。2013 年，74 家企业获得"安徽省质量奖"，24 家企业获得"省自主创新品牌示范企业"，这些标杆企业对全省质量工作起到了示范引领作用。同时安徽省通过建设质量诚信体系，树立良好的企业品牌质量形象，形成了一批具有自主知识产权和市场竞争力的名牌集群。2012 年，安徽省拥有中国驰名商标增长 26 件，达 117 件，安徽省著名商标达 1654 件，认定专业商标品牌基地 36 个。

（四）加强知识产权工作，助推经济转型发展

一是加强政策引导，推进知识产权工作。安徽省政府出台的《安徽省知识产权（专利）事业发展"十二五"规划》在知识产权战略的制定和实施方面、知识产权创造水平方面、推动知识产权运用和产业化方面、强化知识产权保护方面、加强知识产权管理体系和服务能力建设方面、知识产权宣传培训和人才队伍建设方面做出了指导和要求。《安徽省专利发展专项资金管理办法》、《关于加快战略性新兴产业和工业发展的若干政策》和《关于规范专利资助政策的指导意见》等政策规定了将授权发明专利作为重点资助对象和对企业获得发明专利授权的奖励

事项，提高了专利资助标准，提升了企业推进知识产权工作的积极性。二是加快知识产权与金融结合。为解决中小企业资金困难，加速知识产权资本化，安徽省采取了搭建专利融资服务平台、扩大试点和设立专项资金等方式，加大对中小企业的融资助力，帮助中小企业将知识产权优势变成竞争优势。

三、典型案例

（一）安徽江淮汽车股份有限公司——技术创新是企业发展的灵魂

安徽江淮汽车股份有限公司（简称江淮汽车）创建于 1964 年，是一家集商用车、乘用车及动力总成研发、制造、销售和服务于一体的综合型汽车厂商。江淮汽车保持多项全国纪录，轻卡国内排名第二、出口量连续 11 年全国第一，重卡国内排名第六，6—9 米客车专用底盘 17 年保持销量第一，新能源电动车累计销售 4000 多辆，位居全国第一，唯一获得"全国质量奖"的自主汽车品牌。江淮汽车技术创新成果显著，目前拥有 1500 多人的研发团队，被列入国家、省重点科技计划 44 项，专利 377 项，主持或参与制定国际、国内或行业标准 10 多项。[1]

江淮汽车将技术创新作为企业发展的灵魂，通过多年技术积累和自主创新，建立了独特的五层自主研发创新体系，其中以安徽国家级技术研发中心为第一层，在海外研发中心为第二层，与国内高校、科研院所共建的产学研合作体为第三层，与国外设计公司形成的设计联盟为第四层，各事业部技术部门为第五层。各层次体系的高效协作，确保了江淮汽车的技术领先地位。同时江淮汽车积极引进建设与国际同步的研发设备，建设了研发大楼、验证中心、造型室，配备了 94 条一流生产线，包括高效先进的冲压生产线、高度自动化的焊装生产线、节能环保的涂装生产线、柔化性的总装生产线等。

（二）安徽巨一自动化装备有限公司——完备的知识产权管理体系

安徽巨一自动化装备有限公司成立 2005 年，公司主要为汽车、工程机械行业提供先进的技术与装备支持，具有自主知识产权的核心技术有汽车关键零部件装配与测试系统、白车身焊装系统及电动汽车电驱动系统等，技术水平均达到国

[1] 数据来源：中国客车网。

171

内领先水平。公司 2011 年申请知识产权数量 77 件，获得 42 件，分别是 2009 年的 4 倍和 3.2 倍。2011 年知识产权实施 98 件，有自主知识产权的新产品 25 件，销售收入 19387 万元。

巨一公司提升知识产权创造能力的经验有：一是建立以企业为主体、市场为导向、产学研相结合的自主知识产权创造体系。同时公司还积极利用已建立的产学研合作平台，在与高校、研究院所合作开发项目时，将专利申请数也列入项目考核目标中，运用高校、科研院所的理论优势不断提升企业的知识产权创造能力。二是加强建设知识产权领域的人才队伍。公司先后引进多名国外技术专家任公司技术总监，在公司焊装领域和 DCT 项目的研发、知识产权建设方面做出了积极贡献。三是制定了专利员工激励制度，促进公司专利群的建立。目前公司已经形成了《专利申请激励》，对每一项授权的实用新型专利和发明专利进行不同的奖励，公司每年的专利授权数量以 20% 以上的速度增长，在"十二五"期间能够建立起相关技术的专利群。四是加强企业知识产权管理和保护。公司在建设初期选择了"安徽省合肥新安专利代理有限责任公司"专利代理机构，协助公司进行专利的申请和管理，提升了公司专利申报成功的效率，公司还建立健全了专利管理制度，已编制实施了《专利管理制度》等，每个事业部都有专人负责专利的管理，处理专利申请、缴费、专利分析等相关工作。

政　策　篇

第十三章　2013年中国工业技术创新发展政策环境分析

一、国际环境分析

在金融危机爆发5年后，全球经济逐渐走出谷底，经历着缓慢的复苏过程。2013年，世界经济增长分化趋势明显，欧美等发达经济体呈现增长态势，而以"金砖四国"为代表的新兴经济体增长速度开始放缓，全球经济复苏仍面临较大不确定性。同时，全球技术创新环境也呈现出新的特征：发达国家依然延续自金融危机爆发以来部署的创新战略，强调创新在经济复苏过程中的引擎作用；随着各国创新活动的不断升级，创新系统的开放性与协同性特征也更加凸显；新兴经济体对全球经济的贡献不断加大，在全球创新版图中的位置也被重新定义；创新活动密集发生的新兴产业领域，日益成为各国争夺的战略高地，贸易保护主义不断升温；知识产权成为技术创新的重要保障和激励制度，美国、欧盟等国家和地区在2013年纷纷顺应新形势，修改和完善知识产权法律制度，着重强调知识产权在技术创新活动中的地位和作用。

（一）技术创新成为全球经济复苏的重要动力

自金融危机爆发以来，全球主要经济体发展陷入困境，各国纷纷加强技术创新战略部署，陆续出台促进技术创新的政策措施，力图通过技术创新占领未来竞争的制高点，实现经济的平稳复苏。5年来，创新战略和政策的实施效果不断显现，不仅加快发达国家的"再工业化"进程和制造业的回归，如美国福特汽车、卡特彼勒、通用电气等制造业公司的生产线已陆续回归美国本土；同时也推动技术创新活动日益活跃，多领域交叉融合不断深化，新一轮技术革命和产业革命加速到来，在 3D 打印、页岩气等新兴领域中，随着技术、生产工艺和商业模式的不断成熟，一些国家的产业发展已初具规模。例如，在欧美国家，3D 打印技术已被商用于消费电子、航空和汽车制造等领域，以较低的成本、较高的效率完成小批量、造型复杂精细定制部件的生产；在页岩气领域，美国更是走在了全球的前列，通过水平井和水力压裂技术的不断成熟，美国页岩气最早实现了大规模开采，至 2012 年，页岩气产量已占到天然气总产量的近 40%，从根本上改变了美国的能源供应结构。

可见，技术创新战略政策在帮助发达国家走出危机阴霾的过程中发挥了重要的引擎作用。2013 年，创新依然是各个国家经济复兴的强大支撑。欧盟委员会在 7 月公布了总额高达 220 亿欧元的"联合技术计划"，通过加大产业技术研发力度，提高欧盟产业竞争力。2013 年 9 月在中国大连召开的夏季达沃斯论坛主题就是"创新：势在必行"，更加传递出各个国家意图抓住创新来恢复经济持续稳健发展的信息。

（二）创新系统的开放性和创新要素的融合性更加突出

随着新一轮技术革命和产业革命的到来，全球技术创新活动呈现出的交叉融合性和系统协同性新特征更加明显。当前，随着各科技领域间关联性和互动性增强、行业边界逐渐模糊、产品复杂度日益提高，创新越来越依赖于不同领域技术的交叉融合和群体突破，多项技术的集成创新逐渐取代单一技术突破，是当前技术创新的主流模式和显著特征，并且在不断的技术升级和产业发展过程中，这一特征正在被逐渐强化。例如，智能电网融合了电力、机械、电工、电子、计算机、软件、网络、通讯等多学科的先进技术；物联网是人类社会与信息网络的整合，其本质是计算机技术、网络技术、传感技术以及控制技术的相互融合；智能制造是新材料、机械、电子、计算机、软件等多项跨学科高技术的集成；新一代无线网络融无线、光纤、通讯、计算机、图像交换、数据交换以及各种终端设备等现代技术于一体。

同时，创新系统的开放性也因主体合作程度的加深不断提升。2013 年，美国进一步提出了建设由科技园区、大学科研院所、联邦实验室和私人研发企业组成的"创新共同体"，以推进协同创新体系建设，加速科技成果的产业化进程，同时，也有利于打造集成各方技术优势的创新生态系统。

（三）新兴经济体引发全球创新格局调整

2011 年 5 月，世界银行在华盛顿发布了《2011 全球发展地平线——多极化：新的全球经济》，指出新兴市场国家的整体经济实力正在上升，对全球经济的贡献不断提高，这一趋势将打破美国为首的全球力量格局，重新定义全球经济结构。全球技术创新格局也出现了同样的变化趋势，美国国家情报委员会在 2012 年 12 月发布了名为《2030 年全球趋势：不一样的世界》报告，其中也指出全球技术中心已经开始从西方向东方和南方转移。根据美国巴特尔（Battelle）研究所对全球 2013 年研发投资的预测，按照购买力平价美元计算，2013 年，美国和欧洲占全球研发投资的份额将为 28.3% 和 23.4%，分别比 2011 年降低 1.3% 和 1.2%；亚洲所占份额则将由 2011 年的 34.9% 提高至 37.1%。

由欧洲工商学院（INSEAD）、美国康奈尔大学和世界知识产权组织（WIPO）合办的《2013 年全球创新指数报告（GII）》是一份覆盖了全球 142 个主要经济体、评价创新作为经济发展动力重要指标的报告。其中指出，当前全球的创新集散地正从发达国家向亚洲国家等新兴经济体转移，包括印度、中国、越南、马来西亚等在内的新兴经济体在投资研发发展方面表现均优于其他发达国家。但报告同时指出，尽管这些新兴国家进步明显，但他们短期内仍无法进入创新强国之列，在今年的报告中，瑞士仍位居全球创新首位，英国跃居第三，美国依然位列全球创新五强。

近年来，新兴经济体卓越的创新表现一方面得益于政府制定了强大的研发计划，陆续出台鼓励创新的公共政策，使这些国家和地区的创新环境得到了明显改善，极大程度上活跃了技术创新活动。例如，韩国总统朴槿惠在就任韩国总统时就强调了推进"创造经济"的国政目标，2012 年 3 月即宣布成立"未来创造科学部"，以统领全国的科技政策与创新型经济建设，计划到 2017 年将 R&D 投入占GDP 比重由 2011 年的 4% 提高到 5%。再如，印度政府也宣布将 2010—2020 年作为印度"创新十年"，并计划到 2017 年 R&D 投入占 GDP 比重由目前的 1% 提高至 2%。[1]

另一方面，新兴经济体拥有潜力庞大的低端和中端消费市场，为全球近年来兴起的"反向创新"提供了市场空间。据预测，到 2030 年，中国中产阶级的人

---

[1] 数据来源：http://www.stdaily.com/stdaily/content/2013−03/22/content_585191.htm。

数将会是美国中产阶级人数的四倍，印度的中产阶级也会超过 10 亿 [1]。随着这些国家中产阶级的崛起，庞大消费群体逐渐走出贫穷，对产品和服务的种类要求也相应提升，带动了以生产质优价廉产品为主要特征的反向创新活动日益活跃起来。目前，不仅像塔塔（Tata）、马恒达（Mahindra）、联想、海尔等新兴国家的本土公司积极推动反向创新，连 GE、松下、诺基亚等发达国家的跨国企业也致力于在新兴市场内推出满足需求的创新型产品。反向创新促进了发展中国家的外生成本优势向内生创新优势转变，同时由于越来越多的创新焦点被放置在发展中国家，这样也将重塑发达国家与发展中国家的竞争关系。

新兴经济体已经成为全球创新体系中日益重要的组成部分，过去由美、日、欧主导的世界技术创新格局正在被改写，世界技术创新格局正朝着多极化的方向不断转变。

（四）新兴产业领域贸易保护主义不断升温

在金融危机阴霾的笼罩下，全球贸易保护从对象和形式上均出现了新的特征。新兴产业对一个国家产业结构提升、技术水平升级和充分吸收全球化带来的利益至关重要，是各国竞相发展的重点领域。美、日、欧等发达国家和地区面对国内经济复苏缓慢、失业率居高不下和新兴经济体快速崛起、产业结构不断趋同的挑战，为争夺新兴产业的竞争优势，发达经济体必将采取更加严苛的贸易保护措施，强化对绿色、新能源产业和电子信息产品的贸易保护。

2011 年 11 月，美国陆续对进口中国的太阳能电池、晶体硅光伏电池和应用级风电塔等中国清洁能源产品发起了"双反"调查，2012 年，美国再次对我国风电设备启动"双反"调查。2013 年 3 月，美国国会通过了《2013 财年综合继续拨款法案》，限制部分政府部门购买我国企业生产的信息系统和设备，并禁止政府颁发商业卫星对华出口许可证。[2] 在欧洲市场，新兴领域的贸易保护主义也日益升温。欧盟在 2012 年 9 月发起对华光伏电池反倾销调查，之后在 2013 年 3 月随即展开对中国光伏玻璃的反倾销调查，并宣布对产自中国的光伏产品进行强制进口登记，中欧在光伏领域的贸易摩擦愈演愈烈，发达国家的贸易保护行动正在向新兴产业扩展。

---

[1]　数据来源：http://finance.ifeng.com/news/special/2012boao/20120402/5855963.shtml。
[2]　数据来源：http://news.xinhuanet.com/politics/2013-03/29/c_115215126.htm。

据统计,从 2008 年 11 月至 2013 年 5 月,全球共实施了 3334 项贸易保护措施,其中,仅 2012 年 7 月到 2013 年 5 月就实施了 904 项;发达国家的援助措施和政府采购已占全部贸易保护措施的 26%,成为最重要的保护手段之一。[1] 部分国家通过实行"产业政策",包括进口替代、要求外资技术转移、金融支持等,来保护本国的新兴产业发展。如法国已将电动汽车可享受的环保奖金由最高额 5000欧元提高至 7000 欧元,同时,政府还承诺在大型城市设立电动汽车充电柱,混合动力汽车还被纳入政府采购计划。

(五)各国知识产权制度不断创新和发展

当前,全球已经进入一个创新密集、知识产权密集和新兴产业快速发展的新时代。世界各主要经济体正在加紧运用知识产权抢占未来科技和产业发展的制高点。发达国家正在新兴产业科技领域积极超前规划知识产权布局,实现对产业核心技术和产业发展的持续垄断和控制。其知识产权保护范围在不断扩大,保护力度在日趋增强,保护手段日渐多样,保护形式不断创新,各国知识产权制度在不断适应时代社会创新的要求而变革和发展。

美国专利商标局对专利法做出了自 1952 年以来最大的一次修订。美国总统奥巴马签署了对专利法进行全面修订的《美国发明法案》。这一举措被认为是美国"半个多世纪来最主要的专利制度改革",其核心在于:通过专利制度变革帮助美国企业和企业家更快地把发明成果转化为市场产品,简化专利申请的程序,提高专利审查的效率,减少围绕专利权的法律纠纷,重塑美国经济的引擎。同时,美国白宫于 2013 年 2 月发布《减少美国商业机密盗窃战略》报告,表示将从外交、贸易、立法、执法、公众等多个方面保护美国企业的商业机密、知识产权和创新优势。

欧盟及其成员国将知识产权视为欧洲经济增长的发动机。其知识产权制度变革以维护其内部单一市场为目标,集中指向数字化时代的知识产权保护,着力提升欧洲在世界范围内的经济竞争力。专利制度方面建立了单一的专利保护机制,减少诉讼成本,缩短解决专利纠纷的时间;商标方面对欧盟及其成员国的商标注册机制进行综合修订;著作权方面着力简化著作权管理机制,在两个层面上采取

---

[1] 数据来源:http://news.xinhuanet.com/fortune/2013-08/23/c_125231609.htm。

措施：一是制定著作权集体管理的共同规则，以提高对集体管理收入来源的管理及其透明度。有关信息管理组织的治理及其透明度的管理规则更加清晰，有助于在著作权所有人、商业用户和集体管理组织之间创造一个公平的竞争环境。二是为跨国音乐作品的在线服务授权创建一个清晰且运转良好的法律框架，这有助于鼓励新的商业模式，为欧洲消费者提供在线服务。同时积极将创建《欧洲著作权法典》作为著作权保护长远战略规划的一项重要内容。

加拿大积极推进本国版权法变革，以适应数字时代发展的需要。其《版权现代化法案》已于2012年11月7日正式生效。新的《版权法》规定了禁止规避数字锁，禁止提供以规避数字锁为主要目的的数字化服务，禁止制造、出售或传播以破解数字锁为主要设计目的设备。这意味着未经版权所有人同意，任何人通过破解数字锁来获取或复制受版权保护材料或信息的做法均为非法。提供以破解数字锁为主要目的的数字化服务或出售以此为主要目的的设备也同样属于非法行为。即使在例外规定所允许的情况下而进行的复制，通过破解数字锁来获取或复制受版权保护材料和信息的做法仍被法律禁止。此外，还有涉及教育、互联网服务提供商的责任、图书馆、博物馆、表演家和摄影家等等各方面的许多重要制度变革。

二、国内环境分析

中国经济经过了30多年的两位数的高速增长，由人均GDP不足300美元起步，发展至2012年，人均GDP已超过6000美元；并在2011年超越了日本，成为仅次于美国的全球第二大经济体，进入中等偏上收入国家的行列。当前，中国处于高水平的经济增长阶段，特别是经历了国际金融危机的洗礼，未来经济的增长不能再依靠过去的低成本优势，单纯追求数量和规模的扩张，必须转向重质量和效益，重资源和生态，依靠创新驱动的内生增长道路，中国经济的转型升级正处于关键时期。2013年是全面贯彻落实十八大精神的开局年，也是实施"十二五"规划承前启后的关键年。在这一年里，我国经济发展环境十分复杂，全面落实创新驱动政策、加快经济发展方式转变、促进产业结构调整、打造中国经济升级版，都成为摆在新一届政府面前的重大调整，正如李克强总理9月在英国《金融时报》上发表的署名文章《中国将给世界传递持续发展的讯息》中所言，"必须统筹'稳增长、调结构、促改革'"，以保持宏观经济的平稳运行。

（一）宏观调控稳中求进，创新驱动战略加快落实

2013 年上半年，GDP 增长速度呈现小幅回落，中国经济经历了阶段调整期，第一季度增速较 2012 年第四季度的 7.9% 回落至 7.7%，而第二季度又下行至 7.5%。到了第三季度，经济开始企稳回暖，进入 7、8 月份以来，工业、投资、出口等均出现了止跌企稳的迹象，市场信心增强。

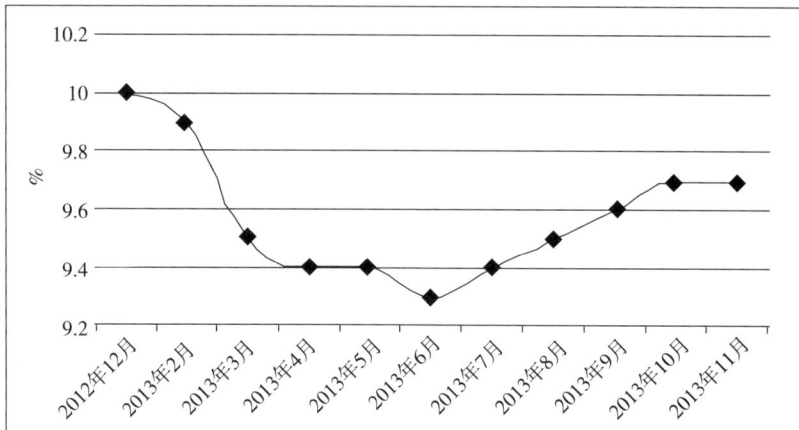

图13-1 2012年12月至2013年11月工业增加值累计增长

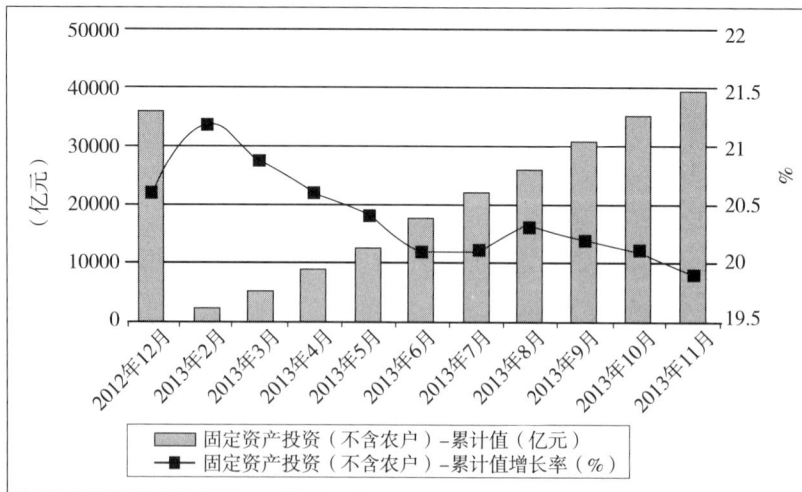

图13-2 2012年12月至2013年11月固定资产投资统计

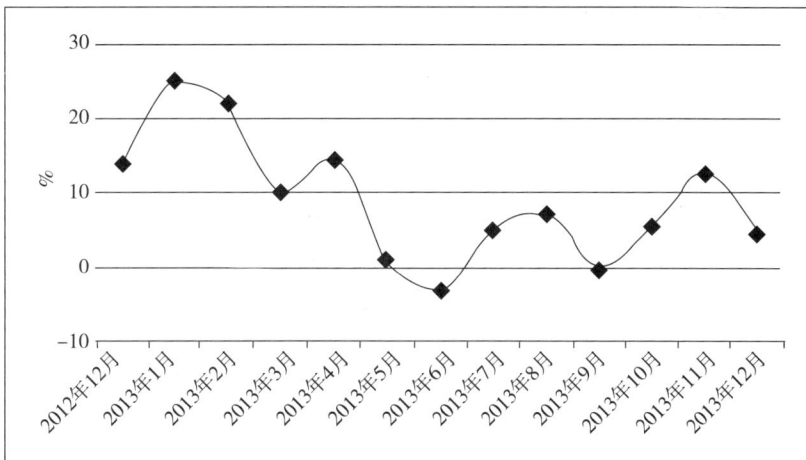

图13-3　2012年12月至2013年12月外贸出口增速

面对上半年经济发展的下行压力，新一届政府并没有再度出台大规模经济刺激计划，以通过短期刺激的方式迅速把经济增速推高；而是坚持稳中求进的总基调，以转变经济发展方式为主线，以调整经济结构为着力点，大力推进改革创新，综合施策，精准发力，出台了一系列"稳增长、调结构、促改革、惠民生"的政策措施，不断释放改革红利和内需潜力，激发市场活力，形成创新驱动的经济增长内生动力，提高了经济增长的质量和效益，推动下半年经济回归平稳，为进一步落实十八大提出的创新驱动发展战略提供了支撑基础。

（二）改革进一步深化，推动转变发展方式

改革开放以来，中国经济取得了举世瞩目的成绩，同时，经济发展的内部条件也发生新的变化。一是全球来看，我国并不具备资源方面的发展优势，而由于多年来，土地、矿产、水等资源性生产要素的价格被低估，低成本无序开发使这些不可再生资源供给日趋紧张，资源不断枯竭的同时，来自生态环境的约束也更加强化。二是在"十二五"能源消费总量控制目标的压力下，能源消费刚性增长趋势与能源消费总量控制的矛盾不断加剧，2012年，全国能源消费总量为36.2亿吨标准煤，同比增长3.9%[1]，是仅次于美国的全球第二大能源消费国。三是随着经济总量攀升、人口老龄化和劳动力供给增长放缓，中国的廉价劳动力优势快速削弱，人口红利逐渐消失。四是物流成本不断攀升，目前，中国社会物流总成

---

[1]　数据来源：国际能源网，http://www.in-en.com/article/html/energy_10181018521740568.html。

本占GDP的比重已高达21.3%，大大高于发达国家的10%。可见，发展环境的变化倒逼发展方式必须转型，改革创新的任务依然繁重而迫切，中国已进入了改革的"深水区"。

李克强总理曾明确指出："改革创新是一个国家发展的不竭动力。"[1]2013年，中国新一届政府在把握宏观经济大势的前提下，各个领域的改革步伐明显加快，举措频出。首先，以转变政府职能为核心的行政管理体制改革成效显著。在能源、交通、通信、文化等领域，已取消和下放了200多项行政审批事项，力图通过简政放权，把政府错装的手还给市场，保证政府职能不缺位、不错位、不越位，为各类企业创造公平的竞争环境，激发市场主体活力。其次，财政金融领域改革力度加大。扩大"营改增"试点范围向全国推开，2013年，以中小企业为主的小规模纳税人税负将明显减轻，对于大部分为服务业的小微企业暂免征收营业税和增值税，这一政策将惠及600万户小微企业；利率市场化进程明显加快，存款保险制度有望推出；在铁路等基础设施投融资体制、资源性产品价格、政府购买公共服务等领域也不断出台文件，加快改革步伐。第三，着力推动经济结构改革。再次强调发展混合所有制经济的思路，并在金融、石油、电力、铁路、电信、能源开发、公用事业、服务业等领域放宽市场准入，引导民间投资增长，为各类所有制企业提供更大的发展空间。[2] 这些政策体现了中央稳增长、调结构、促改革的决心和力度，从2013年的宏观经济走势可以看到，一些政策的积极效应已经显现，而且随着时间的推移会日益显著。

（三）产业结构深度调整，打造中国经济升级版

工业领域产能过剩一直是困扰我国经济运行的突出矛盾，特别是国际金融危机以来，外需疲软，国内市场相对有限，钢铁、电解铝、汽车、光伏等多个行业的产能过剩问题更加明显。2010年以来，我国抑制产能的工作取得初步成效，但产能过剩是我国工业发展的普遍问题，部分行业的产能过剩仍然十分严重。据统计，2012年，中国电解铝产能过剩达到35%，水泥产能过剩达到28%，钢铁行业产能过剩达到21%，汽车产能过剩为12%；2013年一季度工业企业的产能利用率仅为78.2%，同比下降1.6个百分点，是2009年四季度以来的最低点，部

[1] 数据来源：http://finance.sina.com.cn/hy/20130911/181116733883.shtml。
[2] 来源：李克强：《以改革创新驱动中国经济长期持续健康发展——在第七届夏季达沃斯论坛上的致辞》，2013年9月11日。

分行业的产能利用率指标更低，如建材、铁路船舶等运输设备制造业、煤炭采选业产能利用率分别仅为 72.5%、73.6% 和 74.9%。[1] 值得警惕的是，我国部分战略性新兴产业，如太阳能光伏电池、风电设备等领域也出现了产能过剩的隐患。

造成产能过剩的原因是多方面的，一是由于政府扶持产业发展的力度过大，在一些行业中，经过长期的大规模投资，产业链低端积累了巨大的产能，导致产能过剩；二是地方政府为了迅速做大 GDP，在缺乏科学合理的投资规划的情况下，盲目引导投资者进入本已过热的投资领域，导致产能过度无序扩张。产能过剩主要来自于政府对工业的过度干预，是产业结构不合理、发展方式落后的重要表现。

2013 年，产业结构调整任务艰巨而紧迫，一方面，国务院下决心，出台通过大幅缩减行政审批事项，减少政府对行业的行政干预，以钢铁、电解铝、平板玻璃、水泥和船舶等五大行业为突破口的产能过剩治理方案；另一方面，新一届政府继续加快培育战略性新兴产业，加速推进产业结构转型调整，实现工业转型升级和经济发展提质增效。自国务院在 2010 年出台《关于加快培育和发展战略性新兴产业的决定》以来，战略性新兴产业发展势头强劲，逐渐成为国民经济的重要引领。2013 年 1—5 月，通信设备制造、软件产业、医药制造业、医疗器械制造业的主营业务收入分别增长了 27.59%、24.2%、19.8%、21.3%，领跑工业经济增长。[2] 战略性新兴产业在我国工业领域中的支柱性地位正逐渐形成，是打造中国经济升级版的重要引领和驱动。

（四）三大知识产权法律制度不断修订完善

2013 年是我国知识产权法律制度修订完善之年，我国的《著作权法》、《专利法》、《商标法》均在开始修订完善，而且是十年来的重大修订完善。这次修订和完善契合了我国创新发展的实际需求，回应了时代社会发展对知识产权制度变革的重大关切。

从《著作权法》的修订来看，修订过程采取的主要方法是：（1）将现有规定与行政法规中的著作权法的一般性问题上升至法律中，主要是将《著作权法实施条例》、《计算机软件保护条例》和《信息网络传播权保护条例》三部行政法规中的相关制度设计，如著作权产生时间，"三步检验法"、技术保护措施和权利管理

---

[1]　数据来源：http://www.zhgpl.com/crn-webapp/mag/docDetail.jsp?coluid=0&docid=102650988&page=1。
[2]　数据来源：http://www.stdaily.com/stdaily/content/2013-09/06/content_641222.htm。

信息等上升为《著作权法》的相关制度安排；（2）根据我国加入的相关国际公约的基本要求，在现行《著作权法》中增加必要制度安排，使其与相关国际条约一致——如作者的出租权、表演者的出租权、技术保护措施和权利管理信息等制度安排；（3）将实践证明行之有效的一些司法解释的相关制度设计上升到《著作权法》中的制度安排——如著作权和相关权登记、委托作品的使用等；（4）将业界呼吁强烈和实践中亟待解决的，各界初步达成共识的内容写入法律中，如著作权集体管理组织的延伸性集体管理、实用艺术作品著作权、信息网络传播权和广播权的界定、视听作品的归属、职务作品的归属、著作权的专有许可和转让登记、著作权纠纷行政调解等。可见，随着高新技术特别是数字技术和网络技术的迅猛发展和广泛使用，我国著作权保护面临的现实环境发生了极大的变化。修改《著作权法》及时回应了当代科技发展和科技创新的客观需要。

从《专利法》的修订来看，针对我国专利制度运行中保护不力、运用不足的突出问题，充分发挥行政执法和司法保护两种途径各自的优势和作用，有效维护专利权人的合法权益，并最大限度地节约当事人的成本和社会资源，有效激发和释放全社会的创新活力与能力，为创新驱动发展提供有力的制度支撑，需要对现行《专利法》进行修订。（1）赋予司法机关和行政执法机关调查取证权，着力解决专利维权"举证难"的问题；（2）增加管理专利工作部门对专利侵权赔偿额的判定职能，明确无效宣告请求审查决定的生效时间及相关后续程序，着力解决专利维权"周期长"的问题；（3）增设对故意侵权的惩罚性赔偿制度，着力解决专利维权"赔偿低"的问题；（4）赋予管理专利工作的部门查处和制止恶性侵权行为的职能，解决专利维权的"成本高，效果差"的问题。

从《商标法》的修订来看，主要内容集中在三个方面：一是进一步便利申请人注册商标。增加声音可以作为商标申请注册的制度安排；增加"一标多类"商标注册申请新方式；开放了商标注册的电子申请制度安排；增加商标局与申请人的商标审查沟通程序设计；增加了商标审查与审理工作的法定时限制度安排；重新构架了商标异议程序，将以在先权利为由提出商标异议的主体由任何人修改为在先权利人或利害关系人，商标局经审理认为异议理由不成立的将直接准予商标注册。二是进一步维护公平竞争的市场秩序，规范了驰名商标的制度安排，规定只有商标局、商评委及人民法院在具体案件审理过程中才能认定驰名商标，并明确驰名商标不能用于广告宣传、展览及其他商业活动中；规定了驰名商标使用中的不正当竞争行为，规定将他人驰名商标、注册商标作为企业名称中的字号使用误导公众的，属于不正当竞争行为；明确禁止抢注因业务往来等关系而明知他人已经在先使用的商标；规定商标注册人不能证明此前三年实际使用的，侵权人不承担赔偿责任。增加商标代理机构的法律责任，要求其保守委托人的商业秘密，不得代理具有抢注情形的商标注册申请，不得注册除对其代理服务申请以外的商标。三是进一步加强商标专用权保护。明确故意为侵权提供便利条件帮助他人实施侵犯商标专用权行为的，属于商标人侵权行为；提高商标侵权行为罚款的数额，增加对商标侵权行为的法定从重处罚情节；对五年内实施两次以上商标侵权行为或者有其他严重情节的，应当从重处罚；对恶意侵犯商标专用权、情节严重的，可以判定惩罚性赔偿；人民法院为确定赔偿数额，在权利人已经尽力举证，而与侵权行为相关的账簿、资料主要由侵权人掌握的情况下，可以责令侵权人提供与侵权行为相关的账簿、资料；将人民法院可以酌情判定的法定赔偿额上限从50万元提高到300万元。

三、制度体制条件

（一）经济体制改革

在中国改革开放的过程中，经济体制改革一直是重中之重，通过经济体制改革，解放生产力，促进经济进步，始终是中国发展最紧迫的任务。新中国成立之后，为适应当时政治经济的发展需要，我国按照苏联的模式，建立起了高度集中的计划经济体制，在一段时间内，计划经济体制为保障我国人民的工作生活、推动经济社会发展发挥了积极显著的作用。但随着我国经济规模不断壮大，人民的经济文化生活不断丰富，计划经济体制难以适应新形势的需要，甚至在一定程度上成为了经济社会继续前进的阻力。于是，在1978年召开的十一届三中全会上，顺应社会生产力发展的需要，为我国经济发展注入活力，我国经济体制改革大幕拉开，具有中国特色的市场经济体制开始逐渐确立。

经过三十多年的改革探索，我国市场经济体制不断完善。国家计划管理从总体上指令性计划向指导性计划转变；国有经济布局不断调整，向关系国家安全和经济命脉的重要领域集中，控制力和竞争力进一步增强，国有企业经改制后成为国有独资公司、有限责任公司或股份有限公司；建立了以分税制为核心的财政体制框架，稳步推进增值税转型试点和出口退税机制改革；商品市场进一步发展，取消了生产资料价格双轨制，进一步放开了竞争性商品和服务的价格，不断完善健全市场规则和秩序；放宽了非公有制经济的市场准入，对电信、铁路、民航、烟草、电力等垄断行业改革迈出新步伐，允许非公有资本进入法律法规未禁入的行业和领域；金融体制改革力度不断加大，国有商业银行股份制改革加快推进，汇率市场化改革迈出重大步伐，政府投资的范围不断缩小，企业投资自主权逐步扩大，投资审批制度不断规范。

深化改革是发展的持久动力。2012年，党的十八大指出："经济体制改革的核心问题是处理好政府和市场的关系，必须更加尊重市场规律，更好发挥政府作用"。2013年5月底召开的全国经济体制改革工作会议上，国务院从健全水电气价改制度、形成铁路投融资体制改革方案、加快制定政府购买服务指导意见、研究新型城镇化中长期发展规划、人民币资本项目兑换方案、建立个人投资者境外投资制度等几大领域重点研究部署了当前经济体制改革的任务，推动了2013年经济体制改革的进程。2013年7月，习近平总书记在湖北调研时指出"加快推进和深化改革、强化改革的顶层设计以释放社会发展活力，依然是接下来经济体制改革的主线"。2013年9月9日，国务院批复同意由中央编办、发展改革委、教育部、科技部、工业和信息化部等35个部门组成"经济体制改革工作部际联席会议制度"，作为顶层设计，联席会议制度将统筹协调经济改革中的重大问题和论证方案，减少因部门利益造成对改革进程的阻碍，更加有利于实质性地推进改革步伐。

（二）科技体制改革

我国的科技体制改革自20世纪80年代开始逐步启动，企业作为技术创新的主体地位逐渐被强化，产学研结合的技术创新体系日益完善，科技创新环境不断优化。20多年以来，科技体制改革推动我国科技创新能力建设取得了显著的成效。过去十年来，我国研发投入保持了年均增长20%以上的高水平，已成为全球研发投入总量第二的国家，研发投入强度（即研发投入占GDP的比重）也从2002年的1.23%稳步提高到2012年的1.97%。从科技产出角度看，2012年，我国专利申请量已达到205.1万件，较2002年25.3万件增长了近9倍，其中，发明专利为65.3万件，占比达到31.8%。中国国际专利申请量仍然以两位数增长，位列全球第四，中兴通讯和华为公司在 2012 年的国际 PCT 专利申请量分别为 3906 件和 1801 件，位列全球第一和第四。

2013 年，深化科技体制改革仍然任重道远。在 2013 年 1 月，国务院出台了《关于强化企业技术创新主体地位 全面提升企业创新能力的意见》，提出到 2015 年，基本形成以企业为主体、市场为导向、产学研相结合的技术创新体系的总体目标，明确要求以深入实施国家技术创新工程为重要抓手，增强企业技术创新能力，支撑创新驱动战略实施和创新型国家建设。3 月，国务院印发了《国家重大科技基础设施建设中长期规划（2012—2030）》，是我国首部科技基础设施的建设规划。规划对我国重点科学领域的重大科技基础设施进行了系统安排，有效提高我国科技创新能力，为新一轮技术创新和产业发展提供重要支撑和强大动力。同时，为促进科技与经济紧密结合，进一步打通科技与产业之间的环节，《促进科技成果转化法》的修订工作也稳步推进。7 月，国家主席习近平到中科院进行考察，进一步提出了要深化科技体制改革，坚决扫除影响科技创新能力提高的体制障碍。9 月 30 日，中共中央政治局以实施创新驱动发展战略为题举行了第九次集体学习，习近平总书记在主持学习时再次强调了加快科技体制改革步伐，破除一切束缚创新驱动发展的观念和体制机制障碍，是当前落实创新驱动战略的最紧迫的任务。2013 年陆续出台的政策文件和积极举动，以及中央领导的多次强调，都释放出科技体制改革势在必行的信号，不断改善着 2013 年工业科技创新的制度环境。

（三）《促进科技成果转化法》修订

科技成果向产业转化是解决科技与经济紧密结合的重要环节，《促进科技成果转化法》是促进我国科技成果转化的重要法律保障，有利于推动科技进步，推动科技与经济紧密结合、相互促进，发挥科技对产业和经济的支撑作用。1996 年，作为《科学技术进步法》相配套的重要法律，我国颁布了《促进科技成果转化法》，对我国科技成果转化的界定和途径、应遵循的基本原则以及相关的权益和责任进行了相关的界定。随后，1999 年，国务院发布了《关于促进科技成果转化若干规定》，以进一步鼓励科技成果向产业的转化。

《促进科技成果转化法》实施 17 年以来，对于保障科技成果转化主体权益、促进科技成果转化发挥了积极的作用，但是，随着社会经济不断发展进步，科技创新的体制环境发生了巨大的变化，科技成果转化逐渐成为制约我国科技与经济结合的瓶颈问题。据国家科技部的一项研究表明，我国每年有省部级以上的科技成果有3万多项，但是能大面积推广产生规模效益的仅占10%—15%；每年的专利技术有7万多项，但专利实施率仅为10%左右；科技进步对经济增长的贡献率为39%左右，其中高新技术对经济增长的贡献率仅为20%，远远低于发达国家60%的贡献率，一些耗费大量人力、物力、财力研究出的科技成果，甚至被鉴定"国内首创"、"国际领先"，却都被束之高阁。[1]面对不容乐观的科技成果转化现状，现行的《促进科技成果转化法》亟待修订，以适应新时期我国建设创新型国家、实施创新驱动发展战略的需求。

2007年底，我国修订了《科学技术进步法》，重点明确了我国提高自主创新能力、建设创新型国家的战略方针和政策，突出强调了企业的技术创新主体地位，着力发挥科技对经济社会发展的支撑引领作用，是新形势下推动我国科技进步的重要法律保障。作为《科学技术进步法》的配套法律，《促进科技成果转化法》修订的条件已经成熟，科技部从2010年开始着手研究，2013年修订工作正式启动。针对现行法律中存在的科技成果形式界定不明、缺乏产学研合作实施科技成果转化的相关规定、没有关于技术交易和知识产权交易等科技中介服务内容、缺少科技金融的保障措施等问题，《促进科技成果转化法》的修订工作主要着力于处理好政府和市场的关系，重视企业的技术创新主体作用，强化科研机构和高等学校的技术转移，坚持产学研合作，注重科技金融和中介机构的重要作用和地位，同时，不断完善资金保障和政府职能，真正有效地促进各类科技成果向产业转化，保障不同科技活动主体的权益。

---

[1] 来源：http://npc.people.com.cn/GB/11044925.html。

第十四章 2013年中国工业技术创新重点政策解读

一、主要政策分析

2013年，为贯彻落实国民经济"十二五"规划和工业转型升级规划，深化经济体制改革和科技体制改革，坚实国家科技、信息基础设施建设，加快建设以企业为主体、产学研相结合的产业创新体系，我国相继出台了多项政策文件，为引导企业提升技术创新能力、优化企业技术创新环境提供了有力支撑。

（一）《关于强化企业技术创新主体地位，全面提升企业创新能力的意见》

强化企业技术创新的主体地位，促进科技与经济紧密结合是深化科技体制改革的中心任务。2013年1月，国务院出台了《关于强化企业技术创新主体地位，全面提升企业创新能力的意见》（国办发〔2013〕8号）（以下简称《企业创新意见》），全面部署企业创新能力提升目标和重点任务，是对党的十八大提出实施创新驱动战略和全国科技大会精神以及中央6号文件[1]的具体落实。

近年来，我国科技快速发展，企业创新能力不断增强，由企业牵头攻克了一系列重大关键技术，为产业升级和结构调整提供了有力支撑，一批具有国际竞争力的企业特别是高新技术企业不断涌现，以企业为主体、产学研相结合的创新体系初步形成。但是，总体上看，我国企业的创新能力仍然不足，突出表现为：一是企业研发中心数量少、规模小、创新能力弱。据统计，2011年，我国规模以上工业企业中设立研发机构的仅占全部规模以上企业的7.8%；其中大中型工业

---

[1] 中央6号文件：2012年9月23日，中共中央、国务院出台了《关于深化科技体制改革 加快国家创新体系建设的意见》。

企业中设立研发机构的占全部大中型工业企业的 19.8%。[1] 二是企业的研发投入强度明显不足，2011 年，我国大中型工业企业研发投入仅占当年主营业务收入的 0.97%，远低于主要发达国家的 2.5%—4% 的水平。三是企业的创新主体地位仍未真正确立，特别是在国家科技计划项目立项、实施、评审的全过程中，还是由专家和政府主导，没有真正发挥企业了解市场、了解行业的优势，也没有真正反映企业的创新需求。

企业强则国家强。为有效解决上述问题，切实提升我国企业的创新能力，2013 年，国务院出台《企业创新意见》，旨在进一步强化企业的技术创新主体地位，促进科技与经济结合，实质性地深化我国科技体制改革。与中央 6 号文件的目标一致，《企业创新意见》也明确提出了两阶段的目标：到 2015 年，基本形成以企业为主体、市场为导向、产学研相结合的技术创新体系；到 2020 年，企业主导产业技术研发创新的体制机制更加完善，企业创新能力大幅度提升，形成一批创新型领军企业，带动经济发展方式转变实现重大进展。

《企业创新意见》从着力提升企业自主创新能力、大力推进产学研用紧密结合、积极引导创新资源向企业集聚和营造企业技术创新的良好环境四个方面部署任务、出台举措，强化企业的主体地位。《企业创新意见》明确提出了多项与企业、产业直接相关的任务举措，真正体现产学研结合、以"产"为主，突出了技术创新对产业发展的引领支撑作用。为提升企业在国家科技计划项目中的参与程度，《企业创新意见》提出了"国家科技计划项目征集和指南编制要充分听取企业专家的意见，产业化目标明确的重大科技项目由有条件的企业牵头组织实施"；为加强企业研发中心的建设，提出"引导企业围绕市场需求和长远发展，建立研发机构"；为培育发展战略性新兴产业的创新链，《企业创新意见》指出"建立健全按产业发展重大需求部署创新链的科研运行机制和政策导向，推进新技术、新材料、新工艺、新模式、高端装备等的集成应用，实施国家高技术产业化示范项目、国家科技成果转化引导基金、国家重大科技成果转化项目、国家文化科技创新工程等，大力培育发展战略性新兴产业"；为提高产业共性技术的供给能力，《企业创新意见》明确提出"针对重点行业和技术领域特点和需求，在钢铁、有色金属、装备制造、建材、纺织、煤炭、电力、油气、新能源与可再生能源、电子信息、生物医药、化工、轻工、现代农业、现代服务业等产业，依托骨干转制院所、

---

[1] 数据来源：http://www.qstheory.cn/kj/kyzt/201306/t20130624_242573.htm。

行业特色高等学校和行业领军企业，通过体制机制创新，整合相关科研资源，推动建设一批产业共性技术研发基地，加强共性技术研发和成果推广扩散"等。

（二）《"十二五"国家自主创新能力建设规划》

根据国务院的总体部署和要求，国家发展和改革委员会与科技部牵头，会同教育部、工业和信息化部、交通运输部、环境保护部、农业部、铁道部、水利部、质检总局、知识产权局、中科院和工程院等单位，研究编制了《"十二五"国家自主创新能力建设规划》（以下简称《规划》），2013年1月经国务院批准印发（国发〔2013〕4号）。《规划》是我国历史上第一部系统部署加强自主创新能力建设的规划和指导性文件，对贯彻落实国家创新驱动发展战略具有重要意义。

《规划》的发布实施契合了我国实施创新驱动发展战略的要求。党的十八大提出实施创新驱动发展战略，要求将创新作为经济增长的主要动力，作为转变经济发展方式的根本力量。2012年召开的全国科技创新大会强调，以提高自主创新能力为核心，以促进科技与经济社会发展紧密结合为重点，进一步深化科技体制改革。在这一系列重大决策中，增强自主创新能力是核心和关键。实践证明，增强自主创新能力是培育国家竞争新优势、保障经济社会稳步发展和国家安全的必由之路。"十二五"是我国打造经济升级版的重要战略机遇期，更加需要进一步增强自主创新能力，加快推进经济发展方式转变，赢得发展先机和主动权。"十二五"规划《纲要》明确提出，以科学发展为主题，以加快转变发展方式为主线，坚持把科技进步和创新作为加快转变经济发展方式的重要支撑，对自主创新提出了更高、更新的要求，也为增强自主创新能力指明了方向，明确了重点和任务。《规划》的发布实施顺应了创新驱动战略深入实施的要求。

《规划》作为推进全社会加强国家自主创新能力建设的指导性文件，总体定位主要体现在三个方面：一是贯彻落实创新驱动发展战略和全国科技创新大会的部署，促进科技与经济的紧密结合，将增强自主创新能力贯穿到现代化建设的各个方面，针对科技、经济、社会发展等对创新能力建设的重大需求进行系统设计和全面布局。二是与国家其他重点规划统筹协调，特别是要围绕落实"十二五"规划《纲要》和国家中长期科技发展规划纲要确定的重大任务和目标，对创新能力建设有针对性地做出具体部署和实施安排。同时，与国家科技、产业等规划的相关内容有效衔接，重点突出创新基础能力建设，为科技创新和产业创新发展提供动力支撑。三是体现政策导向性，重在明确政府工作方向，引导创新主体行为，推进创新能力的布局、形成和提升。

基于上述总体定位，《规划》从创新基础设施、创新主体、创新人才队伍和制度文化环境等不同层面，对创新能力建设进行系统设计和全面布局，并通过总体部署把指导思想和各主要系统有机衔接起来。同时，兼顾创新能力建设不同重点领域的差异，通过设置建设重点专栏，进一步细化规划重点任务、重点工程和保障措施，以增强规划的针对性和可操作性。《规划》系统总结了"十一五"时期国家自主创新能力建设取得的重要成就。认为，当前自主创新能力建设步伐明显加快，有效地提升了国家的原始创新、集成创新和引进消化吸收再创新能力，突破了一批核心关键技术，取得了一大批创新成果，对经济社会又好又快发展提供了支撑，为进一步推进自主创新能力建设奠定了较好的基础。《规划》从国家竞争力提升、重大科技突破实现、经济发展方式加快转变、经济社会发展难题突破等四个维度，深入分析了我国自主创新能力建设面临的新机遇和新挑战。并指出了当前制约国家自主创新能力建设和发展面临的一些突出问题，如创新的体制机制尚不完善、创新能力建设缺乏顶层设计和系统前瞻布局、企业创新动力和活力不足等，从而为进一步推进创新能力建设明确了工作重点和方向。

为加强对国家自主创新能力建设的统领作用，《规划》从三个方面对自主创新能力建设的重点、任务和方向做出了总体部署。一是将支撑科技跨越发展放在突出位置，要求重点推进科学研究实验设施建设，加强科技资源的整合共享和高效利用，健全国家标准、计量和检测技术体系；二是将支撑经济社会创新发展作为主攻方向，强调要注重加快推进重点产业关键核心技术研发和工程化能力建设，提升重点社会领域创新能力和公共服务水平，构建各具特色、协调发展的区域创新体系；三是将创新主体、创新人才和制度环境等作为自主创新能力的基础，强调要最大限度地提高创新的效率和经济社会效益。

《规划》运用定性和定量相结合的方法，兼顾预期性和可考核性，从创新基础条件建设、重点领域创新能力、创新主体实力、区域创新能力布局、创新环境等五个层面，提出了到"十二五"末国家自主创新能力建设要达到的具体目标。一是创新基础条件建设布局更加合理。投入运行和在建的重大科技基础设施总量接近50个，形成一批世界一流的科学中心。重点建设和完善100家国家工程中心，新建若干家国家工程（重点）实验室，认定一批国家级企业技术中心，产业技术创新、重大技术装备研制和重点工程设计的支撑条件更加完善。二是重点领域创新能力明显提升。农业、制造业、战略性新兴产业、能源和综合交通运输等产业创新能力大幅提升，教育、医疗卫生、文化和公共安全等社会领域创新能力建设取得重要进展。三是创新主体实力明显增强。企业技术创新主体地位进一步强化，大中型工业企业研发投入占主营业务收入比例达到1.5%，一批创新型企业进入世界500强。建成若干一流科研机构，创新能力和研究成果进入世界同类科研机构前列；建设一批高水平研究型大学，一批优势学科达到世界一流水平，关键核心技术的有效供给能力明显提升。四是区域创新能力布局不断优化。初步形成东中西部分工协作、功能互补、多层次合作的区域创新体系。区域性创新服务平台建设得到加强。五是创新环境更加完善。创新人才队伍结构更加合理，涌现一批高端创新人才、工程技术人才和创新服务人才，每万名就业人员的研发人力投入达到43人年。知识产权保护得到切实加强。每万人发明专利拥有量提高到3.3件，专利质量和专利技术实施率明显提高。

《规划》以推进落实"十二五"《建议》和《纲要》确定的主要任务和目标为着眼点，针对创新驱动战略实施对自主创新能力建设的重大需求，明确了"十二五"时期自主创新能力建设的七大重点任务：一是加强科技创新基础条件建设，着眼把增强自主创新能力作为科学技术发展的战略基点的要求，力争抢占科技发展的战略制高点，重点加强科学研究实验设施、科技资源与信息平台和标准计量检测认证平台建设，以加快提升科技的原始创新与整体实力。二是增强重点产业持续创新能力，着眼把增强自主创新能力作为调整产业结构、转变增长方式的中心环节的要求，围绕现代农业、制造业、战略性新兴产业、现代服务业、能源和综合交通运输等重点领域的薄弱环节和突出问题，对创新能力建设进行重点布局、共享整合，进一步强化产业的集成创新能力和引进消化吸收再创新能力，为促进产业健康可持续发展提供动力。三是提高重点社会领域创新能力，着力保障和改善民生，对教育、医疗卫生、文化和公共安全等社会重点领域的创新能力建设进行部署，以加快建立和完善低成本、广覆盖、高质量的社会公共服务体系，提升政府管理和服务水平，促进基本公共服务均等化。四是强化区域创新发展能力，按照国家区域发展总体战略部署，结合主体功能区发展需要，突出不同区域的科技、产业、经济基础和特色，因地制宜地引导不同地区，从优化区域创新能力布局、促进跨区域技术创新和服务平台建设、推进重点区域创新试点示范等方面，加快促进中央和地方创新资源的共享整合，建立和完善跨区域的创新联动协作机制，逐步形成创新能力建设的合理空间格局。五是推进创新主体能力建设，着力消除制约科技进步和创新的体制、机制性障碍，充分调动和发挥各类创新主体的主动性和创造性，进一步强化企业的技术创新基础能力，激发高等院校和科研院所创新活力，提升创新中介机构的服务能力，发挥企业在产学研用合作中的主导作用，推进形成创新主体定位清晰、能力突出、充满活力的国家创新体系，加快创新型国家建设进程。六是加强创新人才队伍建设，突出人才作为第一资源的作用，把创新人才队伍作为自主创新能力建设的关键，组织实施重大人才工程，从科技创新领军人才、产业创新紧缺人才、创新创业服务人才等方面，加大创新人才培养开发与选拔任用力度，完善创新人才的激励机制，推动形成规模宏大、素质一流、结构优化、分布合理的创新人才队伍，为提升国家创新能力提供强大的人才支撑。七是完善创新能力建设环境，共享整合创新资源，加强知识产权创造、运用、保护和管理，推进科学普及能力建设，培育创新文化，提升国际合作水平，以形成更加良好的创新环境，进一步激发全社会的创新动力和活力。

为确保各项重点任务和建设目标的顺利实施，《规划》着力从四个层面提出了具体实施举措。一是加强组织领导，要求各相关部门抓紧制定具体方案，分解任务，明确责任，创新机制；各地区要结合本地区特点和发展需求，制订相应专项规划，切实推进本地区自主创新能力建设；部门之间、中央与地方之间要建立工作会商制度和协调机制，加强相关规划的有机衔接。二是完善政策措施，要求进一步完善促进国家自主创新能力建设的法律法规和政策，加强产业政策、财税政策、金融政策等与创新能力建设的衔接协调；完善支持企业创新和科研成果产业化的财税金融政策。三是保障资金投入，要求发挥政府在科技投入中的引导作用，鼓励和吸引全社会加大对自主创新能力建设的投入力度；推进金融机构、社会团体、企业、个人以及国外投资者参与高水平的研究开发设施建设，探索建立多元化、多渠道、多层次的科技投入体系。四是加强监测、评估和督促检查，要求建立综合评价和第三方评价制度，完善考核指标体系和监督机制，鼓励社会各界积极参与规划实施的监督。

（三）《国家重大科技基础设施建设中长期规划（2012—2030）》

重大科技基础设施是为探索未知世界、发现自然规律、实现技术变革提供极限研究手段的大型复杂科学研究系统，是突破科学前沿、解决经济社会发展和国家安全重大科技问题的物质技术基础[1]，也是国家创新体系的重要组成部分和物质依托。当今，全球正在孕育新一轮科技革命和产业革命，重大科技基础设施在科技变革和加速发展过程中的基础性、前瞻性、战略性作用日渐突出，美国、欧盟、日本等发达经济体纷纷推出科学目标宏大、创新性突出、技术水平高的设施长远发展规划，同时，印度、巴西和韩国等新兴国家也积极跟上，作出类似部署，这些新形势给我国重大科技基础设施建设带来了新的机遇与挑战。长期以来，我国重大科技基础设施建设存在着包括规模小、数量少、缺乏系统性布局与前瞻性、技术水平不高等一系列的制约问题。为此，2013 年 2 月，国务院印发了《国家重大科技基础设施建设中长期规划（2012—2030 年）》（国发〔2013〕8 号）（以下简称《科技基础设施规划》），作为我国历史上第一部系统部署国家重大科技基础设施中长期建设和发展的指导性文件，《科技基础设施规划》秉承远近结合的原则，分别对未来 20 年设施的发展方向和路径进行了描绘，并对"十二五"期间国家急需建设的重点任务进行了部署，对深入贯彻《国家中长期科学和技术发展规划纲要（2006—2020 年）》、加快落实创新驱动发展战略和全面建设创新型国家具有重要意义。

《科技基础设施规划》明确提出到 2030 年，基本建成布局完整、技术先进、运行高效、支撑有力的重大科技基础设施体系的远期目标，并瞄准科技前沿研究和国家重大战略需求，根据重大科技基础设施发展的国际趋势和国内基础，以能源、生命、地球系统与环境、材料、粒子物理和核物理、空间和天文、工程技术等 7 个学科领域为重点，从预研、新建、推进和提升四个层面逐步完善重大科技基础设施体系。同时，针对"十二五"时期，我国科技发展急需、具有相对优势和科技突破先兆显现的领域，优先安排了海底科学观测网、高能同步辐射光源验证装置、加速器驱动嬗变研究装置、综合极端条件实验装置、强流重离子加速器、高效低碳燃气轮机试验装置、高海拔宇宙线观测站、未来网络实验设施、空间环境地面模拟装置、转化医学研究设施、中国南极天文台、精密重力测量研究设施、大型低速风洞、上海光源线站工程、模式动物表型与遗传研究设施、地球系统数值模拟器等 16 项重大科技基础设施的建设任务。

在《科技基础设施规划》中重点建设任务陆续建设过程中，我国重大科技设

---

[1] 来源：《国家重大科技基础设施建设中长期规划（2012—2030年）》。

施总体水平将不断提升，并对我国科技前沿研发能力提高和新兴产业的培育发展发挥积极的促进作用，最终使我国重大科技基础设施总体技术达到国际先进水平，同时，在建设和运行过程中所衍生出的大量新技术、新工艺和新装备，也将为培育我国战略性新兴产业和促进产业转型升级提供强大驱动。

（四）《"十二五"国家重大创新基地建设规划》

深化科技体制改革的中心任务是解决科技与经济相结合，其中需要重点突破的两大问题，一是如何建立企业为主体的技术创新体系，二是如何解决创新资源的分散、重复、封闭和低效等问题。在2013年的国办发8号文件中明确部署了强化企业技术创新主体地位的目标和任务，为了有效解决创新资源分布的问题，科学合理优化部署建设国家重大创新基地，国家科技部、发改委联合出台了《"十二五"国家重大创新基地建设规划》（国科发计〔2013〕381号）（以下简称《创新基地建设规划》）。《创新基地建设规划》同时也是贯彻落实全国科技创新大会精神、深化科技体制改革、建设国家创新体系的重要举措。

国家重大创新基地是指以实现国家战略目标为宗旨，以促进创新链各个环节紧密衔接、实现重大创新、加速成果转化与扩散为目标，设施先进、人才优秀、运转高效、具有国际一流水平的新型创新组织。[1]改革开放以来，我国已陆续建成包括国家重点实验室、国家工程（技术）研究中心等在内的多层次的创新载体，有效地促进了科学技术研究、工程化、产业化各个环节的连通协同，支撑国家创新体系的建设。但是，我国现有创新载体和创新驱动模式中仍存在着创新链各环节相互脱节、创新载体相对封闭、创新资源分散、创新要素流动和聚集机制不完善等薄弱环节，制约着产业的升级发展和国家创新能力的提升。

针对上述薄弱环节，《创新基地建设规划》明确了创新基地建设的功能和定位、指导思想、建设原则和目标、总体部署与重点领域等六方面内容。指出"十二五"期间要试点建设15—20个国家重大创新基地，并到2020年，在试点建设工作取得经验的基础上，围绕国家中长期科技发展规划要求确定的重点领域和优先主题开展布局，建成一批国家重大创新基地。《创新基地建设规划》要求在五个层面部署建设国家重大创新基地，包括：建设基础性、公共性国家重大创新基地，建

---

[1] 来源：《"十二五"国家重大创新基地建设规划》。

设面向重点工程的国家重大创新基地，建设面向农业的国家重大创新基地，建设面向新兴产业的国家重大创新基地,建设面向传统产业的国家创新基地。同时,《创新基地建设规划》提出国家重大创新基地的三种主要建设模式：一是在计量科学、农业机械等创新资源较为集聚的领域，一家为主，多家参与；二是在海洋资源、新能源汽车等领域，多家共建；三是在移动通信等创新资源较为分散的领域，以联盟形式组建。

国家重大创新基地主要围绕行业关键共性技术的长期稳定供给、发挥企业的创新主体作用和有力推进国家科研机构与高等学校的协同创新，依托现有的各类创新载体建设。通过体制机制创新，促进创新链相关创新载体的纵向和横向协同与集成，充分发挥现有创新载体的优势，有效地解决当前困扰我国科技创新的资源分散、重复、封闭、低效等问题。

（五）《2013年国家知识产权战略实施推进计划》解读

自 2008 年国家知识产权战略颁布实施以来，在部际联席会议制度推进下，战略实施各项工作如期推进，成效明显。2012 年，知识产权部际联席会议各成员单位积极落实国家知识产权战略实施推进计划，在知识产权创造方面呈现出更加注重质量和效率的趋势。我国知识产权创造主体也逐步从注重数量向注重质量转变。知识产权在助推经济发展方式转变、建设创新型国家中的作用愈加显现。2013 年在党的十八大确定的创新驱动发展战略激励下，知识产权战略实施迎来新的发展机遇期，更多优质的知识产权将融进经济社会发展大潮中，在充分实现自身价值的同时，推动我国经济的健康发展。为更加协同有序地推动 2013 年的国家知识产权战略工作,3 月 21 日《2013 年国家知识产权战略实施推进计划》(以下称《推进计划》) 在京发布实施。

《推进计划》确定了提升知识产权创造水平、强化重点产业知识产权布局、促进知识产权运用、加强知识产权保护、提升知识产权管理能力、发展知识产权服务业、加强知识产权文化建设和提高知识产权战略组织实施水平等八方面重点工作和 84 项具体措施。

提升知识产权创造水平仍然居《推进计划》八项任务之首，这也是实施国家知识产权战略的题中应有之义。为此，《推进计划》提出明确的目标任务：提高知识产权质量和创造效率，改进专利、商标、版权、植物新品种等知识产权审查管理工作，完善知识产权考核评价体系，引导知识产权创造主体从注重知识产权数量向注重知识产权质量转变，促进提升知识产权价值。提出了6项具体的工作措施，涉及落实修订后的国家技术发明奖评价指标体系；完善专利指标考核评价体系和知识产权统计指标体系；完善专利审查业务指导体系和质量保障体系，促进提高检索能力；完善商标审查审理标准，完成商标注册与管理自动化三期系统建设，提升商标注册效能；加大作品登记工作力度，完善作品登记数据统计、报送和公布制度，扩大作品登记数量和覆盖面；制定和完善植物新品种测试指南和审批规则，强化审查测试能力建设；提升植物新品种审查管理水平，提高品种授权质量等。

由于知识产权对于产业发展的重要影响日益突出，《推进计划》在强化重点产业知识产权布局方面，提出要促进知识产权政策与产业政策深度融合，加强战略性新兴产业、区域特色优势产业等的知识产权风险评估和预警，加大重点产业知识产权布局引导力度，引导产业企业提高利用知识产权参与国际竞争的能力。具体措施包括：落实《发明专利申请优先审查管理办法》，面向节能环保、新一代信息技术、新能源新材料等战略性新兴产业技术领域，以及低碳技术、节约资源等有助于绿色发展的专利申请，开展优先审查工作；深入开展"产业知识产权风险评估与预警工程"；选择若干产业开展专利导航产业发展和专利布局试点；组织开展重点领域、重大技术的专利分析预警项目等。

促进知识产权运用也是2013年推进计划的重点工作之一。在我国企业知识产权的运用主体地位长期未能有效形成，知识产权成果转化实施率不高，知识产权向企业转移转化的政策扶持措施不到位，知识产权产业化水平不高等问题严重制约了创新驱动战略的实施。为此，《推进计划》明确工作目标：强化企业知识产权运用主体地位，完善以知识产权为纽带和核心的创新成果转化运用机制，实施促进知识产权向企业顺畅转移转化的政策措施，推动知识产权成果产品化、商品化和产业化。为使这一目标能够切实实现，《推进计划》结合国家知识产权战略部际联席会议成员单位的职能分工，提出了各部门切实可行的工作措施：组织实施若干重大产业创新发展工程和应用示范工程，推进下一代互联网规模商用、LTE产业发展等方面具有自主知识产权成果的产品化、商品化和产业化，促进数字电视、新一代移动通信、下一代互联网等领域知识产权与标准化工作的结合；研究制定促进科研机构和高等学校技术转移工作的指导意见，以技术转移示范机构为试点，推动科研机构与高等学校建立规范化的知识产权管理制度和技术转移机制；全面推进"工业企业知识产权运用能力培育工程"，通过认定、项目扶持和奖励等方式支持各地培育工程开展，研究制定《工业企业知识产权管理指南》，为试点企业开展知识产权管理提供指导；组织实施林业专利、授权新品种产业化推进计划，促进一批先进林业专利和优良新品种转化应用；加快军民结合知识产权双向转移，启动建立立项论证知识产权管理制度，装备采购技术资料权交付、使用与管理制度，以及军用软件著作权管理制度，创新知识产权转移转化模式，推动国防知识产权运用；完善知识产权投融资相关政策，制定商业银行知识产权质押贷款业务指导意见，搭建 20 个知识产权投融资服务平台，开展知识产权许可权、股权与其他资产组合的新模式试点工作。

在知识产权保护工作方面，按照部署，2013 年的工作目标将集中在进一步完善知识产权相关法律法规，健全依法打击侵犯知识产权的长效机制，开展知识产权保护绩效考核。提升知识产权司法保护效能，提高行政执法能力，针对重点领域、重点产业开展专项保护和维权援助工作，推动知识产权行政处罚案件信息依法公开。加强对传统优势领域知识产权资源的保护，提升国际应对水平。

（六）《工业企业知识产权管理指南》解读

进入新世纪以来，全球知识产权竞争日趋激烈，以美国、欧盟为代表的发达国家加紧运用知识产权抢占产业制高点，我国工业转型升级的知识产权压力有增无减，工业企业知识产权运用能力严重不足，工业转型升级战略目标的实现迫切需要建立健全工业企业知识产权运用管理制度。2008 年颁布实施的《国家知识产权战略纲要》明确要求大幅度提升我国知识产权创造、运用、保护和管理能力。2011 年，国务院印发的《工业转型升级规划（2011—2015 年）》明确提出，要提升工业领域知识产权创造、运用、保护和管理能力，深入开展知识产权试点示范和知识产权优势企业培育。为全面落实国家知识产权战略与工业转型升级规划关于知识产权的部署，2012 年工业和信息化部启动实施了"工业企业知识产权运用能力培育工程"，明确提出到 2015 年试点企业建立知识产权制度达到 80% 以上的任务目标。为此，2013 年工业和信息化科技司启动了《工业企业知识产权管理指南》（以下称《指南》）编制工作，旨在指导和推动工业企业知识产权管理的规范化和制度化，为有效运用知识产权，深入开展培育工程构筑管理基础。

《指南》与3月发布实施国家《企业知识产权管理规范》(GB/T29490—2013 ）（以下称《规范》）的侧重点不同。《规范》对企业知识产权管理的一般原则做了明确要求，并对企业知识产权的管理体系、基本过程、实施和运行等关键环节做明确规定。《规范》以过程管理为基础，以知识产权保护为核心，构建了企业知识产权整体管理的基本体系。《指南》根据工业企业知识产权类型多样和分类管理的实际，将企业知识产权运用与产业转型升级相对接，契合了工业转型升级对企业知识产权运用的要求；适应了工业企业全方位、多层次、多领域、多类型统筹运用知识产权的要求，突出了工业企业知识产权的运用管理。《指南》以流程和模块管理为基础，以运用管理为核心，构建了工业企业知识产权分类管理的基本体系。

《指南》特别强调企业知识产权防卫能力的建设。知识产权防卫对企业来说是一种能力，这种能力是企业知识产权运用能力的重要组成部分。知识产权防卫强调的是对知识产权风险的防御和知识产权合法权益的捍卫，重在企业对知识产权资源和规则的娴熟利用与统筹运用，其实现要靠企业内在的、自觉的对知识产权资源和规则运用的力量，而这恰恰是符合《指南》运用为本的理念，也是培育工程的重要目标之一。实际上知识产权防卫蕴含着企业对自己知识产权合法权益的保护。为此，《指南》专门设立"知识产权防卫"章节给予相应的制度规范。

《指南》从机构与人员、组织与领导、制度与机制、流程与模块、分类与运用、评价与改进等六大关键环节对工业企业实施知识产权管理提出了要求。

机构与人员是企业开展知识产权管理的基础，工业企业实施知识产权管理对此关键环节可结合实际，活化运用。建立相应的知识产权管理机构，是硬要求。但可根据需要确定企业研发、技术、生产经营、市场营销等相关业务主管部门管理相关知识产权业务并配备专、兼职工作人员，将企业知识产权有机地融入生产经营的过程中，培植企业知识产权管理的生产经营土壤。企业也可根据需要委托专业机构代管。

组织与领导从组织体系上保障企业自上而下开展知识产权管理，工业企业实施知识产权管理中需要建立网络化的组织体系，最高领导、主管领导业务主管既要纵向授权，又要横向分工，做到权责一致。

制度与机制是企业知识产权规范化管理的制度保障和机制保障。工业企业实施知识产权管理不仅要建章立制，使这些制度相互衔接、照应，形成企业知识产权管理的制度体系，还要创新机制，在规范运行的基础上建立企业知识产权管理良性运行的经费保障机制、产权利用机制、统筹运用机制、评价改进机制。

流程与模块是企业实施知识产权管理路径选择与内容导向。工业企业实施知识产权管理的过程要与企业的研发—采购—生产—销售—贸易—会展等生产经营流程融合共生，要着力促进企业生产经营的流程和企业知识产权运用流程的有机融合，从信息利用、市场化、产业化、资本化、集群化和防卫体系等方面构筑企业知识产权运用的力量。

分类与运用是企业实施知识产权管理的关键。对企业丰富多样的知识产权进行分类管理有利于企业有的放矢地利用各类知识产权资源，也有利于企业在分类管理中对专利、商标、著作权、商业秘密等知识产权资源开展整合利用，更利于企业根据实际确定企业知识产权的运用策略，灵活选择企业知识产权的运用方式和路径，促进企业知识产权资源规范、统筹运用。

评价与改进是企业知识产权管理健康发展的保障。工业企业实施知识产权管理过程中不仅要开展自我评价，进而自我改进，还要在必要时接受产业主管部门或第三方的评价，进而接受产业主管部门或第三方评价机构的问题诊断、业务指导、实务培训等。管评有机结合才能构建工业企业知识产权管理的长效机制。

（七）《关于2013年深化经济体制改革的工作意见》

改革开放已走过三十多年，我国逐渐步入改革的深水区和攻坚期，面临的形势错综复杂，改革任务艰巨紧迫，必须放在更加突出的位置。党的十八大报告中明确提出：深化改革是加快转变经济发展方式的关键。经济体制改革的核心问题是处理好政府和市场的关系，必须更加尊重市场规律，更好地发挥政府作用。2013年5月18日,国务院发布了《关于2013年深化经济体制改革重点工作的意见》（以下简称《经济体制改革意见》），为2013年的经济体制改革工作指明了方向。2013年5月底，召开了2013年全国经济体制改革工作会议，按照《经济体制改革意见》的总体要求，部署了2013年经济体制改革的四个着力点，即推动经济转型、不断改善民生、促进社会公正、激发市场主体活力。

《经济体制改革意见》对2013年深化经济体制改革提出的总体要求是："正确处理好政府与市场、政府与社会的关系，处理好加强顶层设计与尊重群众首创精神的关系，处理好增量改革与存量优化的关系，处理好改革创新与依法行政的关系，处理好改革、发展、稳定的关系，确保改革顺利有效推进"。《经济体制改革意见》分别从深入推进行政体制改革、加快推进财税体制、金融体制、投融资体制、资源性商品价格等领域改革、积极推动基本民生保障制度、城镇化和统筹城乡相关改革等七个方面部署了年度重点改革任务；并对于已经部署正在推进的改革工作，提出了继续深化的要求，主要包括推进国有企业改革，深化开放性经济体制改革，加快教育、文化、医药卫生等社会事业各项改革，完善科技创新体制机制，深化收入分配制度等五个方面的工作。

改革开放是中国经济社会发展进步的动力和活力之源，经济体制改革是中国改革任务的重中之重，需要长期深入贯彻执行，不断摸索、不断前进，随着《经济体制改革意见》的发布实施，以及之后的成立"经济体制改革工作部际联席会议制度"等一系列工作的落实，2013 年，我国经济体制改革迈出了实质性步伐，有利于进一步正确处理政府与市场的关系、顺应市场规律、真正发挥市场配置资源的基础性作用。

（八）《国家高新技术产业开发区"十二五"发展规划纲要》

1988 年，我国建设了第一个高新技术产业开发区（简称"高新区"）——"北京新技术产业实验区"（后来的"中关村自主创新示范区"），到 2014 年 1 月，我国已拥有国家高新区 114 家，其在我国经济发展和科技创新中的支柱性地位日益显现。2012 年，全国高新区工业增加值占全国工业增加值的 13.6%[1]，如 2011 年，中关村自主创新示范区对北京市的经济增长贡献率已达到 24%，占北京市 GDP 的 19%[2]，高新区已成为国家经济发展的重要依托；2010 年，国家高新区的电子及通信设备制造业产品产值占全国的 51.5%，医药制造业占全国的 26.5%，航空航天制造业占全国比重达 27.3%[3]，是推动产业结构优化调整的核心载体；2010 年，国家高新区内企业研发支出超过全国企业研发支出总量的 1/3，区内企业授权的发明专利数量占国家全部企业授权总量的 17.7%[4]，是我国科技创新资源的重要聚集地；同时，我国高新区的创新创业环境不断优化，企业孵化成长体系基本形成，科技金融服务和技术转移服务不断完善。

---

[1] 数据来源：http://www.cnr.cn/2013zt/2013lh/live/wg1/zy1/201303/t20130307_512097959.shtml。
[2] 数据来源：http://www.zgc.gov.cn/dt/gwhdt/79340.htm。
[3] 数据来源：http://www.ce.cn/cysc/newmain/yc/jsxw/201207/30/t20120730_21202063.shtml。
[4] 数据来源：《国家高新技术产业开发区"十二五"发展规划纲要》。

但是，当前存在的企业自主创新能力不强、缺乏核心技术、商业模式滞后、高新技术产业竞争力较弱、投融资体系尚不健全等问题依然制约着我国高新区的进一步成长，特别是面对日趋严峻的国际科技产业竞争和国内发展方式转变的艰巨任务，2013年1月，科技部发布了《国家高新技术产业开发区"十二五"发展规划纲要》（国科发高〔2013〕23号）（以下简称《高新区规划》），站在更高的起点上，规划部署"十二五"时期高新区的建设目标和任务。

《高新区规划》提出了我国高新区发展的目标：到2015年，国家高新区要显著提高自主创新能力，经济继续保持较快增长，产业结构要进一步优化，努力实现"四个提升"——自主创新能力提升、产业竞争力提升、引领辐射力提升、国际影响力提升。同时，部署了九大重点任务，主要包括：一是加快创新体系建设，提升企业自主创新能力；二是大力培育发展战略性新兴产业，占据竞争制高点；三是加快发展现代服务业，促进传统产业升级；四是完善全链条孵化体系，促进企业做大做强；五是巩固人才高地优势，努力打造人才特区；六是完善科技金融体系，改善企业融资环境；七是坚持开放合作发展，提高园区国际化水平；八是加强分类指导，促进园区特色发展；九是坚持以人为本，促进科学和谐发展。

《高新区规划》是落实《国家中长期科学和技术发展规划纲要（2006—2020年）》的重要指导性文件，对于"十二五"时期，积极发挥我国高新区在经济发展、产业转型升级、建设创新型国家中的引领、支撑、辐射、带动作用具有重要意义。同时，《高新区规划》提出了许多新思路新任务，如支持企业从单个企业创新向协同创新转变，建设产业技术开发研究院，承载产业培育、技术研发、技术转移、成果转化、企业衍生和人才培养等多种功能，以及大力发展支撑产业整体性发展、商业模式创新的平台性企业等，是新时期落实创新驱动发展战略的重要举措。

（九）《"宽带中国"战略及实施方案》

全球金融危机爆发以来，各国对高速宽带网络在推动国家信息化发展、实现发展方式转变、促进经济复苏方面的战略性作用达成了共识，纷纷出台推动本国宽带网络建设发展的战略。根据国际电信联盟（ITU）统计，到2012年2月，全球已有110个国家和经济体发布了宽带战略，另有22个国家级经济体近期计划发布。[1]我国在 2011 年就提出了以加快国家宽带建设为目标的"宽带中国战略"，并在《"十二五"国家战略性新兴产业发展规划》中，将宽带中国工程列为二十大工程之一，提出到"十二五"末，城市和农村家庭分别实现 20 兆和 4 兆以上宽带接入能力，以及推动 IPv6 实现规模商用，三网融合全面推广等目标任务。2013 年 8 月，国务院公布了《"宽带中国"战略及实施方案》（国发〔2013〕31 号），首次从国家层面将宽带网络定位为我国经济发展的战略性公共基础设施，意味着"宽带中国"从单一部门的行动计划正式上升为国家战略。

近年来，我国宽带网络建设发展取得显著成效，网络覆盖范围不断扩大，传输和接入能力日益增强，宽带产业链初步形成，应用服务水平逐步提升，电子商务、软件外包、云计算和物联网等新兴业态蓬勃发展，网络信息安全保障不断加强。截至 2013 年 7 月底，我国固定宽带用户达到了 1.8 亿户，人口普及率为 13.4%，比全球的平均人口普及率水平高出了 4.3%。[2]但，"带宽不宽、网速不快"依然是我国宽带网络发展的突出问题。2012 年中国互联网平均接入网速为 1.6Mb/s，远落后于发达国家，在全球 120 多个国家中排名仅 94 位。[3]同时，公共基础设施定位不明确、区域和城乡发展不平衡、应用服务不够丰富、技术原创能力不足、发展环境不完善等问题依然阻碍着我国宽带网络的发展，亟需得到解决。

根据《"宽带中国"战略及实施方案》提出的目标，到 2015 年，初步建成适应经济社会发展需要的下一代国家信息集成设施；到 2020 年，我国宽带网络集成设施发展水平与发达国家之间的差距大幅缩小，国民充分享受宽带带来的经济增长、服务便利和发展机遇。为实现此目标，国务院还制定了"宽带中国"战略的技术路线和发展时间表，总体分三个阶段：第一阶段为全面提速阶段（至 2013 年底），重点加强光纤网络和 3G 网络建设，提高宽带网络接入速率，改善和提升用户上网体验；第二阶段为推广普及阶段 (2014 年至 2015 年)，重点在继续推进宽带网络提速的同时，加快扩大宽带网络覆盖范围和规模，深化应用普及；第三阶段为优化升级阶段 (2016 年至 2020 年)，重点推进宽带网络优化和技术演进升级，宽带网络服务质量、应用水平和宽带产业支撑能力达到世界先进水平。《"宽带中国"战略及实施方案》还相应提出了五项重点任务：一是推进区域宽带网络协调发展，二是加快宽带网络优化升级，三是提高宽带网络应用水平，四是促进

[1] 数据来源：http://news.xinhuanet.com/info/2013-07/10/c_132528096.htm。
[2] 数据来源：http://finance.chinanews.com/it/2013/09-18/5301035.shtml。
[3] 数据来源：http://www.21cbh.com/2013/7-22/yMNDE1XzcyNzMyMQ.html。

宽带网络产业链不断完善，五是增强宽带网络安全保障能力。

（十）《国务院关于促进信息消费扩大内需的若干意见》

2013年7月12日，为拉动国内有效需求，推动经济转型升级，李克强总理主持召开国务院常务会议研究部署促进信息消费。会议要求，促进信息消费，要把握好市场导向、改革推进、需求引领、有序安全发展的原则，推进工业化和信息化深度融合。8月14日国务院发布实施《关于促进信息消费扩大内需的若干意见》（以下称《意见》）。

《意见》的出台契合了我国信息消费迅猛发展的需要，信息消费由此成为我国经济增长的新亮点。一般认为，信息消费是一种直接或间接以信息内容产品和信息服务为消费对象的消费行为。随着信息技术的广泛应用，社会的信息化、网络化和智能化日益发展，信息消费已渗透到生产、生活等多个领域，广泛覆盖信息服务、信息产品以及基于信息平台而拉动的各种消费。与传统消费相比，信息消费以内容创新和服务创新不断向消费的广度和深度发展，既具有边际效应递增、关联效应突出，低能耗、低污染和可持续等诸多优势，还可以带动经济以及产业结构的转型升级。近两年来，我国智能手机日益普及，信息消费呈爆炸式增长态势，对内需的强力拉动作用日益强劲。据统计，2012年，我国信息消费市场规模已达1.7万亿元，带动相关行业新增产出近9300亿元。据工信部测算，信息消费每增加100亿元，将带动国民经济增长338亿元。与信息消费发展态势形成鲜明对照的是，2013年上半年我国外需对经济增长的拉动作用明显减弱，货物和服务的净出口对GDP贡献率只有0.9%，发展信息消费，扩大内需已成为拉动经济增长的必然选择。在这种经济转型升级的严峻形势下，积极寻找在消费领域里的新的增长动力已迫在眉睫。

《意见》从深化改革、创新支撑、稳定增长、改善民生等方面对促进信息消费，扩大内需提出总体要求。强调以深化改革为动力，以科技创新为支撑，围绕着消费的潜力、能力、活力和环境五个方面促进信息消费，提出要挖掘消费潜力、增强供给能力、激发市场活力、改善消费环境;同时，《意见》从信息基础设施建设、信息产业优化升级、丰富信息消费内容、提高信息网络安全保障四个方面强调要建立信息消费持续稳定增长的长效机制，推动面向生产、生活和管理的信息消费快速健康增长，为经济平稳较快发展和民生改善发挥更大作用。

《意见》提出了促进信息消费的三大基本原则："市场导向，改革发展"、"需求牵引，创新发展"和"完善环境，有序发展"。"市场导向，改革发展"的原则突出市场导向，着眼内生动力，在政府职能转变和管理方面坚持改革发展精神，强调加快政府职能转变和管理创新；在行业准入方面坚持市场导向，强调充分发挥市场作用，打破行业进入壁垒，促进信息资源开放共享和企业公平竞争，在竞争性领域坚持市场化运行，在社会管理和公共服务领域积极引入市场机制；市场导向和改革发展的目的在于增强信息消费发展的内生动力。"需求牵引，创新发展"的原则突出了需求的拉动力、创新的驱动力及相应的消费潜力的挖掘与释放，强调要引导企业立足内需市场，强化创新基础，提高创新层次，鼓励多元发展，加快关键核心信息技术和产品研发，鼓励业务模式创新，培育发展新型业态，提升信息产品、服务、内容的有效供给水平，挖掘和释放消费潜力。"完善环境，有序发展"原则突出政策环境和市场环境建设，发展秩序规范，强调要建立和完善有利于扩大信息消费的政策环境，综合利用有线无线等技术适度超前部署宽带基础设施，运用信息平台改进公共服务，完善市场监管，规范产业发展秩序，加强个人信息保护和信息安全保障，建设安全诚信有序的信息消费市场环境。

当前，我国正处于居民消费升级和信息化、工业化、城镇化、农业现代化"四化"协同发展和加快融合的发展阶段，信息消费不仅具备了良好的发展基础，而且展现出巨大的发展潜力，已经成为我国促内需、稳增长、惠民生的重要领域。正基于此，《意见》从信息消费增长规模、基础设施建设和市场发展三个方面明确提出提出了未来三年促进信息消费的三大目标。一是信息消费规模快速增长。到2015年，信息消费规模超过3.2万亿元，年均增长20%以上，带动相关行业新增产出超过1.2万亿元，其中基于互联网的新型信息消费规模达到2.4万亿元，年均增长30%以上。基于电子商务、云计算等信息平台的消费快速增长，电子商务交易额超过18万亿元，网络零售交易额突破3万亿元；二是信息基础设施显著改善。到2015年，适应经济社会发展需要的宽带、融合、安全、泛在的下一代信息基础设施初步建成，城市家庭宽带接入能力基本达到每秒20兆比特(Mbps)，部分城市达到100Mbps，农村家庭宽带接入能力达到4Mbps，行政村通宽带比例达到95%。智慧城市建设取得长足进展；三是信息消费市场健康活跃。面向生产、生活和管理的信息产品和服务更加丰富，创新更加活跃，市场竞争秩序规范透明，消费环境安全可信，信息消费示范效应明显，居民信息消费的选择更加丰富，消费意愿进一步增强。企业信息化应用不断深化，公共服务信息需求有效拓展，各类信息消费的需求进一步释放。

虽然信息消费前景无限，但是，我国信息消费目前仍然面临基础设施支撑能力有待提升、产品和服务创新能力弱、市场准入门槛高、配套政策不健全、行业壁垒严重、体制机制不适应等问题，亟须采取措施予以解决。为此，《意见》从五个方面提出了促进信息消费的主要任务。一是加快信息基础设施演进升级。发布实施"宽带中国"战略，推动于 2013 年内发放第四代移动通信 (4G) 牌照；全面推进三网融合，年内向全国推广。二是增强信息产品供给能力。实施智能终端产业化工程，推进新一代显示技术突破，引导社会资金投资集成电路产业，提升软件业支撑服务水平。三是培育信息消费需求。推动云计算服务商业化运营，加快物联网和北斗卫星导航产业化，开展物联网重大应用示范，大力发展电子商务。四是提升公共服务信息化水平。实施"信息惠民"工程，推进教育、医疗优质资源共享，普及应用居民健康卡，推进金融 IC 卡在公共服务领域应用；开展智慧城市试点示范建设。五是加强信息消费环境建设。推进身份认证、网站认证和电子签名等网络信任服务，规范互联网金融服务，依法加强信息产品和服务的检测和认证；加强个人信息保护。

按照中央简政放权的思路，结合我国信息消费当前面临的问题、障碍及主要任务，《意见》提出了六个方面的政策措施。一是深化行政审批制度改革。深化行政审批制度改革是充分发挥市场作用、降低行业进入壁垒、增强信息消费发展内生动力的重要举措。《意见》着力从"控、缩、优"三个方面提出要求，强调要严格控制新增行政审批项目，最大限度缩小审批范围，着重减少非行政许可审批和资质资格许可，下放电信资费、计算机信息系统集成企业资质等认定权力，优化必须保留的行政审批程序，根据需要加快推进注册资本认缴登记制度，在合理范围内最大程度降低互联网企业进入壁垒。二是加大财税政策支持力度。扶持性的财税政策是有效减轻互联网及中小微企业经营负担的重要政策举措，有利于激励企业创新发展，提升信息产品、服务、内容的有效供给水平。《意见》抓住"营改增"的契机，提出实施一揽子财税政策。重新对高新技术企业的认定办法进行有政策倾向性的优化，使互联网企业能够享受相应的所得税优惠税率，通过研发费用加计扣除等方法，鼓励企业开展研发创新活动，并对经济中最具活力的中小微互联网企业在财税政策上予以倾斜。同时，对于邮电通信业、软件和集成电路产业在营改增、频谱分配等方面给予相应的倾斜扶持政策。三是切实改善企业融资环境。完善的融资环境是发展实体经济和稳定就业、鼓励创业对金融支持的迫切要求，事关经济社会发展的全局，意义重大。《意见》从切实解决中小微企业、创新型企业与成长性企业发展中突出的融资难问题入手，通过政策倾斜与创新资金归集方式等完善融资环境，扶持这些企业成长壮大，并对金融机构提出了相应的要求，确保对互联网中小微企业融资优先支持。对创新型和成长型企业，在风险可控的前提下鼓励他们通过公司债、企业债、知识产权抵押等方式进行多渠道融资。对金融机构及融资性担保机构，鼓励他们开发和创新针对于互联网企业的金融产品，帮助这些企业及时、有效、低成本融资。四是改进和完善电信服务。改进和完善电信服务能有效增加电信市场供给，活化民间资本开展电信服务的机制，降低市场准入壁垒、规范企业经营行为、构建规范有序的信息消费发展秩序。《意见》从市场行为规范、资费监管、鼓励民资、保障平等方面着力构建不同主体共同参与公平的竞争合作机制，规范企业经营创新行为，加强资费监管，实现资费合理下降，促进收费透明，并且鼓励民间资本以不同的方式进入基础电信运营市场，扩大民间资本开展移动通信转售业务试点范围，加快民间资本经营数据中心业务相关政策的落实，保障企业能够实现平等接入，用户能够实现自主选择。五是加强法律法规和标准体系建设。完备的法律法规和标准体系是保证信息产业平稳发展、信息消费健康增长的制度基础和法治保障。《意见》提出要加快修订商标法、消费者权益保护法、标准化法、著作权法等法律和互联网信息服务管理办法、商用密码管理条例和知识产权保护等法律、法规，在制度基础和法治保障方面为信息产业和信息消费提供较为完备的法制环境。同时，在标准方面，要求加快重点及新兴信息消费领域产品、服务标准体系建设，发挥标准对产业发展的支撑和规范作用。六是开展信息消费统计监测和试点示范。科学、合理的统计监测体系能够完整、准确地反映信息消费的运行情况，合理引导消费预期。《意见》要求从统计体系建设和开展信息消费试点城市两个方面入手，强调要科学制定信息消费的统计分类和标准，加强信息平台建设，开展信息消费统计、监测和运行分析，实时向社会发布，同时要尽早开展信息消费试点城市遴选和推进工作，鼓励各地因地制宜研究制定促进信息消费的相关政策。

展望篇

第十五章　2014年中国工业行业技术创新发展形势展望

　　2014年全球技术创新将渐趋活跃，抢占新一轮科技革命制高点竞争激烈；国内技术创新政策环境将进一步改善；我国研发投入强度继续保持高水平增长；企业技术创新主体地位进一步巩固；我国工业技术创新产出将继续保持较大幅度增长。同时，我国工业技术创新方面还存在以下问题：研发投入力度仍需加强，创新资源利用效率有待提高；知识产权对工业技术创新支撑作用未能有效发挥；企业技术创新未能与商业模式创新、品牌培育有机融合。为此，应深化体制机制改革，充分发挥市场配置创新资源决定性作用；加强绩效考核，建立健全地方技术创新评价体系；营造良好政策氛围，激励企业加强技术创新力度；以市场为导向，增强融合式创新能力。

一、形势判断

（一）全球技术创新渐趋活跃，抢占新一轮科技革命制高点竞争激烈

　　当前，全球逐渐摆脱国际金融危机影响，经济复苏形势日渐明朗。经济复苏过程中，一些产业依靠技术创新推动，形成并有效运用知识产权，有机结合商业模式创新、品牌培育等，其市场竞争力不降反升，发展势头在金融危机的萧瑟寒风中一枝独秀，创新驱动发展作用凸显。如数字通信、智能移动终端、计算机技术等产业近年来技术创新成果层出不穷，产业技术发展日新月异，成为专利申请与获得授权增长最快和最为集中的领域。大数据、智能制造、3D打印、页岩气技术、

生物技术、新材料等诸多领域都孕育着新的技术突破，并推动新兴业态产生。

面对这一历史性的挑战与发展机遇并存时期，以美国为代表的发达国家力图继续维持和巩固其科技与产业发展领先优势地位，新兴经济体加快赶超，力争后来居上，纷纷将科技创新摆在国家发展战略的核心位置。可以预见，2014 年以及未来一段时期，新兴产业领域的技术竞争将更激烈，围绕关键、核心技术突破，前沿领域知识产权与技术标准布局以及产业链主导权控制的争夺将成为竞争焦点。

（二）国内技术创新政策环境将进一步改善

十八大报告提出实施创新驱动发展战略，将科技创新作为提高社会生产力和综合国力的战略支撑，并强调把科技创新摆在国家发展全局核心位置。围绕着十八大报告精神和《中共中央 国务院关于深化科技体制改革加快国家创新体系建设的意见》的贯彻落实，2013 年以来国务院、有关部门以及各级地方政府集中出台了一批有助于改善创新环境的政策措施，激发企业自主创新的积极性、主动性和创造力。

强化企业技术创新主体地位，提升企业创新能力。2013 年 2 月，国务院办公厅发布《关于强化企业技术创新主体地位全面提升企业创新能力的意见》(国办发〔2013〕8 号)，提出了 2015 年要实现的主要目标，包括基本形成技术创新体系；大中型工业企业平均研发投入占主营业务收入比例增至 1.5%，企业发明专利申请和授权量实现翻一番等。文件并明确了完善引导企业加大技术创新投入机制、支持企业建立研发机构、支持企业推进重大科技成果产业化等十二项重点任务。

完善研究开发费用税前加计扣除政策，扩大政策适用范围。2013 年 9 月，财政部、国家税务总局发布《关于研究开发费用税前加计扣除有关政策问题的通知》(财税〔2013〕70 号)，将可纳入税前加计扣除的研发费用范围进一步扩大至企业从事研发活动发生的以下费用支出：企业为在职直接从事研发活动人员缴纳的"五险一金"；研发仪器、设备运行维护、调整、检验、维修等费用；不构成固定资产的样品、样机及一般测试手段购置费；新药临床试验费；研发成果鉴定费用。研发费用加计扣除范围的进一步扩大无疑使企业研发活动享受更广泛的税收优惠，直接降低企业研发成本，激发企业将更多资源投入到研发中去。

发挥市场配置资源决定性作用为导向，深化科技体制改革。2013年11月，十八届三中全会公报公布，明确指出要加快转变经济发展方式，加快建设创新型国家，推动经济更有效率、更加公平、更可持续发展。并将深化科技体制改革作为建设统一开放、竞争有序的市场体系，发挥市场配置资源决定性作用的重要任务。可以预见，2014年及未来深化科技体制改革中，紧紧围绕使市场在科技创新资源配置中起决定性作用的一系列相关政策将相继出台，科技创新政策环境将更加公平，科技创新活动将更有效率，科技创新对于社会生产力和综合国力的战略支撑作用将更加有效地发挥出来。

（三）我国科技创新投入将继续保持高水平增长

由于研发投入强度达到国家中长期科技发展规划设定目标的压力仍然较大，可以预见我国R&D经费投入总量仍将继续保持高水平增长速度，尤其是，以市场决定创新资源配置为导向继续深化科技体制改革的提出预示着，2014年科技投入总量有可能会有较大幅度提高，达到13000亿元以上。

随着创新驱动发展战略的加快实施和科技体制改革的深入推进，国家科技创新资源上的投入将持续加大，创新资源将得到更有效的配置，这预示着2014年我国在工业技术创新方面将有一系列新的突破。

二、对策建议

（一）深化体制机制改革，充分发挥市场配置创新资源决定性作用

深入学习和贯彻十八届三中全会精神，以发挥市场在创新资源配置中的决定性作用为导向，加强政府服务职能，深化科技管理体制机制。调整政府科技管理部门职能，打破部门分割局限，提高科技行政管理与公共服务的效能，改组科技系统组织结构，解决多头管理、重复配置等问题，实现科技资源的优化配置和合理布局。

建立满足市场需要取向的科技投入决策、评价机制，借鉴国外"管、评分开"的经验，项目评审、验收交由不受部门操控、接受社会监督的专家团体独立进行，或建立由专业技术、投资咨询、经营管理等方面专家组成的决策协调小组，将满

足市场发展需求作为科技决策、评价的依据。健全投融资体系，建立和完善政府、企业和社会资源共同投资的多元投入机制。建立关键共性技术合作研发机制，结合各地有优势和基础的产业，在不同地方建设不同方向的共性技术研发平台，变企业个体研发为共同研发，成果共享，尽量减少重复研发和趋同研发，节约和有效利用创新资源。

（二）加强绩效考核，建立健全地方技术创新评价体系

加强对各省市技术创新的绩效考核，建立健全科学规范的地方技术创新评价指标体系，围绕各地工业转型升级实际合理设置评价指标，将技术创新投入及产出的相关指标纳入各地经济发展水平的考核评价体系之中，通过技术创新水平提升促进工业转型升级步伐。

（三）营造良好政策氛围，激励企业加强技术创新力度

以财税〔2013〕70号文件的宣传贯彻为契机，加大相关财税优惠政策宣传力度，建立部门间的协调协作机制，指导企业正确建立研发费用专门账户，更加有效地落实研发费用加计扣除政策。继续完善财税优惠政策，不断扩大研发投入优惠范围，将企业购买知识产权费用、申请和获得授权知识产权费用等纳入研发投入财税优惠政策适用范围；制定对自主创新产品的销售和出口，以及以经营收入进行再投资或科技研发的税收政策，充分激发企业的科技创新内在动力。

改变对企业的政策激励方式，由项目支持、财政投入，转向税收优惠，由"多取多给"，转向"少取少给"；由依靠项目投入、财政补贴和税收优惠财政扶持政策转向更多地依靠需求拉动，即通过完善和制定促进企业自主创新的政府采购制度，优先采购具有自主知识产权的新产品，支持企业的首台（套）新产品在国家重大工程项目中的应用。加强对政府支持和补贴项目的监督、考核，强化创新资源配置和利用效率监管，严格技术创新财税政策有效落实的检查工作。

（四）以市场为导向，增强融合式创新能力

增强多种创新模式融合能力。鼓励企业以市场为导向，确定研发技术路线，加强研发投入，拥有高质量的自主知识产权。将知识产权质量、知识产权实施和

转让数量、知识产权市场价值实现情况等纳入相关企业考核和评价体系，积极引导企业不断提高知识产权质量、优化知识产权结构、有效运用知识产权提高产品和服务的质量与性能；在将技术创新成果转变为知识产权，进而形成产品竞争优势的同时，加强商业模式创新和品牌培育与推广，扩大品牌影响力，提升品牌附加值。

增强集成创新和再创新能力。企业在强调增强自主创新能力取得自主知识产权的同时，应充分重视通过并购途径获得专利技术，认识到通过自主创新和并购都是获得专利技术的有效渠道；克服满足于短期效益的短视思维，避免"重引进、轻消化吸收"现象，加大引进技术消化吸收和集成创新与再创新上的资金投入；加强技术创新和知识产权专业人才素质提升，整合现有人才、技术等资源，加快消化吸收和应用专利技术速度，在熟练应用引进专利技术的基础上，进行集成创新和再创新，抢抓有利市场时机，实现技术水平的快速赶超。

第十六章　2014年中国工业质量品牌发展形势展望

《工业转型升级规划（2011—2015）》提出，要大力实施质量品牌战略，将质量品牌建设迈上新台阶。当前，工业质量品牌的战略地位日益凸显，必须深刻把握发展的新趋势、新特点，加快树立新观念、新思路，努力推动质量品牌建设迈上新台阶。

一、形势判断

（一）政府推进质量品牌战略力度继续加大

经过多年发展，我国形成了较为完备的产业体系和强大的制造能力，进入由"制造大国"向"制造强国"转变，由注重追求速度和规模转到注重发展质量和效益的新阶段。质量品牌战略是提高工业发展质量和效益的重要抓手和有效举措。同时，工业产品质量，特别是食品、药品等直接关乎民生的产品质量，越来越引起社会各界的广泛关注，成为构建和谐社会的重要影响因素。因此，未来很长一段时间内，我国政府还将继续大力实施工业质量品牌战略，以提升质量和培育品牌为突破口，增加产品附加值和品牌影响力，提升"中国制造"国际形象。此外，政府对质量品牌事故应对能力将会进一步强化，逐步构筑起长链条、广覆盖、严标准的质量品牌监管体系和运行机制。

（二）企业质量品牌观念和责任主体意识进一步强化

过去相当长的一段时间里，我国相当一部分企业由于质量品牌能力较弱，只能以代工和贴牌生产的方式嵌入到全球产业链中，处于利润率最低的加工制造环节，在夹缝中艰难维生。随着越南、缅甸等新竞争者的出现，我国企业面临着逐渐被更具成本竞争优势同行替代的挑战。为了摆脱困境和提升竞争力，我国企业已经开始意识到质量品牌建设的重要性，不断加大提高自身产品开发和质量品牌建设的力度，逐步以优质、名牌、创新的产品巩固和扩大市场占有份额，积极向微笑曲线两端附加值较高的设计和销售环节拓展。从企业竞争的趋势来看，竞争形式已经从技术竞争转向知识产权的竞争，商业模式的竞争，最终是品牌的竞争。因此，我国企业对质量及品牌的重视将会上升到战略层面，融入企业生产经营的血液中。

（三）市场倒逼动力持续增强

从发展趋势来看，国内外市场压力迫使我国企业越发注重提高产品质量，培育品牌竞争能力，加强质量品牌建设。而且，这种倒逼动力在2014年里会进一步强化。从国际上看，新一轮科技革命与产业变革孕育着新的突破，各国纷纷加紧对信息、生物、新材料和新能源等新兴领域及先进制造业领域自主创新的战略部署，全球进入创新密集阶段，拼质量、拼品牌是大势所趋。从国内看，中国劳动力、能源、土地、环境等方面比较优势弱化，人民币升值及新兴国家兴起大幅压缩了我国工业企业生存空间，国内市场消费需求尚未完全释放，低端发展模式难以为继，走质量品牌之路成为形势所迫。

（四）构建技术创新、品牌创新与商业模式创新"三位一体"的协同创新体系，成为重要趋势

当前，我国正处于贯彻落实质量品牌战略攻坚期，提升工业产品质量，树立我国品牌新形象，关键是要大力增强自主创新能力，围绕价值链优化产业链，围绕产业链部署创新链，实现产业链与价值链双提升。然而，单纯依靠一种创新方式"单打独斗"难以发挥协同效应，因此，构建技术创新、品牌创新与商业模式创新"三位一体"的协同创新体系，成为质量品牌建设的当务之急。

技术创新是创造产品市场价值的基础和前提，加强技术创新有助于提高企业研发与设计水平，提升产品技术密集度和产品质量档次，为商业模式创新和品牌塑造提供基础；商业模式创新是链接技术创新和品牌创新的桥梁，是实现产品市

场价值的关键，特别对于解决我国品牌建设中所面临的如何激发大批传统老品牌，如恒源祥、红豆、小天鹅、中华等品牌活力，提升品牌价值与影响力尤为重要；品牌创新是打通企业与市场通路、实现创新成果价值最大化的最后"市场一跳"。通过构建"三位一体"协同创新体系，形成技术创新→商业模式创新→品牌创新→技术创新……持续、动态、良性循环的创新链条，能够不断推动我国工业向微笑曲线左右两端上升。

二、对策建议

（一）与时俱进，树立质量品牌战略新观念、新思路

一要充分认识质量品牌战略的重大意义，抓紧现阶段质量品牌战略推进的顶层设计，组织研究"新时期推进工业质量品牌建设发展战略"等重大课题。二要将质量品牌建设贯穿于拉动国内市场消费需求和构建现代产业体系的全过程，进一步明确工业质量品牌战略推进的主要抓手，包括：政策法规建设、技术标准制定、技术进步（含技术创新和技术改造）、劳动者素质提升、质量监管体系建设和企业指导帮扶等。三要夯实质量基础，质量是品牌的根本，品牌是质量的价值提升，脱离质量谈品牌，品牌则是无源之水。打造优秀品牌，必须先苦练内功，不断加强产品创新，加快品种开发，提升产品质量。包括：加强产品标准和达标对标工作；加大技术创新和技术改造，加快关键共性质量技术攻关，特别是要完善技术创新公共服务平台建设等。四要明确持之以恒是品牌培育的必由之路，创建具有自主知识产权的优秀品牌绝非易事，实现这一目标需要科学部署，构建品牌培育长效发展机制，需要政府、企业、消费者等共同推动。

（二）加大投入，设立质量品牌能力提升专项资金

落实工业质量品牌能力提升专项行动计划，研究设立工业产品质量品牌能力提升专项资金（基金），多途径开辟资金来源渠道，包括财政投入、社会捐赠等。重点支持企业开展共性质量技术攻关、质量管理体系完善、质量工程师和专业技能人员培训，以及支持企业为提升质量品牌影响力而进行的质量攻关、技术改造、标准制修订等。特别要加强对外宣传，树立"中国制造"质量优良、品牌卓著的

正面国际形象。

（三）把握根本，强化企业质量品牌责任主体地位

一要严格落实企业质量主体责任，引导企业切实履行质量责任和义务，不断提高企业质量管理水平，健全质量管理体系，推动企业加大质量品牌的技术创新和技术改造，引导企业重视履行社会责任，将社会责任观念融入企业决策经营与生产管理全流程。二要积极发挥优势企业的资源优势和影响力，发挥中央企业和行业骨干企业的标杆作用，使其担当起行业质量品牌培育的领头羊，引领同行业其他企业走品牌之路。三要增强企业品牌意识，扭转品牌是"奢侈品"的观念，不能认为创建优秀品牌只能是大企业的行为。四要强化企业运用知识产权保护品牌的意识，避免因品牌遭遇境外抢注等问题影响品牌国际化进程。五要加快诚信体系建设，加大对产品质量安全事件惩治力度。

（四）多方联动，建立工业质量品牌监测预警平台

由工信部牵头，建立工商和质检等部门参加的跨部门信息共享机制，整合监督抽查、执法打假、消费者投诉、出口商品等各种质量品牌信息。通过工业产品质量监测预警平台，实现国家、地方、行业的多方工作联动，加强产品质量安全重大风险信息的收集、分析与报告，有效防范和应对系统性（含行业性、区域性）重大突发质量品牌事故。构建社会各界共同参与的全面质量监管工作体系，形成齐抓共管的良好氛围。尽快制定实施国家重点监管产品目录，加强对重点工业产品与相关服务的监管。加强对工业重点产品的国家监督抽查，完善生产许可、强制性产品认证和重大工程设备监理制度。依托已建立的工业质量控制和技术评价实验室体系，实时掌握工业产品质量发展和相关服务动态。

第十七章　2014年中国工业技术知识产权发展形势展望

随着我国"十二五"规划进入中期，政策调控效果逐渐显现。各级政府部门根据"十二五"规划"实施知识产权战略"的要求，出台了相应的法规、政策，完善了知识产权法律制度，加强了知识产权创造、运用、保护、管理能力，在未来几年我国知识产权发展形势大好。

一、形势判断

（一）工业企业知识产权运用能力将得到提升

2012年工业和信息化部根据国家知识产权战略和工业转型升级规划关于知识产权工作的部署，启动实施了"工业企业知识产权运用能力培育工程"，明确提出到2015年试点企业建立知识产权制度达到80%以上的任务目标。为此，2013年工业和信息化部科技司发布实施了《工业企业知识产权管理指南》（下文简称《指南》）的编制工作，经过4次专题调研，广泛向各省市征求意见，在北京、广东、江苏、安徽、四川、山西、宁夏8个省、市、自治区选择了44家培育工程试点企业开展《指南》适用性验证工作，于2013年11月正式发布。《指南》明确了运用策略、信息利用、合理获得与规范实施、产业化、防卫体系等方面的模块管理和流程管理的要求与内容。同时，规范了企业知识产权运用流程，指导企业选择适当的运用方式与路径。随着《指南》的贯彻与实施，预计2014年试点企业建立知识产权制度达到80%以上，工业企业知识产权运用能力将得到进一步提升。

（二）2014年我国将继续加大力度打击侵犯知识产权的活动

2013年8月底十二届全国人大常委会第四次会议通过《商标法》修正案。这是时隔12年《商标法》又一次迎来了重大调整，新《商标法》明确了商标审查时限，加强了商标侵权打击力度。

2013年8月，国家知识产权局副局长贺化在北京以"专利执法保护工作"为重点，开展党的群众路线教育实践活动专题调研。加强专利保护对于建设创新型国家具有重要意义，针对权利人普遍反映专利维权难的问题，需要进一步完善专利制度、加大执法保护力度以更好服务创新主体。各级专利管理机关要在现有法律框架内做好执法保护工作，维护专利权人合法权益。通过现在国家一系列的立法、整治动作，可以看出，2014年国家针对知识产权保护的态度不会改变，我国将继续加大力度打击侵犯知识产权的违法行为。

三、对策建议

（一）加强宏观政策导向，倡导专利"数质并重"

解决我国专利申请轻"质"重"量"现象，要从国家宏观政策导向入手，在原本科技税收优惠政策的基础上，对企业已申请专利进行分类，税收优惠的力度根据有效专利在企业所拥有全部专利中的占比，给予倾斜。对拥有有效专利多的企业给予更高的税收优惠，将企业管理者的思维从原先的为"数量"申请调整到"数质并重"。

（二）及时组建专利运营管理公司

国际经验表明，组建专利运营管理公司是应对国际专利交锋，促进相关产业健康发展的最直接、最有效的手段。

专利运营管理公司应定位于国家意志的防御型非专利实施主体（Non-practising entities,NPE），一方面加快推进相关产业的专利收购、储备与布局，另一方面积极协助相关涉诉企业应对国外攻击型NPE的专利诉讼。为体现国家意志与公益性要求，应以政府出资为主，同时吸纳社会投资，形成多元化的资本构成。公司可采取市场化运作，实现自身滚动发展与可持续运营。

（三）司法保护和行政保护协同运作加强专利保护

专利保护必须通过司法保护和行政保护两条途径协同运作，才能有效实现。专利行政执法具有主动出击、方便快捷、低成本、高效率的优势。在当前形势下，必须加强专利行政执法，因此需要为专利行政执法提供制度保障，在机构、人才、装备等条件上不断加以强化。在今后的专利行政执法工作中，需要注重四个方面：首先整合机构，合理配置执法资源；其次整合职能，强化协调；同时，搭建共享平台，强化行政与司法的衔接；最后，正确定位，把握行政执法工作的未来方向。

（四）建立更高效的提升企业知识产权运用能力的工作机制

提升工业企业知识产权运用能力，在大量培养知识产权专业性人才的基础上，更重要的是从政府层面以及企业内部分别形成高效的工作机制。要建立一个在国务院领导下，建立由工业产业主管部门牵头，相关部委参与，以生产为主导，知识产权运用服务生产，促进工业企业知识产权运用的工作机制；在企业内部，根据《工业企业知识产权管理》提出的要求，形成一个注重知识产权运用、运行的工作机制，达到以市场需求为导向，知识产权运用促进企业发展的目标。

后 记

　　《2013—2014 年中国工业技术创新发展蓝皮书》是在贯彻落实党的十八大与十八届三中全会精神，加快推进创新驱动发展战略的大背景下完成的。本书专注于中国工业在技术创新以及质量品牌、知识产权与标准建设等方面取得的进展与成就。

　　本书由王鹏担任主编，何颖和曹方担任副主编。全书共分为五篇，其中：综合篇由曹方（第一章、第二章部分）、苏强（第二章部分）、王磊（第二章部分、第三章部分）、何颖（第三章部分）、张义忠（第三章部分）编写；行业篇由徐爽（第四章、第六章）、曹方（第五章部分、第七章部分）、马冬（第五章部分、第七章部分）、江一天（第五章部分、第七章部分）编写；区域篇由李捷（第八章、第九章、第十章）、任海峰（第十一章、第十二章）编写；政策篇由何颖（第十三章部分、第十四章部分）、张义忠（第十三章部分、第十四章部分）编写；展望篇由王磊（第十五章）、杨柯巍（第十六章）、李捷、任海峰（第十七章）编写。全书的编纂与编稿由何颖、曹方、苏强负责。在本书的编写过程中，还得到了范书建、何小龙、柳纯录等领导和专家的帮助，对此我们深表感谢。

　　希冀读者通过本书可以从不同角度领略中国工业技术创新的魅力和风采。同时，我们也真诚欢迎读者的批评与指正，促进我们进一步提高研究水平，让《2013—2014 年中国工业技术创新发展蓝皮书》逐渐成为客观记录与全面反映我国工业技术创新领域前进步伐的精品专著。